Americana Eystettensia

24

KATHOLISCHE UNIVERSITÄT
EICHSTÄTT INGOLSTADT

Nationbuilding en el cine mexicano

desde la Época de Oro hasta el presente

Friedhelm Schmidt-Welle / Christian Wehr (eds.)

Iberoamericana - Vervuert • Bonilla Artigas Editores • 2015

Agradecemos a la VolkswagenStiftung
la ayuda financiera para la edición de este libro.

Amor de Dios, 1 – E-28014 Madrid
Tel.: +34 91 429 35 22 - Fax: +34 91 429 53 97

Elisabethenstr. 3-9 – D-60594 Frankfurt am Main
Tel.: +49 69 597 46 17 - Fax: +49 69 597 87 43

info@iberoamericanalibros.com
www.ibero-americana.net

Cerro Tres Marías # 354
Col. Campestre Churubusco C.P. 04200, México D.F.
editorial@libreriabonilla.com.mx
www.libreriabonilla.com.mx

ISBN 978-84-8489-790-3 (Iberoamericana)
ISBN 978-3-86527-337-1 (Vervuert)
ISBN 978-607-8348-08-4 (Bonilla Artigas Editores)

Depósito Legal: M-97-2015

Foto de la cubierta: Dolores del Río
Fuente: www.famosasmexicanas.com
Diseño de la cubierta: a.f. diseño y comunicación.

Impreso en España

Este libro está impreso íntegramente en papel ecológico sin cloro.

Índice

Introducción

Nationbuilding en el cine mexicano

Friedhelm Schmidt-Welle / Christian Wehr

La aspiración por la fundación de una identidad nacional es una constante, si no el tema dominante, del cine mexicano. La podemos estudiar a partir de las primeras películas sobre la Revolución, en la producción cinematográfica de la Época de Oro (1936-1959), y hasta en la renovación estética del cine a partir de los años 80 del siglo pasado. Lo que pretendemos en el presente volumen es interpretar la construcción, pero también la consiguiente deconstrucción de las identidades colectivas desde un punto de vista histórico y teórico a la vez, y analizar los núcleos y las variedades, así como las tendencias representativas, del desarrollo cinematográfico en México. El objetivo principal es, por lo tanto, el estudio de las épocas más importantes del cine mexicano y su desarrollo tanto temático como formal centrándonos en la cuestión de las identidades. En ese contexto, no entendemos la nación como una entidad político-social, sino como una construcción cultural que llega a triunfar en proyectos de la praxis simbólica y visual. Un acercamiento como éste se sustenta, entonces, en el análisis del imaginario nacional tal como lo ha definido Benedict Anderson en su estudio canónico *Imagined Communities. Reflections on the Origin and Spread of Nationalism.*

A nivel histórico, las contribuciones del presente volumen enfocan las causas, la elaboración y la recepción de los diversos discursos sobre la identidad nacional mediante ejemplos precisos de la producción cinematográfica. Se estudian, por tanto, las épocas desde los años 30 del siglo XX hasta el cine contemporáneo. También se consideran las dimensiones sociales, culturales, políticos y estéticos de cada momento para trazar, por un lado, el desarrollo de la representación y la subversión de la idea de nación en los discursos del cine mexicano, por otro. Esos procesos de subversión se relacionan de manera íntima con conceptos complejos de género y deseo tan negados, reprimidos o simplificados en el cine de la Época de Oro.

La crítica cinematográfica sobre la producción fílmica mexicana tiene una larga trayectoria. No obstante, lo que hace falta son trabajos sistemáticos y sintéticos sobre el desarrollo del cine mexicano y estudios que incluyan una visión teórica o metodológica más firme. Aunque Emilio García Riera ha publicado varios tomos que tratan la historia del cine mexicano desde sus comienzos hasta las últimas décadas del siglo XX, su obra panorámica se concentra en los datos de producción más importantes y en reseñas de las películas, pero casi no trata temas específicos o aspectos sistemáticos como son, por ejemplo, la cuestión de la identidad nacional, la situación económica de la industria, los cambios en la estética de las películas, las temáticas más importantes, etc. Los estudios de épocas concretas, en cambio, muchas veces analizan la industria cinematográfica bajo aspectos económicos, de producción o políticos, y terminan siendo resúmenes de la situación general del cine mexicano en sus diversos momentos. Por otra parte, existen algunos estudios antropológicos sobre el indigenismo, el (anti)clericalismo o las culturas populares. El resto de los trabajos sobre el cine nacional trata en su gran mayoría las obras de ciertos directores o actores. Referencias importantes son los estudios sobre Fernando de Fuentes, Emilio Fernández, Dolores del Río, Luis Buñuel y Arturo Ripstein; entre los trabajos más recientes se encuentran también algunos sobre Alejandro González Iñárritu, el director mexicano contemporáneo de mayor éxito comercial a nivel internacional. En el volumen, realizamos un primer intento para sistematizar la crítica cinematográfica sobre la historia del cine mexicano hasta nuestros días desde uno de sus aspectos cruciales: las construcciones y deconstrucciones discursivas de la nación en tanto comunidad imaginada. Los trabajos aquí reunidos no forman, en su conjunto, una historia sistemática de la historia del cine mexicano, más bien tratan de analizar ese aspecto central desde diferentes perspectivas y abarcando películas desde 1918 (año de producción de la película de cine mudo *Santa*) hasta nuestros días.

Durante el siglo XIX, muchos letrados habían pensado hacer de la literatura un medio didáctico para la instrucción del pueblo, e incluso hubo escritores como Ignacio Manuel Altamirano que vieron en la novela "el género de las masas". Ese proyecto fracasó, pero fue reemplazado en gran medida durante el siglo XX por el cine (y, en menor grado, por los grandes murales de la época posrevolucionaria). En él, se reúnen los modos narrativos y visuales, y esa síntesis facilita la construcción de la nación como ficción y entidad cultural. Aunque ese proceso no transcurre de una forma continua, sino con interrupciones y contradicciones internas, tiene un efecto catalizador con respecto a la difusión y la identificación con los discursos hegemónicos de identidad mestiza y nacional(ista) a nivel masivo. Esos discursos cobran vigencia por varias décadas, incluso cuando existen películas que los subvierten como las de Luis Buñuel, por mencionar el ejemplo más conocido.

Las contribuciones del presente volumen analizan el desarrollo de las construcciones y deconstrucciones de la identidad nacional y sus discursos durante tres períodos históricos: la Época de Oro (1936-1959), con sus composiciones retrógradas e idealizadas de la nación, producidas con apoyos estatales por directores como Fernando de Fuentes y Emilio Fernández, entre otros; la crisis consecutiva entre las décadas de 1960 y 1980, condicionada por las crisis económicas e ideológicas del cine mexicano, con figuras emblemáticas como Arturo Ripstein, quien indica un primer momento de cuestionamiento de la ideología oficialista y un intento de buscar y representar identidades alternativas; el cine de los años 80 y 90 del siglo pasado, que se caracteriza por sus discursos novedosos sobre la mexicanidad y las identidades ahora fragmentarias, casi siempre insertas en la condición posmoderna y que, al mismo tiempo, abre nuevas perspectivas estéticas que permiten su internacionalización sin que tenga que apegarse demasiado a la estética y las formas de narrar del cine de Hollywood como muestran, entre otras, las películas de Jorge Fons, Alejandro González Iñárritu, Carlos Reygadas o Fernando Eimbcke.

Aunque históricamente el cine mexicano se ocupó de la mexicanidad desde sus comienzos, es durante la Época de Oro (1939-1959) cuando alcanza grandes e incomparables éxitos de índole nacional e internacional, tanto a nivel económico como artístico, y con eso influye en el desarrollo de la comunidad imaginada y la identificación de las masas con la ideología oficial de mestizaje reforzada durante la Revolución. En los años 30 del siglo pasado ya se forma un panorama bastante heterogéneo de diferentes géneros cinematográficos: se producen comedias musicales, películas policíacas, cintas de crítica social y representaciones de las "otras" culturas, sobre todo las indígenas, etc. A estos géneros les corresponden también diferentes construcciones de la identidad nacional.

La comedia ranchera fue desarrollada principalmente por directores que recibieron su formación en Hollywood. *Más allá en el Rancho Grande*, de Fernando de Fuentes y producido ya en el año 1936, se convirtió en una especie de modelo de ese género. Propone, sobre todo, una imagen retrógrada de la nación mexicana mediante una idealización de la vida en el campo como espacio idóneo de la identidad nacional. Las películas sobre la Revolución –como *Vámonos con Pancho Villa*, de Fernando de Fuentes (1936), o *Los de abajo*, de Chano Urueta (1939)– conciben, aunque sea a veces con un toque pesimista o hasta negativo, la Revolución Mexicana como el evento fundador de la identidad nacional de su tiempo. El melodrama de la Época de Oro se ubica por lo general en los barrios y suburbios de la capital; en él, el *nationbuilding* determina estereotipos apolíticos y ahistóricos, pero el género sirve también para la formación de ciudadanos y para el aprendizaje de costumbres modernas y urbanas. Dentro de ese género existe una vertiente que se ocupa de la prostitución que, a pesar de la denuncia social, se caracteriza por estilizaciones metafísicas entre el pecado y la salvación, y construye de esa manera una imagen estereotipada de la mujer.

A partir de 1950 surgen manifestaciones de tendencias subversivas: películas en los cuales el paradigma del *nationbuilding* termina en des(con)strucciones sucesivas. Es, sobre todo, el caso de las películas mexicanas de Luis Buñuel que citan los íconos nacionales, los mitos y la narrativa fundacional para desacreditarlos de manera radical.

Esa tendencia subversiva la siguen otros directores de cine mexicano entre las décadas de 1960 y 1980. Al mismo tiempo, el cine nacional entra en una profunda crisis económica, lo que no solamente significa un declive en el número de películas producidas durante esas décadas, sino también, al menos en parte, y por razones no exclusivamente políticas, termina en cintas estéticamente poco logradas. Al mismo tiempo, surge un cine independiente de carácter vanguardista, y se filman algunas obras que cuestionan los discursos nacionalistas, el imaginario colectivo y la definición de los géneros estereotipados reinantes en las épocas anteriores, como por ejemplo en las películas de Arturo Ripstein, Luis Alcorizas y Jaime Humberto Hermosillo. En los años 80 se realizan, además, las películas de una nueva generación de directoras, como María Novaro, con las cuales la imagen tradicional de la mujer en el cine del país cambia sustancialmente.

No es hasta fines de los años 80 del siglo XX cuando el cine mexicano –o el Nuevo Cine Mexicano como se lo ha llamado frecuentemente para caracterizar las nuevas tendencias recientes del mismo– comienza a salir de la crisis tanto económica como también, en parte, estética. Por suerte, en muchos casos, esa renovación formal va de la mano con éxitos a nivel nacional y hasta internacional. La construcción simbólica de la nación y la identidad nacional, aunque ya no tenga la misma importancia que en épocas anteriores, cobra fuerza abriéndose a contextos globales. Al mismo tiempo, los directores se refieren a las construcciones de identidades del cine nacional anterior ahora deconstruyendo los roles e imaginarios tradicionales. En *Danzón* (1991), de María Novaro, por ejemplo, la actuación de los géneros se invierte en el sentido de que ahora es la mujer quien actúa en la conquista del hombre, o en *El callejón de los milagros* (1994), de Jorge Fons, los elementos melodramáticos tienen fines opuestos en comparación con el melodrama de la Época de Oro. Además, el cine sobre la migración a los Estados Unidos y el cine chicano acentúan la cuestión de las fronteras nacionales y la desterritorialización de las identidades en los tiempos de la globalización. La gran cantidad de representaciones de la metrópolis, de la violencia y de la pobreza es significativa; además, difiere en muchos casos del cine tradicional porque ya no eleva esos aspectos y problemas a un nivel simbólico en que se podría mantener la ilusión de resolverlos mediante la construcción de la nación. En ese contexto, se constituyen nuevas performances de identidades fragmentarias o particulares como, entre otros, en la representación de la adolescencia como alegoría de la nación y su situación política en la *road movie Y tu mamá también*, de Alfonso Cuarón (2001).

A partir del siglo XXI, las tendencias del cine mexicano se diversifican aún más. Desde discursos neotradicionales ambientados en el campo hasta la satirización polémica de la política nacional, desde la desintegración nihilista hasta la alegoría nacional integradora, desde películas fantásticas hasta las de ciencia ficción, existe una gran variedad de tendencias heterogéneas. La cuestión de la identidad nacional, sin embargo, sigue vigente en muchas de esas películas, aunque sea de forma fragmentada, reflejada de muchas maneras, y perfilada por las "nuevas" identidades que se construyen en la actualidad.

Mariano Azuela, el cine y *Los de abajo*

Aurelio de los Reyes García-Rojas
(Academia Mexicana de la Historia)

Antecedentes

En 1981 escribí que para dar sentido a sus imágenes literarias de la Revolución, Mariano Azuela "hubo de ordenarlas de una manera similar al montaje cinematográfico; entre su manera de hacerlo y la de los camarógrafos había poca diferencia" (De los Reyes 1981: 126). Vuelvo a reiterarlo, más fundadamente sin emplear el concepto de "montaje cinematográfico" por ser una aportación de los cinematografistas soviéticos conocida en México a partir de 1931, cuando Eisenstein la dio a conocer en su artículo "Principios de la forma fílmica" (Eisenstein 1931: 116).

Cuando en 1928 se exhibió su película *Octubre* ni Carlos Noriega Hope ni Cube Bonifant, los críticos más enterados de los avances narrativos del cine, supieron cómo conceptualizar el montaje. A juicio del primero, la cámara era "un palpitante cerebro"; y la película, "un modo intenso, rápido", un continuo "flash" que demostraba "el talento de los grandes directores" soviéticos. "Nada de escenas en que el ojo de la cámara perdure más de medio minuto, nada de explicaciones totales. Todo es corto, infatigable, sugerente" (Noriega Hope 1928: 3). Bonifant, en lugar de describir, calificó de "desconcertante" la técnica de esas películas (Bonifant 1928: 3).

Antes de usar el concepto de "montaje" se decía "edición", "pegadura", "unión". Dice Eisenstein: "los antiguos cinematografistas [...] consideraban al montaje, en cuanto a medio de mostrar algo a un espectador, simplemente como un instrumento de llana descripción que consistiese en exhibir escena tras escena como se pone en un muro ladrillo tras ladrillo" (Eisenstein 1931: 122), y esa técnica "anticuada" la usaron en México los camarógrafos para ordenar sus "vistas en movimiento"[1] de la Revolución, y Mariano Azuela para ordenar sus "cuadros y escenas", sus "vistas" literarias del mismo movimiento armado. Para unos y otros cada una de sus "vistas" era un "ladrillo" con el que construían su "muro" visual.

---

[1] Nombre dado a las películas.

Patrick Duffey también cree detectar una influencia del cine en la narrativa de esa novela desde el punto de vista del emplazamiento de la cámara, enfoque con el cual no estoy de acuerdo porque los planos son usuales en la literatura desde antes de la invención del cine:

> Con su "cámara" literaria, Azuela, en lugar de optar por el primer plano, prefiere simplemente registrar ciertas imágenes de una manera no específica. En su descripción crea cierto tipo de nebulosidad buscando con ello no fijar en la mente del lector una imagen en primer plano mediante la especificidad verbal. Esta nebulosidad se combina con el limitado punto de vista en tercera persona que Azuela maneja tan diestramente en *Los de abajo*. La mayoría de las veces, Azuela describe sólo lo que es visible a los ojos de Demetrio Macías y sus hombres. Cuando Azuela describe una toma a distancia, las imágenes corresponden a la dimensión emocional, interior, de Demetrio y sus hombres (Duffey 1996: 28).

A mi juicio, lo anterior fundamenta una idea preconcebida.

Inspiración

La inspiración[2] de Mariano Azuela en el cine y en el teatro más que en los emplazamientos de la cámara se encuentra en la ordenación de los cuadros y escenas, en la manera de presentar éstas como si fuese un escenario teatral, en la ruptura espacio-temporal, en la fragmentación del relato, en la construcción de las frases a partir del dinamismo cinematográfico que lo lleva a yuxtaponer frases y hacer constantes elipsis, con lo cual obliga al lector a una participación más activa, soluciones adoptadas antes de ser propuestas en 1921 por los estridentistas, la vanguardia mexicana, de ahí el notable valor de la obra y los elementos que permitirán su valoración en 1925. Se anticipó diez años a las innovaciones buscadas por la narrativa en México.

La necesidad de comunicar sus impresiones de las cambiantes y fugaces escenas de los acontecimientos de que era testigo y actor lo llevan a buscar esas soluciones. Pragmatismo sin propuesta teórica de las vanguardias porque desconocía el futurismo y el monólogo interior de *En busca del tiempo perdido* de Marcel Proust, que tanta impresión causará pocos años después a los contemporáneos. A Proust, Azuela lo conoció muy posteriormente a la escritura de *Los de abajo*, según lo dijera en 1938:

---

[2] "Efecto de sentir el escritor, el orador o el artista aquel singular y eficaz estímulo que le hace producir como si fuese espontáneamente y sin esfuerzo" (*Vox. Diccionario general ilustrado de la lengua española.* Barcelona: Bibliograf, 1976, p. 884).

> Los autores que influyeron en mis comienzos literarios, casi con exclusión de cualesquiera otros, fueron Honorato de Balzac, Emilio Zola, Flaubert, los Goncourt y Alfonso Daudet.
> Después de mis cuatro primeras novelas, continué escribiendo bajo la influencia de los novelistas franceses contemporáneos, hasta que mis libros se relacionaron con la Revolución. Al componer estos últimos, no creo que haya sido afectado por alguna otra influencia.
> Conrad y Proust han sido mis autores favoritos en años recientes; pero no creo que haya podido influir en mí el último de los mencionados, puesto que lo he leído siempre con la inalterable idea de que es único e inimitable (Azuela 1974: 271-272).

Las soluciones técnicas encontradas por Mariano Azuela lo convierten en cabeza de la vanguardia literaria de aquellos años, al mismo tiempo que en epílogo de la novela naturalista y romántica del siglo XIX.

Cuadros y escenas

Dice Azuela "Con el nombre de 'Cuadros y escenas de la Revolución' he ordenado muchos apuntes recogidos al margen de los acontecimientos político-sociales desde la revolución maderista hasta la fecha [no dice cuál]" (Azuela 1974: 265). Antepone "cuadro", término usual en la estructura del documental de la Revolución, como veremos más abajo, a "escena", término procedente de la literatura dramática, por lo que las soluciones a sus problemas narrativos las encuentra tanto en el cine como en el teatro; anteponer el término "cuadro" relacionado con las "vistas" de la Revolución a "escena", a mi juicio no es indicativo de una preferencia por el cine sobre el teatro como fuente de inspiración.

Al referirse con mayor precisión a su sistema creativo, además de las dos palabras citadas, emplea un vocabulario referido al cine, al teatro, a la fotografía, al espectáculo precinematográfico de los panoramas del siglo XIX que debió conocer al haber nacido en 1873, e incluso a los títeres, por lo que, deduzco, concibe sus novelas como un espectáculo visual.

Con el riesgo de ser excesivo, a continuación transcribo citas para apoyar dicha observación, por ser indispensables para comprender el sentido de sus soluciones cinematográficas y teatrales sugerido por el título original de la novela, *Cuadros y escenas de la Revolución*:

> 1. [...] La calidad de los estudiantes, de la casera, de su linda hija y familiares, los tipos con sus maneras, costumbres y hábitos característicos, todo lo tuve presente y la fidelidad con que pudiera captarlos y recrearlos estribaba sin duda alguna en la calidad de la *cámara* [¿fotográfica? ¿cinematográfica?] y en las dotes naturales del novicio [...] (Azuela 1974: 44; subrayado mío).

2. […] Comienza la *acción* de la novela con una *escena* en la que *aparece* un nuevo personaje […] (ibíd.: 45; subrayado mío).

La palabra "acción" acompañada de "cámara" las emplearon los camarógrafos para iniciar una película desde los primeros años del cine para que los actores, al igual que en el teatro al inicio de la puesta en escena, comenzasen a moverse, y el camarógrafo a retratarlos manualmente a vuelta de manivela; con el cine sonoro se cambió a "silencio, cámara, acción" para no registrar el ruido de las primeras cámaras y de quienes estaban en el entorno de la filmación.

1. Ahora que *están presentados los personajes* de esta novela, el ambiente en que se encuentran y el principio de una *acción* puede decirse que el autor apenas va a comenzar formalmente su trabajo. […] infinidad de autores fracasan en cuanto se desarrolla la *acción* […] (ibíd.: 45; subrayado mío).

Es posible que la frase "están presentados los personajes" la inspirase el cine de argumento de los primeros años, que Azuela debió conocer en sus mocedades, como lo veremos más adelante en sus palabras. La primera función de cine abierta al público se llevó a cabo en la Ciudad de México el 15 de agosto de 1896, cuando él tenía veintitrés años; a Lagos, donde residía Azuela, debió llegar hacia 1897 o 1898, mientras que en Guadalajara, ciudad en la que estudió la carrera de Medicina, las funciones se iniciaron en 1896, al igual que en la Ciudad de México). Hacia 1913 era usual presentar al inicio de no pocas películas el retrato de cada actor acompañado al pie con su nombre y el del personaje que interpretaba, para familiarizar al público que comenzaba a mostrar su simpatía hacia ellos, germen del *star system*, práctica que duró hasta los primeros años del cine sonoro.

1. En mi pasada lectura *puse de pie los personajes* de la primera novela que escribí y ahora voy a *exhibirlos* ya *en movimiento*. Puede suponerse la angustia que tuvo que experimentar aquel *titiritero novel sin más armas en la mano que su afición, sin conocimientos técnicos más que los que pudo adquirir como un simple espectador y su audacia para ofrecer al público su espectáculo*. […](ibíd.: 45; subrayado mío).

En este pasaje, Azuela une el espectáculo cinematográfico ("exhibirlos en movimiento") con el de los títeres, y es el que con mayor claridad nos muestra la concepción de sus novelas como un espectáculo eminentemente visual.

1. Tenemos, pues, colocados y de pie a los personajes *en el escenario*. Los protagonistas ocupan *el primer plano* bien marcados con pelos y señales y el *espectador esperá*" (ibíd.: 51; subrayado mío).

2. [...] El *panorama* de mi pueblo con sus gentes y sus cosas se presentó a satisfacción en determinado momento con sus tipos, paisajes y acontecimientos [...](ibíd.: 85; subrayado mío).

El panorama era un espectáculo precinematográfico itinerante con grandes telones horizontales pintados unidos por los extremos en una banda sin fin, con paisajes de poblaciones o ciudades famosas (Roma, París, México) movidos mediante una manivela para comunicar la sensación de admirar dichos paisajes sentados en un vagón del ferrocarril. Algunos panoramas agregaron objetos para dar idea de tridimensionalidad.

1. Se me podría objetar que este trabajo tendría valor si proviniera de un novelista de alto rango, pero mi modo de pensar tanta importancia tiene en un *panorama* la luz como las sombras y sin estos elementos no hay cuadro [telones] no hay nada (ibíd.: 187; subrayado mío).
2. [...] desde que, caminando a tientas, *comencé a percibir bultos, siluetas y por fin figuras de contornos precisos*, me pareció que llevaba anteojos bifocales recién puestos, más bien una doble vista, que me permitía observar hombres y objetos que todo el mundo veía, pero no como yo los veía" (ibíd.: 84; subrayado mío).
3. [...] Ese conocimiento me fue tan precioso que en él encontré la compensación de mis obligados fracasos: el *espectáculo incomparablemente interesante de la gran Comedia Humana, fuente perenne de divertimiento* para cuantos nacimos con los sentidos despiertos, sin que obste el que nosotros mismos de una manera consciente o inconsciente *formemos parte de la mascarada en el eterno carnaval* (ibíd.; subrayado mío).

Cuadros

Según el diccionario *Vox*, entre los significados de "cuadro" se encuentra el de ser una "tela sostenida por un bastidor, tabla, cartón, etcétera, en el que hay una pintura [con una vista] y está destinado a ser colgado en una pared", y el de ser "descripción viva y animada de un espectáculo o suceso hecha por escrito o de palabra"; "en un poema dramático, agrupación de personajes que durante algunos momentos permanecen en determinada actitud"[3]; en México, a fines del siglo XIX, era común la puesta en escena en las escuelas, en fechas conmemorativas, de "cuadros" patrióticos, alegorías de la libertad, la independencia; o de "cuadros edificantes" alusivos a la vida de la sagrada familia: Jesús ante los doctores; José, María y Jesús como un núcleo familiar unido: mientras José trabaja la carpintería, Jesús niño juega y María hace labores domésticas, etcétera, "cuadros" moralistas con fines moralizantes y didácticos.

---

[3] *Vox*, ob. cit, p. 464.

Las películas de la Revolución estaban seccionadas en partes y cuadros. *Asalto y toma de Ciudad Juárez*, de 1.500 metros de longitud, exhibida en el Salón Parisiense el 31 de mayo de 1911, sus realizadores la dividieron en cuatro partes, como si fuesen cuatro actos de una obra teatral, y 36 cuadros, elementos tomados por los camarógrafos de las películas francesas de argumento para estructurar sus películas; a su vez los franceses parecen haberlas tomado de su tradición teatral:

Primera parte

1. Las conferencias de paz.
2. Palacio Nacional donde alojaban Madero y su esposa frente a El Paso.
3. Llegada del señor Madero, padre, al campamento durante el armisticio.
4. El periodista Ignacio Herrerías entrevistando a Pascual Orozco.
5. Escenas en el campamento maderista.
6. Tropas revolucionarias celebrando el 5 de mayo.
7. Escenas frente al río Bravo.
8. Madero con los jefes y gobernadores provisionales.

Segunda parte:

9. Puente colgante por el cual se comunicaban los revolucionarios en El Paso.
10. Márgenes del río Bravo.
11. Fundición La Smelter a cuyo frente se encontraba el palacio provisional.
12. Tropas americanas en la frontera.
13. Plaza y calles principales de El Paso.
14. Hotel Sheldon, alojamiento de los delegados de paz y principales jefes revolucionarios.

Tercera parte:

15. Revolucionarios bajando las lomas.
16. Madero en la jura de bandera.
17. Juan Sánchez Azcona pronuncia un discurso alusivo a la batalla del 5 de mayo.
18. Jura de bandera el 5 de mayo.
19. Revolucionarios preparándose para la lucha.
20. Orozco, Villa y Garibaldi, dando órdenes a sus tropas.
21. El primer día de la batalla.
22. Panorama de Ciudad Juárez y gente observando la sangrienta batalla desde las azoteas de El Paso.

Cuarta parte:

23. La esposa de Madero animando a las tropas.
24. Hotel Alberta, alojamiento de varios jefes revolucionarios.

25. La Cruz Roja americana auxiliando a los heridos federales y revolucionarios.
26. Monumento del gran reformado licenciado Benito Juárez.
27. Cañón con que se bombardeó Ciudad Juárez.
28. Vista de la cárcel donde estaban 480 prisioneros federales.
29. Interior del cuartel después del triunfo.
30. Interior de Ciudad Juárez después de la rendición del general Navarro.
31. Casas destruidas, correo, biblioteca, etcétera.
32. Estado de Ciudad Juárez después de la batalla.
33. Mexicanos y americanos recorriendo las calles de Ciudad Juárez.
34. Entrada triunfal del ejército libertador.

(De los Reyes 1986: 65-67).

Cada uno de los "cuadros" rompía el tiempo y el espacio, como se deduce de los títulos, fragmentando el relato: de la tienda de campaña que mostraba el "cuadro" número uno en que se llevaron a cabo "Las conferencias de paz", se rompía el espacio y el tiempo al pasar al cuadro" número dos, "Palacio Nacional", una casa de adobe en las afueras de Ciudad Juárez, cercana a la American Smelting Co. Lo mismo sucedía al pasar al "cuadro" número tres, que mostraba el recibimiento del padre de Madero en el campamento, otro espacio y otro tiempo, y así sucesivamente.

Últimos sucesos de Ciudad Juárez tenía 1.500 metros y 54 "cuadros", *Los últimos sucesos sangrientos de Puebla y la llegada de Madero a esa ciudad*, tomada por Guillermo Becerril, hijo, estaba dividida en dos partes y 24 "cuadros", por citar unos ejemplos.

La Revolución unía, daba sentido a esos múltiples cuadros independientes entre sí para hacerlos interdependientes; no había una trama dramática o novelesca, como en la obra de Azuela. Daba el sentido a la narración, que por lo demás, como la de aquellos tiempos desde *Viaje a Yucatán* (1906) del ingeniero Salvador Toscano, respetaba la secuencia espacio-temporal de los acontecimientos, en el orden de colocación de los "cuadros" para mostrar "la verdad objetiva" del viaje tal vez por la educación positivista de aquellos años, pues el ingeniero Toscano, iniciador de la modalidad, había cursado el bachillerato en la Escuela Nacional Preparatoria, cuna y centro difusor del positivismo impuesto por Gabino Barreda en 1869. *Viaje a Yucatán* constaba de 12 "vistas en movimiento" "editadas", "pegadas" o "unidas" de la siguiente manera:

1. El general Díaz sale de México.
2. Bahía de Veracruz y el muelle.
3. Cañonero *Bravo*.
4. En el puerto de Progreso.
5. El general Díaz desembarca en Progreso.
6. El presidente en Mérida.
7. Vista panorámica de Mérida.

8. El general Díaz visita el Instituto.
9. La señora Romero Rubio de Díaz visita la catedral del obispado.
10. El lago de la colonia de San Cosme.
11. El general Díaz sale de Mérida.
12. El presidente se despide de Yucatán (De los Reyes 1986: 65-67).

Desde entonces, cada uno de los "cuadros" rompía el tiempo y el espacio al mismo tiempo que por la brevedad de los rollos de película sintetizaba el viaje mediante elipses o supresiones de pasajes intermedios. La película comunicaba "una idea" del viaje, como aquellos años dijera un anuncio de la película.

El relato lo acompañaba una sesión de numerosas vistas fijas ordenadas cronológicamente para dar una idea más completa del viaje, que mostraba pasajes suprimidos por las elipses.

La modalidad de construir ese "muro", como Eisenstein calificaría la película, al pegar una vista tras otra como si fueran ladrillos, impuso un relato lineal fragmentado, progresivo, una crónica, si por crónica entendemos "relato en el sentido del tiempo", como lo muestra la comparación de las películas de los viajes del general Díaz con la crónica periodística de los mismos.

Esa misma ruptura de tiempo y espacio la traslada Mariano Azuela a su novela, que toma forma al unir o pegar los cuadros como ladrillos, a su vez unidos por una trama novelesca, para construir su muro.

El cuadro o escena primera se desarrolla en el interior de un cuarto de la "casuca" de Demetrio Macías. El siguiente, en un punto alto de la pared de un cañón, que Demetrio comienza a descender después de presenciar de lejos el incendio de su casa por los federales. El tercero, entre las malezas de la sierra, donde durmieron los 25 hombres de Macías. Cada cuadro tiene su propio tiempo y múltiples espacios, con lo cual rompe la rigidez del espacio teatral y aun del cinematográfico, perceptible con claridad desde el primer cuadro, escena concebida teatralmente en un cuarto cerrado. Hacia el final de la misma, el espacio cerrado del cuarto lo sustituye un espacio abierto dinámico, movible conforme Demetrio se desplazaba, algo que ni el teatro ni el cine pueden lograr:

> Salieron juntos; ella con el niño en los brazos.
> Ya a la puerta se apartaron en opuesta dirección.
> La luna poblaba de sombras vagas la montaña.
> En cada risco y en cada chaparro, Demetrio seguía mirando la silueta dolorida de una mujer con su niño en los brazos.
> Cuando después de muchas horas de ascenso volvió los ojos, en el fondo del cañón, cerca del río, se levantaban grandes llamaradas.
> Su casa ardía… (Azuela 1988: 6-7).

Narración siempre hacia adelante en el orden de los acontecimientos, como en el documental de la Revolución.

A su vez, cada frase contiene una gran visualidad: la primera, dos imágenes: "salieron juntos"; "ella con el niño en los brazos". La segunda, tres: "ya a la puerta", "se apartaron" "en opuesta dirección". La tercera, igualmente tres: "la luna", "poblaba de sombras vagas" "la montaña". La cuarta, cuatro: "en cada risco" "y en cada chaparro", "Demetrio seguía mirando", "la silueta dolorida de una mujer con su niño en los brazos." A la imaginación del lector queda el retrato físico de los personajes, su expresión facial y corporal en un momento de crisis; el rostro del niño; la indumentaria, lo mismo la montaña, los riscos, los chaparros, las sombras, la luna ¿llena?, ¿menguante?, ¿creciente?, luna de cualquier forma menos luna nueva. ¿Cuál era la expresión corporal de Demetrio al mirar? ¿Cuál la de su rostro? ¿Cómo sería su respiración?

Las constantes elipses entre cuadro y cuadro, entre frase y frase o en una misma frase dan una gran velocidad al ritmo de la novela, similar al dinamismo cinematográfico porque ¿cuál fue la dirección que tomó Demetrio Macías? ¿Qué ocurrió, cómo llegó desde la puerta de su casa a la montaña? ¿Desde dónde contempló el incendio de su casa? Por las elipses y ausencia de descripción todo queda a la imaginación del lector.

Vistas

Un "cuadro" cinematográfico de la Revolución podía contener una o varias "vistas en movimiento"[4], como se llamaba entonces a las películas, en oposición a las "vistas fijas" o fotografías, de donde el cine hereda dicha palabra.

"Vista" tiene su semántica. Dice Claudia Negrete Álvarez que detrás de esa palabra

> [...] existe un proceso histórico visual de larga duración. Su origen ideológico-formal se remonta al siglo XVII, a los tiempos de la Ilustración. Dicho proceso persiste a través de diversas técnicas de representación visual a través del siglo XIX, para llegar al XX sin memoria de su origen [...].
>
> Aunque nuestros empresarios-camarógrafos no tuviesen una educación visual formal, estaban educados en las representaciones visuales de su tiempo. Todos habían nacido hacia el último tercio del siglo XIX y estaban culturalmente inmersos en las formas de la pintura, la litografía y la fotografía decimonónicas. Esta influencia se percibe en la manera de definir el espacio cinematográfico a través del encuadre,

[4] Una vista podía durar cerca de 10 minutos, la longitud de todo un rollo. Eran "planos-secuencia", como en las películas de Méliès.

> en la persistencia del plano general. Es decir, el encuadre que predomina es el más abierto (que en terminología cinematográfica se denomina plano general o *long shot*), donde conviven varios planos en foco, es decir, se trata de imágenes de gran profundidad de campo. Este tipo de encuadres se hacían en espacios abiertos [...] La clave está [...] en la terminología utilizada: a estos fragmentos o cortos iniciales se les denominó "vistas", concepto que se utilizó en la fotografía, en la litografía, en los espectáculos visuales del siglo (como en la linterna mágica, el diorama, el panorama) y en la pintura de paisaje urbano del siglo XVIII. El nexo no sólo sería lingüístico, sino también formal (Negrete Álvarez 2009: 47).

Mariano Azuela se auxilió de los conceptos de "vistas" implícito en los "cuadros" y "escenas", seguramente por la fugacidad de los acontecimientos del espectáculo de la Revolución, un episodio más de la *Comedia humana* balzaquiana que contemplaba en la vida real, en la que, además de actor, tenía la dualidad de ser espectador. Nada era igual de un día al otro, de un momento a otro, como se percibe en su novela, que comunica el mismo dinamismo de una película; le urgía fijarlos, congelarlos con palabras de la misma manera que las cámaras (fotográfica o cinematográfica) las fijaba en papel o celuloide. Desde el principio sus actores entran en acción, en movimiento, sin previa descripción, como si estuviesen en un escenario teatral, y el lector fuese un espectador, como él mismo lo aclara en una de las citas de sus textos párrafos arriba:

> —Te digo que no es un animal... Oye cómo ladra el *Palomo*... Debe ser algún cristiano.
> La mujer fijaba sus pupilas en la oscuridad de la sierra.
> —¿Y que fueran siendo federales? —repuso un hombre que, en cuclillas, yantaba en un rincón, una cazuela en la diestra y tres tortillas en taco en la otra mano.
> La mujer no le contestó; sus sentidos estaban puestos fuera de la casuca.
> Se oyó un ruido de pezuñas en el pedregal cercano, y el *Palomo* ladró con más rabia (Azuela 1988: 3).

La velocidad con que se sucedían los acontecimientos le hizo acudir a la experiencia de los "cuadros" y de las "escenas" del documental de la Revolución.

El dinamismo de los sucesos hacía que las películas mexicanas de aquellos años se hiciesen solas, se puede decir, al no haber guión previo, porque la idea de los camarógrafos consistía en fijar la fugacidad y ordenar los hechos históricos según su secuencia para comunicar una idea de ellos. Mientras "pegaran", "unieran" o "editaran" más "vistas en movimiento" o "ladrillos en un muro" más amplia sería la idea que comunicaran, lejos estaban de la idea de "montaje", llegando al reportaje visual al abordar un solo hecho desde diversos puntos de vista. Pegaban un cuadro tras otro, sin *flash backs*, siempre en el sentido del tiempo, como crónica o reportaje visual. Pero al mismo tiempo debían hacer una síntesis por la característica del rollo de película y los tiempos convencionales de la duración en pantalla, pese a que las películas de la Revolución fueron excepcionalmente largas para su tiempo, alguna duró tres horas, tiempo superior a la duración promedio de la película más extensa de aquellos años, *Marco Antonio y Cleopatra* (1912, Enrico Guazzoni), de 45 minutos.

Repite Mariano Azuela:

> *Los de abajo*, como el subtítulo primitivo lo indicaba, es una serie de cuadros y escenas de la revolución constitucionalista, débilmente atados por un hilo novelesco. Podría decir que este libro se hizo solo [igual que las películas] y que mi labor consistió en coleccionar [vistas de] tipos, gestos, paisajes y sucedidos, si mi imaginación [apoyada en el cine y en el teatro] no me hubiese ayudado a ordenarlos y presentarlos [pegados como ladrillos, diría Eisenstein] con los relieves y el colorido mayor que me fue dable (Azuela 1974: 123).

Llama la atención la frase "débilmente atados por un hilo novelesco", porque sus "cuadros" de la Revolución "pegados" en la novela están fuertemente atados por la trama novelesca de la figura de Demetrio Macías, mientras que a los "cuadros" de las películas de la Revolución no los ata ninguna trama, como se dijo, porque los une la misma Revolución, pero tanto las películas de la Revolución como la novela unen, pegan o editan los "cuadros" de la Revolución en orden sucesivo, como ladrillos uno tras otro en un muro en construcción, valga la obsesiva reiteración.

No extraña la inspiración cinematográfica de Mariano Azuela porque

> [...] el cine fue uno de los hallazgos más venturosos, más que por lo que en sus comienzos daba por lo mucho que prometía. Cuando pasados sus primeros balbuceos comenzaron las tímidas y torpes tentativas de hacer drama o comedia y aparecieron actores y actrices de relieve en ostensibles intentos de hacer teatro, me regocijé en lo más íntimo de mi alma: renació mi vieja y ya casi olvidada afición al teatro verdadero y a los verdaderos actores (ibíd: 215-216).

Nacido en 1873, Azuela testificó las primeras funciones que debió haber en Lagos, su ciudad natal, hacia 1897 y 1898, de la misma manera que las hubo en Aguascalientes y Zacatecas en esas fechas, ciudades ubicadas en la misma línea ferrocarrilera. De acuerdo al párrafo anterior, se interesó por el cine cuando las películas mostraron actores notables; sin duda se refiere al *film d'art* Pathé, iniciado en 1908 con *El asesinato del duque de Guisa*, coloreada y actuadas por actores de la Comedia Francesa, como todas las de esa serie, acompañada de música que Saint Saëns escribió expresamente para la película, fabricadas para atraer a la burguesía francesa, reacia al cinematógrafo. Lo reitera más adelante:

"[...] mi regocijo no tuvo límites y mi afición al cine nació con entusiasmo desde que comenzaron a aparecer obras y actores de calidad" (ibíd.: 219).

Aunque confiesa su "[...] preferencia incondicional por el cine extranjero del que desde sus orígenes hasta la fecha sigo siendo fiel devoto" (ibíd.: 215) es posible que haya asistido a las "vistas en movimiento" de la Revolución que comenzaron a "fijar" los acontecimientos desde la toma de Ciudad Juárez exhibidas en la Ciudad de México y, con seguridad, en Guadalajara y en ciudades del interior, donde debió presenciarlas.

Escenas

Según el mencionado diccionario *Vox*, entre los significados de "escena" se encuentra el de "cada una de las partes en que se divide un acto [de una obra teatral], determinada por la entrada o salida de uno o más personajes"[5]. En el teatro francés e inglés era usual dividir cada acto en varias escenas.

No extraña que Azuela use dicha palabra al confesar su afición al teatro, de la misma manera que confesó su afición al cine. Por el teatro

> [...] dejaba el circo, las carreras y hasta las corridas de toros. Más tarde, estudiante en Guadalajara, raro fue el domingo en que, a las cuatro de la tarde, no ocupara mi asiento en primera fila de palcos segundos. Felices días aquellos en que por veinticinco centavos se asistía a una función *monstruo* de prólogo y doce actos, invariablemente terminada con un sainete que nos refrescara la encerrona de seis horas y nos permitiera un sueño sin pesadillas (Azuela 1974: 216).

El "cuadro" inicial de la primera parte de la novela *Los de abajo* cumple cabalmente las palabras de Azuela:

> Tenemos, pues, colocados y de pie a los personajes *en el escenario*. Los protagonistas ocupan *el primer plano* bien marcados con pelos y señales y el *espectador esperá*" (ibíd.: 51; subrayados míos).
> —Te digo que no es un animal... Oye cómo ladra el *Palomo*... Debe ser algún cristiano...
> La mujer fijaba sus pupilas en la oscuridad de la sierra.
> —¿Y que fueran siendo federales? —repuso un hombre que, en cuclillas, yantaba en un rincón, una cazuela en la diestra y tres tortillas en taco en la otra mano.
> La mujer no le contestó; sus sentidos estaban puestos fuera de la casuca.
> —Sería bueno que por sí o por no te escondieras, Demetrio.

---

[5] *Vox*, ob. cit.: 663.

El hombre, sin alterarse, acabó de comer; se acercó un cántaro y, levantándolo a dos manos, bebió agua a borbotones. Luego se puso de pie.
—Tu rifle está bajo del petate- pronunció ella en voz baja.
El cuartito se alumbraba por una mecha de sebo. En un rincón descansaban un yugo, un arado, un otate y otros aperos de labranza, del techo pendían cuerdas sosteniendo un viejo molde de adobes, que servía de cama, y sobre mantas y desteñidas hilachas dormía un niño (Azuela 1988: 3).

El espacio, un cuarto cerrado, remite a un escenario teatral, lo mismo que los diálogos porque el cine era mudo. Con ellos Azuela se olvida de la solución cinematográfica para apoyarse en una solución teatral, haciendo que ambos apoyos, el teatral y el cinematográfico, sean interdependientes y no permitan un deslinde preciso; no es posible detectar el comienzo o el fin de uno u otro.

De entrada parece no haber luz en la escena, como si los personajes (actores) hablaran en la oscuridad y, sólo después de mencionar la mecha de sebo, Azuela describe el interior del cuarto, como si en ese momento se encendiese una luz en el escenario, de esa manera están fuertemente atadas las influencias teatral y cinematográfica a través del concepto de "cuadro", porque es un cuadro, una escena de la Revolución el que nos presenta en un escenario teatral.

Conclusión

La búsqueda de caminos para comunicar sus impresiones sobre la Revolución, contribuyó a que Mariano Azuela se anticipara a su tiempo en la renovación literaria, porque, como diría César Vallejo once años después de la publicación inicial de *Los de abajo* en 1915, al referirse a la renovación de la novela en el Perú, situación similar a la de México, "muchas veces las voces nuevas pueden faltar, muchas veces un poema no dice 'cinema', poseyendo no obstante, la emoción cinemática, de manera obscura y tácita, pero efectiva y humana" (Vallejo 1926).

Romanticismo, modernismo, naturalismo se encontraban en crisis tanto en Europa como en México. Allá la Primera Guerra Mundial cuestionó los valores y acá, la Revolución Mexicana; ambos fenómenos cataclísmicos contribuyeron a la búsqueda de nuevos caminos para la renovación de la literatura, entre los cuales estuvo, sin duda, el cine, porque el proceso de su valoración como arte, iniciado por la vanguardia europea en 1911 con la publicación del manifiesto de Ricciotto Canudo "Hacia una sesta arte", adquiere en los años 20 una fuerza extraordinaria como un arte "nuevo" carente de tradición. Proceso compartido en México, sobre todo por la revista *El Universal Ilustrado*, cuyo director, Carlos Noriega Hope, estuvo en Hollywood en 1919 y regresó fascinado por la magia del cine, además de estar enterado de los debates en Europa, y dispuesto a que, de la misma manera que había un "renacimiento" de la pintura, lo hubiese en la literatura a partir de la búsqueda de nuevas formas, para lo cual organizó concursos de cuentos y novelas cortas en la revista que dirigió a partir de 1920, fuertemente influido por los estridentistas, cuyo primer manifiesto de 1921 hizo un llamado para destruir la inercia en el arte, incluida la literatura.

Paradójicamente la adaptación cinematográfica de la novela al cine sonoro traiciona el sentido vanguardista de la obra literaria al asumir un formato tradicional: tiempo dilatado frente al tiempo dinámico inspirado en el dinamismo cinematográfico de la novela. Los cineastas, en lugar de buscar una solución experimental para que el cine enriqueciera su lenguaje a través de un lenguaje cinematográfico mediado por la obra literaria, nos ofrecieron dos versiones tradicionales[6] acordes con el espíritu conservador característico del cine mexicano.

Bibliografía

AZUELA, Mariano (1974): "Mi deuda hacia los libros". En: *Páginas autobiográficas*, selección de Francisco Monterde García Icazbalceta. México: Fondo de Cultura Económica (Colección Popular, nº. 134), pp. 271-272. [Texto publicado en inglés en la revista *Book Abroad*, Norman, EE. UU., enero de 1938, vol. 12, nº. 1, p. 26. Traducción de Francisco Monterde García Icazbalceta.]

— (1988): *Los de abajo.* Edición de Jorge Rufinelli. Madrid *et al.*: Colección Archivos, nº. 5.

BONIFANT, Cube (1928): "Un día". En: *El Universal*, sábado 8 de septiembre.

DE LOS REYES, Aurelio (1981): *Cine y sociedad en México. 1896-1920. Vol. I. 1896-1920, Vivir de sueños.* México: UNAM.

— (1986): *Filmografía del cine mudo mexicano. 1896-1920.* México: UNAM (Colección Filmografía Nacional, nº. 5).

[6] *Los de abajo (Con la División del Norte)*, 1939. Dirección: *Chano* Urueta. Guión *Chano* Urueta. Diálogos: Aurelio Manrique. Intérpretes: Miguel Ángel Ferriz, Esther Fernández, Isabela Corona, Carlos López Moctezuma, Beatriz Ramos, Domingo Soler, Eduardo Arozamena, Emilio *Indio* Fernández, Emma Roldán, Alfredo del Diestro, Consuelo Segarra, Antonio Bravo, Alfonso *Indio* Bedoya, *Adria* Delhort, Raúl Guerrero *Chaplin*, Ernesto Cortázar, Carmen Delgado.

Los de abajo. Dirección: Servando González. Guión: Vicente Leñero, Servando González. Intérpretes: Eric del Castillo, Enrique Lucero, Jorge Victoria, Gloria Mestre, Raúl Quijada, Marciano Martín, María de los Ángeles Márquez, Juan Ángel Martínez.

Información tomada de Viñas (1992).

DUFFEY, Patrick (1996): *De la pantalla al texto. La influencia del cine en la narrativa mexicana del siglo* XX. México: UNAM-Coordinación de Humanidades.

EISENSTEIN, Sergei M. (1931): "Los principios de la forma fílmica". En: *Contemporáneos*, vol. X, nº. 36, edición facsimilar. México: Fondo de Cultura Económica (Colección Revistas Literarias Mexicanas Modernas).

NEGRETE ÁLVAREZ, Claudia (2009): *Historias narradas con luz. Tres décadas de labor cinefotográfica de Alex Phillips. (1921-1941).* Tesis doctoral. México: Facultad de Filosofía y Letras, UNAM.

NORIEGA HOPE, Carlos (1928): "*Silvestre Bonnard, Octubre*, la magnífica obra de la Sovkino, ha sido una revelación de técnica cinematográfica moderna". En: *El Universal*, domingo 9 de septiembre de 1928. sección.

VALLEJO, César (1926): "Poesía nueva". En: *FavorablesParísPoema*, julio, citado por María Chiara D'Argenio, ponencia "Arquitectos de imágenes y constructores de la nación: modernidad, escritura 'nueva' y cine mudo en el Perú" presentada en el Primer Coloquio de Cine Mudo Iberoamericano, organizado por el Instituto de Investigaciones Estéticas, UNAM, México, 21 de abril de 2010.

VIÑAS, Moisés (1992): *Índice cronológico del cine mexicano. 1896-1992.* México: UNAM-Dirección de Actividades Cinematográficas.

Estereotipos de la feminidad e imaginario nacional: representaciones melodramáticas en el discurso novelístico y cinematográfico de *Santa* (1903/1918-1931/1932)

Kurt Hahn
(Katholische Universität Eichstätt-Ingolstadt)

Introducción

Si bien desde la perspectiva estética el naturalismo no constituye necesariamente un punto culminante en la literatura decimonónica de Hispanoamérica, marca no obstante un momento clave en la historia cultural del continente. Así pues, la novela experimental —acuñada por el francés Émile Zola al otro lado del Atlántico— abandona definitivamente la tentativa de construir y conjurar identidades nacionales en la literatura. En lugar de inventar *ficciones fundacionale*s (Sommer 1991: 1-51), mediante las cuales los románticos buscaron vincular *eros* y *polis*, amor privado y amor patriótico, las narrativas naturalistas ponen al descubierto las desigualdades, las tensiones y a veces el fracaso profundo de las sociedades hispanoamericanas. Entre los partidarios mexicanos de Zola descuella, sin duda, el escritor, periodista y diplomático Federico Gamboa, nacido en 1864 y fallecido en 1939. Sin embargo, las novelas de este porfirista convencido no responden por entero al método seudocientífico de observación y experimentación en la literatura. Gamboa no sólo se aparta de un estricto determinismo positivista, sino que además intenta reconciliar el discurso naturalista con una ideología ultraconservadora, fundamentada en el poder presidencial y la fe católica.

Obviamente en un volumen colectivo sobre el cine del siglo XX no es el lugar adecuado para problematizar las contradicciones de la literatura finisecular en Hispanoamérica[1]. Pero, lo que sí puede resultar relevante en este contexto es la paradoja de que precisamente una obra de signo naturalista se encuentre en los orígenes de la industria cinematográfica de México (García Riera 1992: 47-

[1] Dichas contradicciones del naturalismo hispanoamericano se discuten por ejemplo en Schlickers (2003); para el caso particular del naturalismo mexicano, véase el análisis pormenorizado de García Barragán (1993).

54). Hablo, claro está, de la novela más conocida de Gamboa, *Santa*, que desde su publicación en 1903 se convierte en un *best seller* literario[2] y en una de las tramas mexicanas más adaptadas al cine. A lo largo del último siglo se cuentan al menos cinco realizaciones fílmicas, desde una producción muda de 1918 hasta una telenovela de 1978. Esta permanencia de *Santa* en la pantalla se remonta a la misma fórmula de éxito que se constata en el cine de la Época Dorada y su enorme impacto sobre la memoria cultural de México. Según Carlos Monsiváis,

> la Época de Oro del cine mexicano es cultura popular, porque unifica en sus espectadores la idea básica que tienen de sí mismos y de sus comunidades, y consolida actitudes, géneros de la canción, estilos del habla, lugares comunes del lirismo o la cursilería, las tradiciones a las que la tecnología lanza en vilo, "a todo lo que permita la pantalla"; en suma, todo lo que un amplio número de casos termina por institucionalizarse en la vida cotidiana (Monsiváis 2003: 261).

El diagnóstico se aplica perfectamente al presente caso, porque nace un verdadero mito cotidiano a partir del personaje de Santa. El modelo de autopercepción colectiva, codificado a la manera descrita por Monsiváis, se ve plasmado en los melodramas que pueblan el cine mexicano de los años 30 y 40, y que se nutren de un sentimentalismo patético, conflictos maniqueos y de la recompensa final del bien[3]. Centrándome en la novela y las dos primeras películas de 1918 y 1931/1932, me propongo reconstruir, por una parte, el proceso a través del cual se produce tal *melodramatización*, cada vez más patente en las diversas *Santas*. En el contexto de la transformación de los medios de comunicación en esa época pregunto, por otra parte, en qué medida las técnicas cinematográficas van intensificando y fijando los estereotipos de la feminidad. Pues es exactamente esta imagen machista de la mujer la que actúa en las películas como eje central de una representación de la nación. De ahí, a través de una dialéctica negativa, Santa, la muchacha mancillada, se puede transformar en la heroína humilde del pueblo mexicano, en cuya imagen sublimada se refleja y se proyecta el poder patriarcal.

---

[2] La historia de la recepción la resume y comenta, por ejemplo, Glantz (2010: 39-49).

[3] Para las estrategias narrativas del melodrama, véase Brooks (1976: 12). El melodrama del cine mexicano lo estudian detalladamente Vidrio (2001), García (1992: 153-162) y la lectura minuciosa de las *Santas* que ofrece Sandoval (2005: 13-66).

La novela de Gamboa. Transculturación y romantización del naturalismo

La protagonista de la obra de Gamboa está construida, como es sabido, a partir de las muchas prostitutas que abundan en la literatura europea del siglo XIX. Santa comparte numerosas características con las cortesanas del romanticismo, como la *Marion de Lorme* (1829/1831) de Victor Hugo, la *Dame aux camélias* de Alexandre Dumas hijo (1848) o la ya naturalista *Fille Élisa* (1877) de Edmond de Goncourt, escritor profundamente admirado por Gamboa. Es posible añadir otras fuentes intertextuales si se tiene en cuenta por ejemplo la novela *Resurrección* (1899) de Lev Tolstói —leída por Gamboa durante la redacción de *Santa*— o la narrativa hispanoamericana contemporánea del autor mexicano. Entre las rameras naturalistas destaca, por supuesto, el prototipo imprescindible que el mismo maestro del movimiento brinda con su famosa *Naná*. Ciñiéndonos a la novela de Émile Zola publicada en 1880, se advierte que Gamboa, de hecho, toma prestados muchos rasgos de su personaje del modelo francés, que adapta, sin embargo, mediante un proceso creativo de "transculturación"[4], al contexto mexicano. Así, al igual que la Naná de Zola, Santa reina en el mundo de los placeres gracias a sus atractivos físicos; enloquece en su apogeo —"en pleno periodo triunfal de su carne dura", como escribe Gamboa (1903/2002: 156)— a todos los hombres e incorpora, por lo tanto, la corrupción de la sociedad urbana. Al mismo tiempo, tanto Naná como Santa conocen momentos de nostalgia en los que sueñan con la inocencia irrecuperable de la vida campesina. El campo como idilio contrapuesto a la ciudad pervertida es otro motivo reiterado en las dos novelas, aunque Gamboa desarrolle de manera más prolija el antagonismo espacial. A su vez, las crónicas del descenso de Naná y Santa se parecen mucho, dado que las patologías de ambas cobran, en el plano alegórico, un significado moral.

No obstante, el parentesco entre *Naná* y *Santa* se reduce a estos rasgos, sin que las premisas teóricas de Zola hayan sido rigurosamente respetadas. Como es sabido, el personaje naturalista es considerado un mero producto sin voluntad ni libre albedrío, conformado por una serie de factores como el medio ambiente, su herencia genética o su educación (Zola 1880/1971: 55-97). A fin de examinar los resortes últimos de la condición humana, Zola concibe entre

[4] La aplicación literaria de la "transculturación" —noción acuñada por el sociólogo Fernando Ortiz en *Contrapunteo cubano del tabaco y el azúcar* (1940)— se debe a Ángel Rama y su valioso estudio *Transculturación narrativa en América Latina* (1982: 32-56). Rama completa el modelo tripartito de Ortiz —"parcial desculturación", "incorporaciones procedentes de la cultura externa" y "recomposición manejando los elementos supervivientes de la cultura originaria"— por las fases de la "selección" y la "re-invención creativa".

1871 y 1893 su ciclo de veinte novelas cuyo título general *Los Rougon-Macquart, historia natural y social de una familia bajo el Segundo Imperio* ya revela todo el programa narrativo subyacente. *Naná*, incluida como novena novela en la genealogía familiar de los *Rougon-Macquart*, cuenta en consecuencia la "historia de una muchacha nacida de cuatro o cinco generaciones de borrachos, la sangre viciada por una larga herencia de miseria y embriaguez, que en ella se transformaba en una degradación nerviosa de su sexo" (Zola 1880/1982: 200).

En el caso de Gamboa, es curioso constatar, en cambio, que el escritor mexicano sólo sigue la normativa naturalista al diseñar personajes y acontecimientos secundarios. Por ejemplo, el narrador de *Santa* se explaya detenidamente sobre los efectos negativos del alcohol, teje un extenso discurso fisiológico y médico o limita incluso la responsabilidad individual de los caracteres (por ejemplo del seductor Marcelino Beltrán) a fin de presentarlos como resultado inevitable de sus predisposiciones. Sin embargo, Gamboa anula las leyes positivistas, cuando están en juego la evolución personal y el comportamiento de su protagonista. A pesar de que en cierto momento se presume que Santa "en la sangre llevara gérmenes de muy vieja lascivia de algún tatarabuelo" (Gamboa 1903/2002: 127), eso no aclara suficientemente la rapidez con la que se acostumbra a vivir al margen del orden burgués, en el exceso voluptuoso de la prostitución. No prueba de ninguna forma, como lo supone el mismo narrador, "que la chica no era nacida para lo honrado y derecho" (Gamboa 1903/2002: 127). Su depravación progresiva, acompañada por el amor inquebrantable que le profesa el pianista ciego Hipólito, casa muy mal con una lógica férrea de causas y efectos. Ni taras hereditarias, ni inconvenientes sociales o convulsiones históricas motivan de modo concluyente el camino inexorable que conduce a Santa hacia su destrucción. Criada en el seno de una familia intacta, protegida por su madre y sus dos hermanos mayores y practicante de una piedad sencilla, habría disfrutado de las mejores oportunidades para alcanzar un futuro *natural* como esposa y madre. Hasta su transgresión del orden patriarcal, vive en un ambiente sano, por lo que su caída es pura contingencia o bien se debe a su propia voluntad, a su propia culpa. En lugar de sugerir una coherencia entre la juventud feliz y el estado degradado de ramera, la novela acentúa simplemente el enfrentamiento de dos extremos que, en abstracto, se presenta como la eterna lucha entre el bien y el mal, entre la virgen y la mujer fatal y devoradora.

De ahí que sean muchos los aspectos que separan *Santa* del *roman expérimental* propiamente dicho de Zola. No encontramos un feísmo crudo en las descripciones prolijas del México finisecular, ni hay aplicación estricta del determinismo y el narrador omnisciente de Gamboa dista de ser un observador imparcial. A estas divergencias se agregan otras como una naturaleza solidaria, los presagios y un romanticismo exaltado que se destila en las últimas páginas. Es también aquí —con el arrepentimiento final de la prostituta moribunda, confirmado por la oración de Hipólito que cierra el texto[5]— donde la novela presuntamente naturalista se evidencia como narrativa de redención a la que subyace el relato bíblico del *paraíso perdido*. Pero el didactismo religioso[6] deja entrever asimismo otro sentido que Gamboa desarrollará en sus obras posteriores. Dado que Santa, la puta, no es sino la personificación de la nación mexicana, la única forma de salvar a México de la decadencia reside en el retorno a un patriotismo simple, es decir: un patriotismo tradicionalista cuyos firmes pilares son la vida rural y las normas católicas[7].

La película muda de 1918. Primeros pasos de la melodramatización

Lo que no es más que una connotación implícita en la novela se percibe nítidamente en las películas realizadas a partir de ella, ya incluso en la versión muda que se rodó en 1918. En la ficha técnica aparecen Germán Camus como productor, Luis G. Peredo como guionista y director, además de Manuel Becerril como fotógrafo. El filme está protagonizado por Elena Sánchez Valenzuela, una joven proveniente de una familia acomodada, mientras que los papeles masculinos son interpretados por Alfonso Busson y Ricardo Beltri. En concreto, los actores no son en su mayoría profesionales y, por consiguiente, tampoco se habla de salarios. El hecho no sorprende si tenemos en cuenta el presupuesto total de sólo 30.000 pesos o la suma modesta de 200 pesos por la que Gamboa vendió los derechos de su libro. El novelista, instalado entonces en La Habana, se muestra bastante orgulloso al enterarse del estreno de la película (el 13 de julio de 1918) y de su favorable acogida: "A *Santa* —escribe entusiasmado en su diario— la han puesto en todos los principales cines de la ciudad de México; y en todos ellos con idénticos resultados halagüeños. [...] La grata lectura de recortes y cartas me empapó los ojos" (Gamboa 1977: 228)[8].

Lamentablemente sólo sobrevivieron 36 minutos de la cinta, si bien la película original tenía una duración de alrededor de 80 minutos (Vidrio 2011). Debido a esta visión forzosamente parcial todo comentario acerca del trabajo

---

5 "Dios recibe entre sus divinos brazos misericordiosos a los humildes, los desgraciados [...] ¡A Dios se asciende por el amor o por el sufrimiento! [...]" (Gamboa 1903/2003: 362).

6 Para el didactismo moral en la novela, véase entre otras las posiciones de Pacheco (1993: 54-55) y Alcántara Pohls (1997: 155-165). El fuerte moralismo en la primera versión fílmica es aclarado por Ramírez (1989: 98).

7 En una entrada de su diario, Gamboa (1977: 149) exige literalmente un "nacionalismo más desinteresado y puro".

8 Para la documentación de la crítica contemporánea, véase Sandoval (2005: 22-27).

cinematográfico resulta, en cierta medida, especulativa. No obstante, se pueden resaltar algunos aspectos generales de dicha melodramatización en base a lo que vemos en la *Santa* muda. Igual que en el texto de Gamboa, la historia gira en torno a dos ejes, el declive de la protagonista y, paralelamente, el amor desesperado del ciego Hipólito por ella. Se nota que el adaptador realizó una lectura profunda de la novela, ya que combina distintos fragmentos del *plot* narrativo de Gamboa con motivo de completar su montaje. En ello, el guionista y director Peredo sigue la moda italiana que señala la estructuración de la trama "en forma de tríptico" —de acuerdo con *El fuego*, una película italiana de la época (cf. De los Reyes 1981: 225 y García Riera 1985: 14)—. Las tres partes, tituladas significativamente "Pureza", "Vicio" y "Martirio", corresponden a las tres fases biográficas de la heroína y van precedidas de poses alegóricas de la bailarina Rouskaya. No cabe duda de que, de tal manera, se enfatiza el concepto cristiano del pecado que, en la novela, no se explicita sino hasta el final. En lo sucesivo, se pone de relieve lo religioso, por ejemplo en la secuencia detallada donde Santa engaña a su amante, al torero celoso El Jarameño. Éste descubre *in fraganti* a su novia besando a otro hombre; la intención de venganza queda clara, cuando se muestra la mano del torero que agarra un cuchillo. El próximo plano completo nos presenta de nuevo a Santa arrodillada y suplicando perdón al Jarameño, mientras este último se esfuerza en vano por sacar el cuchillo de un mueble. Tiene lugar un corte y en la toma siguiente El Jarameño está llorando y exhibe a Santa la imagen de la Virgen que se cayó de la pared, igual que en la novela. La escena concluye con uno de los comentarios escritos que acompañan al filme y que reza según el texto de Gamboa (1903/2002: 247): "Te ha salvado la Virgen de los Cielos!... sólo Ella podía salvarte...¡Vete!, ¡vete sin que yo te vea!, ¡sin que te oiga!... ¡vete!... porque si no, yo sí me pierdo...".

Sin entrar en más pormenores, uno se da cuenta de que el clímax dramático y el dinamismo óptico del cine corroboran la importancia del imaginario religioso que decide, en la secuencia discutida, entre vida y muerte, entre el perdón o la venganza. El fuerte simbolismo católico se inserta en una tendencia más amplia que reaparecerá, técnicamente refinada, en la película de 1931/1932. En comparación con la novela, se puede calificar como una especie de clarificación y suavización a la que contribuyen también el hábil manejo de los gestos y los códigos culturales. Si bien el director Peredo no posee un conocimiento sistemático del lenguaje cinematográfico, llega, gracias a marcados paralelismos, planos teatrales[9] o panorámicas paisajísticas —como la del campo cuando los soldados se van, la ciudad de México o el cementerio—, a aumentar la tensión, a agudizar los contrastes y a desatar así las emociones y los llantos del público.

[9] Por el contrario, sólo encontramos algunos planos americanos, medios o cercanos en la versión muda de 1918 (Vidrio 2011).

El melodrama de 1931/1932. Cine comercial y estereotipos femeninos de la nación patriarcal

Sin embargo, para captar completamente hasta qué punto las *Santas* influyeron en la formación del melodrama nacional, es preciso tomar en consideración el segundo largometraje, rodado entre el 3 de noviembre de 1931 y el 5 de enero de 1932 en los estudios de la Compañía Nacional Productora de Películas y en locaciones del D. F. Mientras Eisenstein sigue experimentando en México, se inicia en el otro extremo de la gama cinematográfica la *remake* de *Santa*, que marcará definitivamente la industrialización del cine mexicano. La realización que Antonio Moreno hace a partir de la adaptación de Carlos Noriega Hope, es asimismo la primera película mexicana con sonido directo, es decir, "con una banda sonora paralela a las imágenes en la misma tira de celuloide" (García Riera 1992: 48). A fin de profesionalizar la producción se contrató a todo un equipo *hollywoodense*: tanto los técnicos de sonido, los hermanos Rodríguez, como el fotógrafo, Alex Phillips, son importados de la meca del cine, lo mismo que el director español Moreno, la protagonista mexicana, Lupita Tovar, y el actor Donald Reed, que interpreta el rol del primer amante de Santa. Las importaciones de Hollywood no pueden menos que repercutir en la estética de *Santa 2*, envuelta en un aire de *cine hispano* y de cursilería costumbrista. Desde el guión hasta la banda sonora, se advierte el empeño por *dulcificar* otra vez la novela de Gamboa hasta transformarla en el primer molde de un melodrama apto y fácilmente *digerible* para todo el público.

Ofreciendo una narrativa simple, repertorios simbólicos unívocamente descifrables y claras opciones de identificación colectiva, *Santa 2* no sólo se convierte en una película taquillera, sino que también transmite ciertos valores, es decir: lugares comunes de la mexicanidad. Al comentar el estreno, un contemporáneo testimonia la eficacia de esta estrategia a la vez comercial e ideológica: "Aquello fue increíble, unos 'llenazos' enormes, fue un éxito; yo que estaba fuera, veía salir a las mujeres llorando; en realidad, la película se hizo para la gente *high life*, pero el pueblo fue el que se identificó con ella" (citado según García Riera 1992: 50-51.). Bastaría mencionar algunos de los procedimientos cinematográficos con los que la *Santa* sonora garantiza su lucro financiero y, al mismo tiempo, contribuye a consolidar un imaginario nacional. En este marco, no puede pasar desapercibida, primero, la tipificación acusada de los personajes. El caso más extremo lo presenta probablemente el protagonista masculino (interpretado por Carlos Orellana) del pianista ciego Hipólito. Si en la novela se trata de un personaje monstruoso, depravado y ateo con unos "horribles ojos blanquizcos" —atributo repetido por Gamboa a manera de estribillo—, éste queda completamente sublimado en la película de Moreno. En vez de la repugnancia que le inspira a Santa en el libro, ahora está caracterizado por su amor paciente por la prostituta, mantenido siempre en un plano platónico. Mientras que en la novela Hipólito llega incluso a intentar violar a Santa, en el cine no sería más que el héroe trágico que, por último —cuando su ídolo muere— será recompensado por una doble unión amorosa y divina.

En segundo lugar, los productores de *Santa 2* hacen todo para rechazar cualquier crudeza naturalista: no se pueden ver en la pantalla ni las descripciones físicas que abundan en la novela ni los extensos cuadros literarios de la ciudad viciosa. Como ejemplo se puede recordar que la realización de 1931/1932, pese a las secuencias largas del burdel, omite el asesinato ubicado por Gamboa en el prostíbulo para poner de relieve la delincuencia medioambiental y, a modo de Zola, los impulsos más bajos del ser humano. No hay nada parecido en la película, cuya atmósfera lánguida y sensual queda garantizada igualmente por el empleo calculado del decorado, de la música y de los efectos de luz. De este modo, parte del éxito de la segunda *Santa* se debe también a la canción homónima de Agustín Lara y al acompañamiento musical. En cambio, los numerosos *fades* o fundidos en negro sirven para pasar de una escena a otra y dividen el filme en cuadros bien delimitados: Santa al ser seducida, Santa al entrar en el burdel o Santa al morir en el hospital, escena en tono lúgubre que se logra por medio de juegos de luz y de sombra. Evidentemente, tal estandarización de la producción requiere igualmente el restablecimiento de la cronología narrativa. El orden lineal de los acontecimientos que en la novela está suspendido a partir del comienzo *in medias res* y que, incluso en la versión muda, queda invertido debido a los recuerdos infantiles del ciego, ya no tiene ahora ninguna ruptura. Ningún *flashback* perturbador, ninguna analepsis compleja exige la participación intelectual del público, libre así para sumergirse en la ilusión de la pantalla.

Sin embargo, el factor clave de la enorme acogida de *Santa 2* es su visión idealizada de la feminidad. Perfectamente encarnada por Lupita Tovar, la protagonista incorpora, desde una perspectiva patriarcal, la perenne doble naturaleza de la mujer, puesto que es a la vez santa y puta, casta y promiscua, ángel y víctima profanada por un mundo libertino. Recreando y mexicanizando la figura arquetípica de la muchacha violada corporalmente, pero purificada en su espíritu, la película de 1931/1932 evita todo aspecto problemático, es decir: abiertamente sexual, sin renunciar por ello a alusiones escabrosas como una pierna desnuda o un baile en ropa interior. La verdadera historia de la heroína, al contrario, es ahora la de la virtud perseguida, la de las flores pisoteadas que se ven, prolépticamente, al final de la primera secuencia en la plaza de Chimalistac. A través del lente de la cámara, el pueblo natal de Santa se torna en un paraíso arcádico y primitivo que incluso el lenguaje —por ejemplo el uso constante de diminutivos— distingue de la ciudad desenfrenada. No en vano tanto el comienzo como el final de la trama se sitúan en Chimalistac, por lo que se perfecciona, en el plano topográfico, el esquema cristiano del perdón y la absolución. Con una estructura circular, la narrativa de *Santa 2* parte del mundo edénico de la inocencia, pasa por las etapas de caída, castigo y sufrimiento para alcanzar finalmente la penitencia y la redención de la protagonista. En la muerte, Santa incluso está unida metafóricamente con Hipólito, que en la última secuencia, visita la tumba de la muchacha, que carece de nombre en la lápida, y se pone a orar (cf. Gamboa 1903/2002: 362): "Santa María, Madre de Dios... [...] Ruega, Señora, por nosotros, los pecadores...".

La ampliación de los tópicos religiosos va acompañada, lógicamente, de una domesticación marcada de la sexualidad o, mejor, del erotismo femenino. Lo que presenciamos en la adaptación *hollywoodizada*[10] no es sino una escenificación de estereotipos machistas de la mujer entre los cuales cuentan la vulnerabilidad, la clemencia y, al menos potencialmente, la maternidad. Comparando esto con la novela de Gamboa, se vislumbra en qué medida los responsables del primer cine comercial en México temen traspasar la moral dominante. Aunque parezca mentira, a principios del siglo XX el escritor católico comentó la menstruación y el aborto de Santa, contó la vida cotidiana de las prostitutas hasta mencionar relaciones lésbicas entre ellas. Sobre todo, en lo que atañe al deseo femenino, Gamboa fue más allá de lo que, tres decenios más tarde, lo haría el lenguaje cinematográfico de la *Santa* sonora. Para no dañar la imagen reaccionaria de la mujer obediente y disponible se transformó incluso el argumento del original literario. Así, por ejemplo, no es por vicio, sino por soledad y nostalgia romántica que Santa engaña, en la pantalla, al torero El Jarameño y se entrega a su amor de juventud, el militar Marcelino. Aún más reveladora es la diferencia entre las dos representaciones del desfloramiento de Santa en un pedregal. Por una parte, Gamboa es lo más explícito posible, cuando describe minuciosamente el acto sexual e insiste asimismo en el "deleite" de la virgen, como se puede constatar en el siguiente fragmento (Gamboa 1903/2002: 114):

> Sin responderle y sin cesar de besarla, Marcelino desfloró a Santa en una encantadora hondonada que los escondía. Y Santa, que lo adoraba, ahogó su gritos —los que arranca a una virgen el dejar de serlo. Con el llanto que le resbalaba en silencio, con los suspiros que la vecindad del espasmo le procuraba, todavía besó a su inmolador en amante pago de lo que la había hecho sufrir; [...] vibró con él, con él se sumergió en ignorado océano de incomparable deleite, inmenso, único, que bien valía su sangre y su llanto y sus futuras desgracias, que sólo era de compararse a una muerte ideal y extraordinaria.

[10] Acerca de la imagen *hollywoodense* de la mujer en el cine mexicano de los 30, véase Tuñón (1998: 23 ss.).

Por otra parte, la película de 1931/1932 elimina toda alusión al goce de la joven mujer. Según el buen gusto burgués de la época vemos únicamente a Santa y su seductor Marcelino corriendo por el campo. Con una profunda mirada, él la abraza, la deposita en el suelo y la besa finalmente. La escena acaba con un corte abrupto y pasa a otro plano que muestra unos patos en el lago (Sandoval 2005: 38-39). La cámara decente deja el resto —y en particular lo indecente— a la imaginación de los espectadores. Y no puede ser de otra manera, porque aquel paradójico *pudor impúdico* forma parte del doble juego que en el melodrama de la Época de Oro a la vez separa y une los contrarios: lo lícito y lo prohibido, lo honesto y lo perverso, lo malo y lo bueno.

Desde la óptica moral, sentimental y, con ello, *nacional*, no hay duda de la alternativa a elegir. No obstante, "im Zeitalter technischer Reproduzierbarkeit", "en la era de la reproductibilidad técnica" (Benjamin 1939/1980), todo *gran relato* (Lyotard 1979) de la patria está sometido a la lógica del aparato y del mercado; necesita, en otras palabras, también el soporte mediático y económico para imprimirse en la memoria colectiva. En consecuencia, no triunfa la Santa ambigua de Gamboa, cuya purificación esbozada no oculta sus pasiones demasiado ofensivas. Triunfa, por el contrario, la Santa melodramática de la pantalla, la Santa redimida desde el comienzo, la Santa virtuosa, la Santa pasiva, la Santa cosificada que el público quiere ver y con la que se puede identificar una nación basada en el falogocentrismo. Y dicho de nuevo con las palabras de Carlos Monsiváis, triunfa "la sufrida mujer mexicana". Pero, como agrega el crítico, a través de la magia del cine, esta vez

> Santa es ya no la víctima sacrificable de los lectores porfirianos sino la heroína de Chimalistac, que peca para que su dolor amoneste a las jóvenes y las prostitutas queden convenientemente idealizadas. Una vez más, la mujer necesaria se mitifica para mejor someterla a las inclemencias del machismo (Monsiváis/Bonfil 1994: 120).

Bibliografía

ALCÁNTARA POHLS, Juan (1997): "El cuerpo de Santa y la reducción experimental". En: *Historia y Grafía*, nº. 9, pp. 155-165.

BENJAMIN, Walter (1939/1980): *Das Kunstwerk im Zeitalter seiner technischen Reproduzierbarkeit*. En: Id.: *Gesammelte Schriften. Werkausgabe*, I.2: *Abhandlungen*. Ed. Rolf Tiedemann/Hermann Schweppenhäuser, Frankfurt: Suhrkamp, t. 2, pp. 471-508.

BROOKS, Peter (1976): *Melodramatic Imagination*. New Haven/London: Yale University Press.

DE LOS REYES, Aurelio (1981): *Cine y sociedad en México 1896-1930. Vivir de sueños, t. 1: 1896-1920*. México: UNAM/Cineteca Nacional.

GAMBOA, Federico (1977): *Diario 1892-1939*. Ed. José Emilio Pacheco. México: Siglo XXI.

— (1903/2002): *Santa*. Ed. Javier Ordiz. Madrid: Cátedra.

GARCÍA BARRAGÁN, María Guadalupe (1993): *El Naturalismo literario en México*. México: UNAM.

GARCÍA RIERA, Emilio (1985): *Filmografía mexicana medio y largometrajes 1906-1940*. México: Cineteca Nacional.

— (1992): "1931: El año de Santa". En: Íd.: *Historia documental del cine mexicano, t. 1: 1929-1937*. México/Gudalajara: Consejo Nacional para la Cultura y las Artes, pp. 47-54.

GARCÍA, Gustavo (1993): "Melodrama: 'The Passion Machine'". En: Paranaguá, Paulo Antonio (ed.): *Mexican Cinema*. Trad. Ana M. López. London: British Film Institute/Consejo Nacional para la Cultura y las Artes, pp. 153-162.

GLANTZ, Margo (2010): "Federico Gamboa, entre *Santa* y Porfirio Díaz". En: *Literatura Mexicana*, vol. 21, nº. 2, pp. 39-49, en línea: <http://rad.unam.mx/ojs/index.php/rlm/article/view/20484> (11/5/2012).

LYOTARD, François (1979): *La condition postmoderne*. Paris: Éd de Minuit.

MONSIVÁIS, Carlos/BONFIL, Carlos (1994): *A través del espejo. El cine mexicano y su público*. México: Ed. El Milagro.

MONSIVÁIS, Carlos (2003): "Función corrida (el cine mexicano y la cultura popular urbana)". En: Valenzuela Arce, José Manuel (ed.): *Los estudios culturales en México*. México: Fondo de Cultura Económica, pp. 261-295.

PACHECO, José Emilio (1993): "Camino de santidad". En: *Proceso*, nº. 861, pp. 54-55.

RAMA, Ángel (1982): *Transculturación narrativa en América Latina*. México: Siglo XXI.

RAMÍREZ, Gabriel (1989): *Crónica del cine mudo mexicano*. México: UNAM/Cineteca Nacional.

SANDOVAL, Adriana (2005): *De la literatura al cine: versiones fílmicas de novelas mexicanas*. México: UNAM.

SCHLICKERS, Sabine (2003): *El lado oscuro de la modernización: Estudios sobre la novela naturalista hispanoamericana*. Madrid/Frankfurt: Iberoamericana/Vervuert.

SOMMER, Doris (1991): *Foundational Fictions. The National Romances of Latin America*. Berkeley: University Press of California.

TUÑÓN, Julia (1998): *Mujeres de luz y sombra en el cine mexicano: La construcción de una imagen, 1939-1952*. México: El Colegio de México/Instituto Mexicano de Cinematografía.

VIDRIO, Martha (2001): *El goce de las lágrimas. El melodrama en el cine mexicano de los años treinta*. Guadalajara, Jal.: Universidad de Guadalajara/Cineteca Nacional.

— (2011) "*Santa*: una historia que llegó para quedarse". En: *El ojo que piensa. Revista de cine iberoamericano*, año 3, nº. 4, en línea: <http://www.elojoquepiensa.net/elojoquepiensa/articulos_pdf/n2/Santa.pdf> (10/5/2012).

ZOLA, Émile (1880/1971): *Le roman expérimental*. Paris: Garnier-Flammarion.

— (1880/1982): *Naná*. Trad. Carlo de Arce. Bogotá: Oveja Negra.

Pobreza y construcción de la identidad nacional en el cine mexicano. De la Época de Oro hasta el día de hoy

Siboney Obscura Gutiérrez
(UNAM, México, D. F.)

Introducción

Durante los años 40 del siglo XX y en un momento anterior a la llegada de la televisión, el cine mexicano dirigido a los sectores populares funcionó no sólo como entretenimiento, sino también como medio de comunicación, de identificación y de cohesión social. Empeñado en mostrar un México cosmopolita y moderno, y caracterizado por un nacionalismo conservador, ese cine desarrolló una serie de esquematizaciones de la realidad en torno a la pobreza, que tendían a idealizarla y se fueron naturalizando como estereotipos de identidad y sistemas simbólicos de referencia social asociados a los sectores populares. En época posterior, la percepción fílmica de la marginalidad asumió otras características y tuvo otras funciones: en los 70, en un marco de apertura política y legitimación intelectual del tema de la pobreza (a partir del éxito del *bestseller* de Oscar Lewis *Los hijos de Sánchez*), se utilizó con intención de denuncia; y al comienzo del nuevo milenio ha asumido tanto el nivel del espectáculo tremendista, como el del análisis sociológico comprometido, buscando la perspectiva de los que sobreviven en condiciones de miseria, en un contexto de exacerbada violencia y criminalidad.

Construcción de la identidad y representación de la pobreza en el cine de los 40

Si aceptamos que la nación es una "comunidad imaginada, simultáneamente (entendida) como comunidad de memoria y como comunidad política, asentada en un territorio que se define y se vive como *patria* (ancestral o adoptada)"[1],

[1] Definición propuesta por Gilberto Giménez Montiel (2005), en la que combina la concepción de Benedict Anderson con la de E. K. Oomen.

podremos comprender mejor el papel que desempeñó el cine mexicano de los años 40 en el proceso de construcción de la identidad nacional. Ese papel consistió en ofrecer los "mitos de masa" (o *representaciones sociales*) con los cuales se identificó la sociedad de la época; tanto la estilización del mundo indígena y del ambiente campirano, como la visión urbana y cosmopolita de las clases medias y de los sectores marginales. A través de esos "mitos de masa" se generaron modelos de representación, clasificación y valoración social, que propiciaron sentimientos de pertenencia nacional por proyección o referencia con la "comunidad imaginada".

Si aceptamos que la nación es una "comunidad política imaginada, fundada en un legado cultural supuestamente compartido y asentada en una porción de territorio que se define y se vive como *patria* (ancestral o adoptada)"[2].

En esa perspectiva, se puede sugerir que el cine de los 40 materializó el proyecto de nación enarbolado por los gobiernos surgidos de la Revolución Mexicana, los cuales promovían el nacionalismo revolucionario, la búsqueda de justicia social, la reivindicación de la cultura popular (la "raza cósmica", la "nación mestiza": Vasconcelos, Gamio), y la revaloración de los grupos indígenas (aunque, como apunta G. Giménez, en la política real prevaleció la invisibilidad de estos) (Giménez 2005).

La Época de Oro

Lo que actualmente se conoce como Época de Oro del cine mexicano ha sido una interesante elaboración teórica desarrollada por historiadores y analistas de nuestro cine desde los años 70 del siglo XX. A la luz de la interminable crisis en que se hundió el cine mexicano desde los 50, la idea (entre irónica y nostálgica) de un pasado privilegiado de la industria fílmica nacional se fue instituyendo como una realidad en el mundo académico y entre los historiadores del cine. Esa etapa, ampliamente analizada desde diferentes enfoques, correspondió en lo externo a un complejo contexto socio-histórico marcado por la Segunda Guerra Mundial y el periodo de posguerra; y a nivel interno, por la política de los gobiernos de Manuel Ávila Camacho y Miguel Alemán.

Aprovechando el contexto de guerra que frenó la competencia de Hollywood, España y Argentina, la industria nacional se convirtió en la principal de habla hispana (al pasar de 27 filmes en 1941, a 67 al final de la guerra y a 104 en 1950). Simultáneamente, y como parte de la estrategia de propaganda

[2] Definición propuesta por Gilberto Giménez Montiel (2005), en la que combina la concepción de Benedict Anderson con la de E. K. Oomen. V. también Héau/ Giménez Montiel (2005).

conjunta con los EE. UU., ese cine difundió una visión amigable de ese país, enfatizando un "panamericanismo" unitario para defender la "democracia y la libertad", y aislar al continente de la lucha armada (Peredo 2000: 149).

Ese escenario favorable, aunado a un buen número de cintas de calidad y al surgimiento de varias "estrellas" nacionales, creó lo que se conoce como la Época de Oro del cine mexicano.

Los géneros de lo marginal en la posguerra: cine de arrabal y de cabaret

Durante el período de guerra (Manuel Ávila Camacho, 1940-1946) predominaron los géneros dirigidos a la clase media: cine histórico, de época, familiar, comedia ranchera y cine "cosmopolita". La temática de la pobreza fue escasamente visible en esta etapa, pues el cine, en términos generales, veía en el medio más una industria que un producto cultural con implicaciones sociales.

Terminada la guerra, y bajo la presidencia de Miguel Alemán (1946-1952), el cine mexicano retomó los géneros que le habían dado fama: la comedia ranchera y el melodrama familiar. Pero los géneros distintivos del sexenio fueron el cine de arrabal y el de cabaret; en los cuales se visibilizó el universo de los grupos populares y el México desigual generado por la industrialización poco planificada: el de la modernidad y progreso (Auditorio Nacional, Conservatorio, Hospital de la Raza, Ciudad Universitaria, colonias de clase alta y multifamiliares para clases medias); y el de los cinturones urbanos de miseria ("vecindades" y "ciudades pérdidas"). A pesar de su gran vitalidad y éxito taquillero, ese cine ofreció una visión conformista de la pobreza, mediante recursos melodramáticos y pintorescos (con pocas excepciones).

Los géneros que abordaron la temática de la pobreza durante el alemanismo se pueden agrupar en tres esquemas de representación:

El maniqueísmo sentimental. Visión ingenua, barroca y desorbitada que mezclaba elementos de diversos géneros y reducía la complejidad social a una división entre pobres y ricos, buenos y malos, mediante truculentos e ingeniosos melodramas protagonizados por estereotipos populares. Ejemplos prototípicos son: *Nosotros los pobres* y *Ustedes los ricos* (1948, Ismael Rodríguez) y las comedias estelarizadas por cómicos: Tin Tan, Resortes, Cantinflas, Manolín y Schillinsky, Clavillazo, entre otros.

El costumbrismo populista. Evitaba el sentimentalismo y la truculencia, buscando construir personajes populares a través de su lenguaje y psicología. Fue el caso de: *¡Esquina bajan!* y *Hay lugar para… dos* (1948, Alejandro Galindo); *Campeón sin corona*, *Dos pesos dejada*, *Amor de la calle*, *Quinto patio*, entre otras.

La desmitificación subversiva. Cercana a la vanguardia crítica del momento (cine negro norteamericano y neorrealismo italiano). El ejemplo ideal es *Los olvidados* (1950, Luis Buñuel), donde se evitaba explicar la pobreza en términos de buenos y malos, tratando de explorar la conducta humana en situaciones de miseria, sin juzgar ni moralizar, apelando a la violencia de las imágenes.

¿Cómo operaba a nivel ideológico la representación de la pobreza en esos filmes?

Analizar la función de la ideología en un texto audiovisual es algo sin duda complejo, por la imbricación entre propuesta formal y elementos socioculturales. No obstante, es posible señalar las estrategias cinematográficas y su efecto ideológico en el espectador, tomando como ejemplo un filme paradigmático sobre la pobreza: *Nosotros los pobres* (1948, Ismael Rodríguez), el cual ha permanecido en el imaginario social y corresponde al esquema de representación que he denominado "maniqueísmo sentimental".

La historia narra los infortunios de una pareja de enamorados (Pepe el Toro y La Chorreada), quienes habitan en una típica "vecindad" rodeados de una serie de personajes representativos de los tipos populares de la época.

Sus rasgos formales se aprecian desde las primeras secuencias, las que se describen a continuación:

Descripción de las primeras secuencias

Sec. 1: (02:46) Plano general de una calle de barrio popular en el ajetreo diurno; ruidos y voces ambiente. Acercamiento a un par de niños harapientos que hurgan en un bote de basura, de espaldas a la cámara. Primer plano de un libro en manos de uno de ellos, el título es: "Nosotros los pobres". Un *travelling* hacia atrás reencuadra a los niños, que se disponen a leer el libro. Detalle del libro desde la perspectiva de la niña; música *over* de tono dramático; aparecen los créditos mientras ella cambia las páginas. Sigue una "Advertencia" a modo de prefacio; explicando la intención del autor:

> [...] presentar una fiel estampa de los personajes de nuestros barrios pobres —existentes en toda gran urbe— en donde, al lado de los siete pecados capitales, florecen todas las virtudes y noblezas y el más grande de los heroísmos: ¡el de la pobreza!

Continúa "Capítulo 1" y aparece el dibujo de un camión de carga visto desde atrás, en cuya defensa se lee: "¡Ahí les voy!".

Sec. 2: (02:35) Plano general de un camión como el dibujado, pero de verdad, en una calle de barrio; se aleja hacia el fondo del encuadre. Inician ruidos ambiente y alegre música extradiegética. *Travelling* hacia la derecha muestra a los protagonistas que entran a escena como en un teatro, cantando partes de la canción "Qué bonito es el querer"; *travelling* a la izquierda sigue a unos jóvenes y se detiene ante una carpintería. Plano medio del protagonista (Pepe el Toro) trabajando mientras interpreta la canción, se mueve hacia el fondo del local y abre una ventana. Plano americano de la coprotagonista (La Chorreada) que tiende ropa en un patio y voltea hacia la ventana abierta; retoma la misma canción y se dirige hacia unos lavaderos; ahí es coreada por otros personajes: la hija de Pepe el Toro (Chachita) y el ayudante de éste. Continúa presentación de personajes al ritmo de la canción: una joven que coquetea con el carpintero ("la que se levanta tarde"), un par de borrachitas (La Guayaba y La Tostada), y otros más.

Análisis de los componentes cinematográficos

El título de la cinta. Expresa la toma de posición de la narración, sugiriendo que es la visión de los pobres sobre sí mismos, al resaltar la idea de solidaridad (nosotros) y de pertenencia a una categoría socioeconómica (los pobres).

El inicio. Resume la idea de espectáculo híbrido (literario-teatral-cinematográfico) que caracteriza al filme. En él se mantienen las convenciones del cine clásico, que va de plano general a primer plano, y el objetivo de mantener al espectador espacial y temporalmente orientado, a partir de una lógica de causa y efecto. Se trata de una narración omnisciente lineal, que combina elementos de varios géneros: tragicomedia moralizante, cine musical, melodrama familiar y cine negro.

La puesta en escena. Es representacional y se convierte en un elemento integrador, pues acompaña a los personajes y ubica al espectador en el espacio de la acción (la vecindad, el barrio popular y el interior de una cárcel). La música y las canciones introducen convenciones del teatro de revista y del cine musical (secuencias donde todos cantan partes de una misma canción o donde interpretan canciones hacia un espectador fuera de campo). Constituyen asimismo un factor de continuidad narrativa y de anclaje sociocultural, pues son vehículo del habla popular y de los valores del grupo social representado.

La dimensión lúdica. Elemento importante en el éxito de la cinta fue el intertexto, que remite al teatro de revista mexicano, de gran relevancia en la cultura mexicana de las primeras décadas del siglo, pues en él se generaron los principales estereotipos de identidad popular y se dio legitimidad cultural al lenguaje de los sectores subalternos. Esos aspectos se observan en los números cantados (como en el teatro) y en los rasgos y habla coloquial de tipos cómicos surgidos del teatro frívolo mexicano, como las borrachitas y los ladronzuelos de barriada, cuyas expresiones y modismos (albures) establecían un vínculo con el imaginario popular.

El efecto ideológico. Se puede decir que en el filme predomina una idealización y naturalización de los espacios de miseria, al mostrarlos como un espectáculo lúdico musical donde prevalecen el amor y la solidaridad. Por otro lado, se advierte que gran parte de las estrategias del filme para interpelar al espectador acentúan los aspectos visual y sonoro de la puesta en escena (acciones, gestualidad, lenguaje lúdico y canciones de gran emotividad), los cuales constituyen dispositivos de inteligibilidad provenientes (o asociados a) la cultura oral, que consisten en resaltar acciones y pasiones por sobre las palabras, privilegiando relaciones primarias y sus signos, como la familia, la obediencia, el deber, la traición, la justicia (Martín-Barbero 1987). En ese sentido, el espectador implícito del filme era el mexicano de los sectores populares que no sabía leer, leía poco o no sabía escribir.

Desde ese enfoque, se pueden comprender los mecanismos que activó la representación de lo marginal en películas como *Nosotros los pobres* o *Ustedes los ricos*, en las que la familia y los valores asociados a ella servían de mediación entre el individuo y el mundo exterior, operando como esquema básico (e ideológico) de percepción de la realidad. A nivel formal, el recurrir a la gestualidad tragicómica, la música y las canciones populares, y a una lúdica expresividad verbal, facilitó la vinculación de ese cine con el universo cultural del espectador promedio de los sectores populares, cuyo capital cultural se reducía usualmente al adquirido en los espectáculos más accesibles.

Lo significativo de esta etapa fue no sólo el haber desarrollado una forma exitosa (aunque ideológicamente cuestionable) de representar el universo de la pobreza, sino ante todo el haber introducido a los sectores populares en la pantalla cinematográfica, hasta entonces monopolizada por historias y personajes "cosmopolitas", o por universos idealizados como el de la comedia ranchera. No obstante, la presencia protagónica de tipos populares en el cine de la época no debe verse como un acto democrático de los realizadores, sino como efecto del peso real de esos grupos en la estructura social (debido al explosivo crecimiento demográfico de la ciudad, propiciado por la migración rural hacia áreas urbanas en busca de mejores empleos); y como consecuencia del proceso de legitimación de los espacios y temas de la pobreza realizada por el campo del cine a nivel internacional a través del movimiento neorrealista, el cual reivindicó la necesidad de dar voz y presencia a la problemática de los grupos marginales, en el contexto de la posguerra.

El repliegue de lo urbano marginal después de la Época de Oro

Durante los años 50 y 60, en el marco de lo que para algunos fue el "milagro económico mexicano", que permitió al país crecer a una taza mayor al 6% anual[3] (Arteaga Botello 2003: 152), se observó en el país un relativo retroceso de la pobreza extrema, el cual se reflejó en la pérdida de visibilidad cinematográfica de la marginación social, motivada además por el "descubrimiento" *hollywoodense* de los adolescentes de clase media como nuevo objeto de representación fílmica (y de consumo).

El ejemplo de *Los olvidados* no tuvo seguidores en el cine mexicano, pues la principal vertiente en la representación de lo marginal fue la comedia protagonizada por cómicos, en la que predominó el esquematismo pintoresco y truculento del cine de los 40, sólo actualizado en cuanto a problemática y donde actores como Tin Tan, Resortes, Cantinflas, María Victoria o El Piporro, utilizaban la desigualdad social como elemento cómico-melodramático, y los espacios del barrio y la vecindad como referentes ya codificados de lo urbano popular.

En ese contexto, hubo sin embargo algunos enfoques novedosos, producto de la colaboración de escritores y dramaturgos de vanguardia, como Carlos Fuentes, Ricardo Garibay, José Emilio Pacheco, Juan Rulfo, Luis Spota, Gabriel García Márquez, Sergio Magaña y Vicente Leñero, quienes incursionaron en el cine de la época como adaptadores, argumentistas o guionistas. Su intención era romper los anquilosados esquemas narrativos, y ofrecer al espectador un cine más cercano a la realidad del país. Su aportación fue visible en el diseño de historias de mayor complejidad y realismo, donde la pobreza y sus escenarios se utilizaron para reflexionar sobre la situación política y social, denunciando la desigualdad socioeconómica y trastocando la maniquea oposición ricos/pobres establecida por el modelo de *Nosotros los pobres*. Ése fue el caso de títulos como *Los signos del zodiaco*, *El hombre de papel* y *Los caifanes*.

El cine de crítica social post 68: nuevos enfoques sobre lo marginal

Los trágicos sucesos del 2 de octubre de 1968, cuando el gobierno encabezado por Gustavo Díaz Ordaz (1964-1970) reprimió brutalmente a grupos de estudiantes que se manifestaban pacíficamente, evidenciaron el fracaso y agotamiento del sistema político mexicano. La alternativa del régimen siguiente (Luis Echeverría, 1970-1976) fue una política de apertura hacia los jóvenes, creando

[3] Resultado del contexto de relativa bonanza económica propiciado por la correlación de fuerzas generada después de la Segunda Guerra Mundial.

mayores opciones de movilidad social y educativa. Esto se reflejó en el campo cinematográfico, donde se impulsó la participación estatal en la producción y una mayor libertad en el tratamiento de temas sociales, en el uso de "malas palabras" y en los desnudos. Ese clima favorable fue aprovechado por una nueva generación de realizadores, fotógrafos y guionistas formados desde la década anterior, que habían ido promoviendo un campo de reflexión sobre cine relativamente autónomo del poder, articulado en cine clubes y en la revista *nuevo cine.*

En el ámbito intelectual y universitario de esos años prevalecía un espíritu crítico y socialmente comprometido, así como expectativas de cambio político inspiradas por regímenes socialistas (Cuba, URSS). En ese entorno se dio una especie de legitimación intelectual del tema de la pobreza, resultado del éxito del *bestseller Los hijos de Sánchez* del antropólogo Oscar Lewis, quien eludía vincular la pobreza con las estructuras económicas y políticas que la propician, y ofrecía una justificación pretendidamente "científica" de ésta, bajo la tesis de que la pobreza es "hereditaria", de que sus causas se encuentran en los mismos pobres, en lo que denominó "cultura de la pobreza".

Ese contexto ideológico y cultural incidió de alguna manera en las propuestas fílmicas que abordaron la representación de la pobreza, las cuales se pueden agrupar de la siguiente manera:

A. La representación neopopulista. Retomaba el modelo de *Nosotros los pobres*, idealizando o naturalizando la pobreza en torno a historias con moraleja y final feliz, donde prevalecía la idea de que la miseria redime y hace aflorar la solidaridad entre los pobres. Formalmente era un cine poco creativo que reciclaba actores de televisión o cantantes de moda y parecía orientado a los sectores populares: *Tacos al carbón* (1971, Alejandro Galindo); *Lágrimas de mi barrio* y *El hijo de los pobres*, 1972, 1974, Rubén Galindo).

B. *La visión crítica y reflexiva.* Seguía el enfoque de *Los olvidados*, contrariando el discurso oficial sobre la pobreza y asimilando estrategias estético-narrativas generadas en el cine testimonial, la televisión o el cine negro (uso de cámara en mano y sonido directo, ángulos excéntricos, ambigüedad moral de los personajes y violencia o criminalidad determinadas por el contexto social). Aunque apelaba a la idea de la cultura de la pobreza y a cierto realismo tremendista (en la línea de *Nosotros los pobres*), este cine buscaba exhibir las determinaciones culturales y las estructuras de dominación que inciden en la desigualdad social. Algunos ejemplos son *QRR, Quien resulte responsable* (1970, Gustavo Alatriste), *Fé, esperanza y caridad* (1972, Alberto Bojórquez, Luis Alcoriza y Jorge Fons), y *Los albañiles* (1976, Jorge Fons).

C. *El cine de falsa denuncia.* Visualmente impactante, alegórico o amarillista, usaba recursos del periodismo televisivo (entrevista o encuesta, rodaje en exteriores no artificiales) y pretendía cuestionar la desigualdad social, aunque realmente promovía el conformismo y la resignación. Describía la degradación humana en contextos de miseria como efecto de las prácticas culturales y psicología de los sujetos (la cultura de la pobreza). Algunos títulos representativos son *Flores de papel* (1977, Gabriel Retes), *Cayó de la gloria el diablo* y *El profeta Mimí* (1971, 1972, José Estrada) y *Chin Chin el teporocho* (1975, Gabriel Retes).

Años 80, crisis económica y continuidad en la visión fílmica de la pobreza

Desde mediados de los años 70 se inició una crisis del sistema económico mundial que se prolongó hasta la década de los 90, e influyó en el fin de la Guerra Fría y el inicio de una nueva modalidad del desarrollo capitalista, el neoliberalismo. En México, esos acontecimientos se tradujeron en el desmoronamiento del modelo económico que había seguido el país desde los años 50, el "desarrollo estabilizador", y con ello el comienzo de largos periodos de inflación que culminaron con una fuerte devaluación en 1976, cuando el precio del dólar pasó de 12,50 a 25 pesos. La siguiente administración (José López Portillo, 1976-1982) se caracterizó por el despilfarro, la corrupción, el excesivo endeudamiento externo y el nepotismo, aspectos que condujeron al país a una terrible crisis económica durante los años 80, y que se reflejaron en el terreno del cine, debido a la errónea política seguida por la hermana del presidente, puesta al frente de una nueva entidad burocrática: Radio Televisión y Cinematografía, desde donde intentó un anacrónico retorno a la producción de cine "familiar", como el de la Época de Oro. Esa política significó el regreso de la producción a la iniciativa privada y el inicio de la liquidación de las empresas estatales, al tiempo que se buscó en el prestigio de realizadores extranjeros la reactivación del cine nacional, embarcando al Estado en costosas y fallidas coproducciones: *Campanas rojas* (1981, Serguei Bondarchuk) y *Antonieta* (1982, Carlos Saura) (García 1998: 36).

Durante el sexenio de Miguel de la Madrid (1982-1988) la crisis se profundizó y el sueño petrolero llegó a su fin[4]. El panorama del país se caracterizó por la inestabilidad económica, el desempleo, el deterioro productivo en el campo y la fuerte migración hacia las zonas urbanas y hacia los EE. UU. Las medidas inmediatas se concentraron en una serie de políticas de ajuste estructural, diseñadas por organismos financieros internacionales, que significaron el paso del Estado de bienestar a la economía liberal y al mercado global.

[4] Fue una situación en la que el 60% de los ingresos por petróleo debían destinarse al pago del servicio de la deuda, había una fuga masiva de capitales, las reservas monetarias estaban agotadas; el peso, devaluado y prevalecía una falta de confianza por parte de los inversionistas.

En el terreno del cine hubo intentos por reactivar la producción bajo nuevos criterios, creándose el Instituto Mexicano de Cinematografía (Imcine), cuyo objetivo fue producir total o parcialmente cine de calidad y de mayor diversidad temática[5]. Sin embargo, la mayor parte de las casi 70 cintas anuales filmadas en ese periodo (donde participaron 50 directores debutantes), fueron realizadas por la iniciativa privada, que continuó explotando la comedia alburera y el cine de narcotráfico y violencia, con algunos acercamientos originales[6].

En la visión fílmica de la marginalidad se repitieron fórmulas anteriores, con algunas excepciones novedosas. El cine "de falsa denuncia" estuvo representado por *El Milusos* (1982, Roberto G. Rivera), *¿La tierra prometida?* (1985, Roberto G. Rivera), *Mexicano tú puedes* (1983, José Estrada), *Robachicos* (1985, Alberto Bojorquez), *Los motivos de Luz* (1985, Felipe Cazals) y *Ratas de la ciudad* (1984, Valentín Trujillo). En esas cintas se enfatizaba la responsabilidad de los pobres a partir de sus prácticas culturales y trayectoria individual, y se caía en el regodeo visual de la miseria (Ayala 1986: 49).

La representación neopopulista de la marginación tuvo un relativo éxito de público con cintas como *¡Que viva Tepito!* (1980, Mario Hernández), *Lagunilla, mi barrio* (1980, Raúl Araiza), *Los fayuqueros de Tepito* (1982, José Luis Urquieta), *Día de difuntos* (1987, Luis Alcoriza), *Hermelinda linda* (1983, Julio Aldama) y *Trágico terremoto en México* (1987, Francisco Guerrero). En ellas los barrios de Tepito y La Lagunilla representaban los nuevos escenarios del universo popular y se reciclaban esquemas anteriores, donde la diversidad social se reducía a unos pocos estereotipos contemporáneos, como el fayuquero[7], o personajes de historietas ilustradas como Hermelinda Linda, una bruja de barriada que combinaba elementos del humor popular y cierta crítica social.

En un registro más respetuoso por la cultura del "otro", manteniendo el afán de denuncia pero eludiendo el tono melodramático, hubo dos acercamientos novedosos al universo de los adolescentes marginales: *La banda de los Panchitos* (1986, Arturo Velasco), ejemplo de observación testimonial sobre los efectos de la miseria y la drogadicción, donde prevalecía el obje-

---

[5] Ejemplo de este cine son títulos como *El diablo y la dama* (1983, Ariel Zúñiga), *Vidas errantes* (1984, Juan Antonio de la Riva), *Terror y encajes negros* (1985, Luis Alcoriza), *El tres de copas* (1986, Felipe Cazals), *Días difíciles* (1987, Alejandro Pelayo), *Mentiras piadosas* (1988, Arturo Ripstein), *El secreto de Romelia* (1988, Busi Cortés), *El costo de la vida* (1988, Rafael Montero), *Esperanza* (1986, Sergio Olhovich).

[6] Como *Va de nuez y Cabalgando con la muerte* (1986, Alfredo Gurrola), *Muelle rojo* (1987, José Luis Urquieta), *Mujeres salvajes* y *La ciudad al desnudo* (1988, Gabriel Retes), *Chido Guan* (1985, Alfonso Arau), *Noche de Califas* (1985, José Luis García Agraz) y *El Milusos* (1982, Roberto G. Rivera).

[7] Vendedor ambulante de mercancías ilegales cuya presencia social prosperó a raíz de la crisis económica.

tivo de conocer al "otro" en sus propios términos; *Fonqui* (1982-1984, Juan Guerrero), documental producido por el Centro de Capacitación Cinematográfica que mostraba las diversiones y modo de vida de los adolescentes de colonias populares del Distrito Federal; y el mediometraje *Diamante* (1984, Gerardo Lara), biografía imaginario-realista en blanco y negro que registraba desapasionadamente el universo de la miseria extrema en las calles de Toluca, a través de un solitario "niño de la calle" formado en la crueldad y el abuso hacia los más débiles.

Neoliberalismo, estilización de la miseria y orientación clasista de la producción

El éxito internacional del cine mexicano, iniciado a partir de *Como agua para chocolate* (1991, Alfonso Arau) y *Sólo con tu pareja* (1992, Alfonso Cuarón), coincidió paradójicamente con la práctica desaparición de la industria fílmica nacional y con un contexto de crisis del sistema político cuya expresión más contundente fue la rebelión zapatista en enero de 1994.

La profundización de las políticas neoliberales durante el gobierno de Carlos Salinas de Gortari (1988-1994) significó el desmantelamiento de la base industrial del cine mexicano, que había costado al país años de esfuerzo y dinero (Ugalde 1999-2000). En escasos dos años se desarticuló la estructura de la producción, la distribución y la exhibición que controlaba el Estado, la que aunque burocratizada y poco eficiente, al menos permitía producir y exhibir las películas mexicanas. Como consecuencia, la producción descendió de un total de 92 cintas realizadas en 1989 a sólo 28 en 1994.

La función del Estado ya no fue la de producir directa y totalmente, sino la de aportar parte de los recursos y gestionar los financiamientos adicionales. Fue así como se filmaron algunas de las cintas más elogiadas de la época: *Barroco*, *Lola*, *Bandidos*, *Cabeza de Vaca*, *Pueblo de madera*, *Danzón*, *Latino bar*, *La mujer del puerto*, *Dollar mambo*, *El jardín del edén*, *La reina de la noche*, entre otras. Dentro de la producción privada sólo Televicine se mantuvo, desempeñando incluso un papel importante en la realización de filmes de calidad, entre ellos *Rojo amanecer*, *Danzón*, *La invención de Cronos*, *Lolo*, *El callejón de los milagros*, *Sin remitente* y *Dos crímenes*.

El cine que se produjo desde mediados de los 90, durante el sexenio de Ernesto Zedillo Ponce de León (1994-2000), tras la crisis económica del 94, fue resultado del trabajo de productoras privadas con nuevos conceptos de mercadotecnia, que apoyaron a una nueva generación de realizadores, guionistas, actores, fotógrafos y técnicos, cuyas propuestas fílmicas poco a poco cambiaron el panorama del cine mexicano. En ese "nuevo" cine casi desaparecieron los temas de tipo popular. Su objetivo fueron las clases media y alta de la sociedad que podían acceder a los modernos conjuntos de exhibición que sustituyeron a los antiguos cines de barrio, y cuyos precios resultaban prohibitivos para las mayorías. Surgió así un tipo de cine que tuvo gran éxito y al que los analistas denominaron "género *Light*"[8]. En él la crítica social se reducía al tema de la corrupción o la delincuencia, vistas desde una óptica de clase (es decir, sólo en la medida en que afectaban a los grupos privilegiados de la sociedad) y los elementos populares sólo aparecían ocasionalmente y como pintoresco telón de fondo[9]. Otro rasgo distintivo de ese cine fue la importante presencia femenina en la dirección, área históricamente dominada por los hombres[10].

En ese panorama, la representación de la pobreza urbana fue un tema poco abordado. Las cintas que lo trataron fueron *Pandilleros* (*Olor a muerte II*, 1990, Ismael Rodríguez Jr.), filme de falsa denuncia que cuestionaba indirectamente la política neoliberal de combate a la pobreza; *Ángel de fuego* (1991, Dana Rotberg) y *El callejón de los milagros* (1994, Jorge Fons), que insistían en asociar la miseria con la degradación moral de los que la viven, para desarrollar una estilización visual de espacios y personajes marginales; *Lolo* (1992, Francisco Athié), sombría adaptación de *Crimen y castigo* de Dostoievsky al medio marginal mexicano fue el ejemplo más original en la representación de la pobreza, utilizando estrategias del cine negro (discontinuidad de tiempo y espacio, crimen y ruptura de norma moral, espacios confinados, marginal protagónico acompañado de un *Doppelgänger* y estética expresionista) y estructurada como reportaje. En ella se narra la deshumanización de un obrero despedido del trabajo por quejarse del bajo salario. Su trayectoria se expresa como una especie de descenso al infierno y puede verse como una puesta al día de la "ternura cruel" de *Los olvidados*, que evita la complacencia visual en la miseria y se solidariza con sus personajes, sin pretender culparlos de su degradación (Ayala 1994).

---

[8] Ese cine, dirigido a jóvenes treintañeros de clase media y alta, se centraba en problemas sexuales y sentimentales de la pareja, abordados de manera superficial; y las historias se desarrollaban en sitios modernos, equivalentes a los de cualquier país desarrollado (Sánchez 2002: 226-231).

[9] A ese estilo corresponden títulos como *Cilantro y perejil* (1996, Rafael Montero), *Sexo, pudor y lágrimas* (1998, Antonio Serrano), *La primera noche* y *La segunda noche* (1997, 2000, Alejandro Gamboa), *Por la libre* (2000, Juan Carlos de Llaca), entre otras.

[10] Su participación se orientó básicamente a recuperar la visión femenina del erotismo, desde un contexto posfeminista de clase media, y sólo algunas de ellas abordaron los ámbitos popular y marginal.

El cine del nuevo milenio, entre el espectáculo y el compromiso social

Durante la primera década del nuevo siglo, en el marco del resurgimiento de la producción, tras la desarticulación neoliberal de la industria y la inserción del país en los procesos de globalización, la representación de la pobreza reapareció asumiendo dos modalidades principales.

Por un lado, una visión desencantada y estéticamente vanguardista, que ya no buscaba denunciar las condiciones de vida de los pobres o recrear historias de solidaridad y pintoresquismo urbano, sino destacar la promiscuidad, hacinamiento y degradación moral de una "ciudad sin ley". Aquí los signos de la miseria asumen una función escenográfica, aportando la atmósfera de miserabilismo a un cine-espectáculo que combinaba el tremendismo del cine de los 70 y 80, con el hiperviolento y seductor cine de acción al estilo Tarantino (violencia estilizada y ética de la crueldad indiferente). Ejemplos al respecto son *Así es la vida* (2000, Arturo Ripstein), *Ciudades oscuras* (2002, Fernando Sariñana), *Amores perros* (2000, Alejandro González Iñárritu), *Nicotina* (2003, Hugo Rodríguez), *Matando cabos* (2004, Alejandro Lozano), *Cero y van cuatro* (2004, Alejandro Gamboa, Antonio Serrano, Carlos Carrera y Fernando Sariñana).

La segunda modalidad es un enfoque socialmente comprometido, situado entre la ficción y el documental de vanguardia. Este cine explora nuevas formas narrativas para tratar problemáticas sociales exacerbadas por la violencia de una guerra absurda, donde la pobreza es un componente central pero no el único. Temas como los niños en situación de calle, la violación en sectores marginales, el desamor homosexual en el medio popular, los feminicidios, la migración y la reconstrucción crítica de la memoria colectiva, aparecen en cintas como *De la calle* (2001, Gerardo Tort); *Perfume de violetas* (2000, Maryse Sistach); *Mil nubes de paz cercan el cielo, amor nunca dejarás de ser amor* (2003, Julián Hernández); *Señorita extraviada* (2001, Lourdes Portillo); *Bajo Juárez: La ciudad devorando a sus hijas* (2008, Alejandra Sánchez); *Los laberintos de la memoria* (2006 Guita Schyfter); *En el hoyo* (2006, Juan Carlos Rulfo); *Los ladrones viejos* (2007, Everardo González); *Mi vida dentro* (2009, Lucía Gajá).

Conclusiones

En la historia del cine mexicano se pueden identificar tres momentos importantes en la representación de la marginalidad: la segunda mitad de los años 40, la primera parte de la década de los 70 y la etapa actual.

En la primera, mediante los más diversos géneros el cine mexicano desempeñó un papel central en el proceso de institucionalización política y cultural del país, contribuyendo indirectamente a la definición de la identidad nacional. Películas como *Nosotros los pobres* y *Ustedes los ricos.* (1948, Ismael Rodríguez); *¡Esquina bajan!* y *Hay lugar para (…) dos* (1948, Alejandro Galindo), entre otras, otorgaron significados específicos a la cultura popular mexicana y promovieron la cohesión social. Al crear una identidad "cinematográfica" de los grupos menos favorecidos, les dieron visibilidad y propiciaron su integración a un sistema simbólico de referencia nacional, aunque esto supuso situarlos en un esquema de clasificación social jerarquizado que los homogeneizaba y valorizaba su cultura desde la "alta cultura".

Esa visibilidad operó desde una perspectiva conservadora, que se ajustó a la política oficial ("unidad nacional", anticomunismo) y evitó cuestionar la desigualdad social. Sin embargo, lo relevante de ese cine fue que logró dar expresión a la cultura popular urbana de la época, movilizando estrategias basadas en códigos no elaborados provenientes de la cultura oral y de espectáculos anteriores al cine: teatro de revista mexicano, folletín y circo. Ese cine privilegiaba la estética del espectáculo, combinando convenciones de diversos géneros e interpelando al espectador mediante música, canciones y lenguaje popular pleno de retruécanos y refranes que vinculaban con el imaginario popular.

Así, durante los años 40, la dependencia del cine respecto al Estado determinó su función de propaganda e influyó en una visión nacionalista y conservadora, orientada a promover un ideal de identidad nacional, mostrando un México cosmopolita o folclórico que naturalizaba la miseria y soslayaba los condicionamientos socio-políticos que la engendran.

El segundo momento de visibilidad fílmica de la pobreza fue en los 70, durante la coyuntura política que ofreció oportunidades a los jóvenes tras la masacre del 68; en un marco de expectativas de cambio social y legitimación cultural del tema de la pobreza. Ese contexto favoreció nuevos enfoques, que se mantuvieron hasta el cambio de siglo y aquí se han resumido en tres: el cine de falsa denuncia (cine amarillista y pretendidamente crítico); la representación neopopulista (idealización de los ámbitos de pobreza a partir de historias moralizantes y con final feliz); y la visión crítica y reflexiva (que exhibía algunas condicionantes del círculo de la miseria).

En la primera década del nuevo milenio se aprecia un resurgimiento de la temática de la marginalidad desde dos perspectivas: la que sustituye la visión idealizada de los espacios de miseria por enfoques que acentúan y estilizan promiscuidad, hacinamiento y degradación moral desde un cine-espectáculo; y la que asume una postura crítica y éticamente comprometida con los que viven en esos entornos, usando estrategias del documental de vanguardia.

El análisis realizado permite comprender que la representación fílmica de la marginalidad está condicionada por elementos que provienen tanto del campo del cine, como del de la cultura y el poder. Es decir, las visiones de lo marginal en la historia del cine mexicano han sido resultado de la interacción entre varios factores: la relación del cine-industria con el Estado (su nivel de autonomía), las necesidades del poder político respecto a la visibilidad de lo social (la agenda de los gobiernos en turno), las convenciones del campo del cine sobre la representación de lo marginal en términos estético-visuales, la intención del autor de cada filme, y las representaciones sociales de la pobreza vigentes en la sociedad mexicana en un momento dado.

La tesis subyacente es que las representaciones fílmicas de la pobreza en una cinematografía determinada no son la expresión "libre" de un director, sino que dependen de las condiciones de posibilidad en un momento histórico, creadas por el campo del cine a nivel local e internacional, y por el contexto sociocultural y político de la sociedad a la que ese cine da expresión.

Bibliografía

ARTEAGA BOTELLO, Nelson (2003): "El abatimiento de la pobreza en México (2000-2006)". En: Gobierno del Estado de México (ed.): *Pobreza urbana, perspectivas globales, nacionales y locales.* México: Gobierno del Estado de México.

AYALA BLANCO, Jorge (1968): *La aventura del cine mexicano.* México: Editorial Era.

— (1986): *La condición del cine mexicano.* México: Posada.

— (1994): *La eficacia del cine mexicano.* México: Editorial Grijalbo.

— (2004): *La grandeza del cine mexicano.* México: Océano.

BAZIN, André (1991): *¿Qué es el cine?* Barcelona: Rialp.

BORDWELL, David (2005): *Figures Traced in Light: On Cinematic Staging.* Berkeley: University of California Press.

— (1996): *La narración en el cine de ficción.* Barcelona: Paidós.

— (1997): "El estilo clásico de Hollywood, 1917-1960". En: Bordwell, David/Staiger, Janet/Thompson, Kristin: *El cine clásico de Hollywood. Estilo cinematográfico y modo de producción hasta 1960.* Barcelona: Paidós.

BORDWELL, David/CARROLL, Noël (1996): *Post-Theory, Reconstructing Film Studies.* Madison: The University of Wisconsin Press.

BOURDIEU, Pierre (1990): *Sociología y cultura.* México: Grijalbo/Consejo Nacional para la Cultura y las Artes.

BURCH, Nöel (1995): *El tragaluz del infinito.* Madrid: Cátedra.

CASETTI, Francesco/DI CHIO, Federico (1991): *Cómo analizar un film.* Barcelona: Paidós.

CASETTI, Francesco (2000): *Teorías del cine.* Madrid: Cátedra.

DE LOS REYES, Aurelio (1991): *Medio siglo de cine mexicano (1896-1947).* México: Editorial Trillas (Linterna Mágica, nº. 10), segunda reimpresión.

DELEUZE, Gilles (1987): *La imagen-tiempo. Estudios sobre cine* (tomos 1 y 2). Barcelona: Paidós.

FISKE, John (1990): *Introduction to Communication Studies.* London: Routledge.

GARCÍA RIERA, Emilio (1969-1978): *Historia documental del cine mexicano*. México: Era, 9 vols.

— (1998): *Breve historia del cine mexicano, primer siglo 1897-1997*. México: Instituto Mexicano de Cinematografía/Consejo Nacional para la Cultura y las Artes/Canal 22.

GIMÉNEZ MONTIEL, Gilberto (2005): *Teoría y análisis de la cultura*. México: Consejo Nacional para la Cultura y las Artes, 2 vols.

— (2007): *Estudios sobre la cultura y las identidades sociales*. México: Consejo Nacional para la Cultura y las Artes/Instituto Tecnológico y de Estudios Superiores de Occidente (Colección Intersecciones nº. 18).

HÉAU, Catherine/GIMÉNEZ MONTIEL, Gilberto (2005): "Versiones populares de la identidad nacional en México durante el siglo xx". En: Béjar, Raúl/ Rosales, Héctor (coords.): *La identidad nacional mexicana como problema político y cultural: nuevas miradas*. Cuernavaca, Mor. UNAM, Centro Regional de Investigaciones Multidisciplinarias, pp. 81-110.

LEWIS, Oscar (1982): *Los hijos de Sánchez*. México: Grijalbo.

MANOVICH, Lev (2005): *El lenguaje de los nuevos medios de comunicación. La imagen en la era digital*. Barcelona: Paidós.

MARTÍN-BARBERO, Jesús (1987): *De los medios a las mediaciones. Comunicación, cultura y hegemonía*. Barcelona/México: Gustavo Gili.

MARTÍN, Marcel (1996): *El lenguaje del cine*. Barcelona: Gedisa (Serie Práctica Multimedia).

NICHOLS, Bill (1997): *La representación de la realidad. Cuestiones y conceptos sobre el documental*. Barcelona: Paidós (Comunicación Cine).

NINEY, François (2009): *La prueba de lo real en la pantalla. Ensayo sobre el principio de realidad documental*. México: Centro Universitario de Estudios Cinematográficos, UNAM.

OROZCO DÁVALOS, Federico (1996): *Albores del cine mexicano*. México: Clío.

PEREDO CASTRO, Francisco Martín (2000): *Cine e historia: discurso histórico y producción cinematográfica (1940-1952)*. Tesis de doctorado en Historia, Facultad de Filosofía y Letras, División de Estudios de Posgrado, Coordinación de Historia. México: UNAM.

RIPALDA RUIZ, Marcos (2005): *El neorrealismo italiano. De Visconti a Fellini*. Madrid: Ediciones Internacionales Universitarias.

SÁNCHEZ, Francisco (2002): *Luz en la oscuridad, crónica del cine mexicano 1896-2002*. México: Consejo Nacional para la Cultura y las Artes/Cineteca Nacional, pp. 226-231.

TUÑÓN, Julia (2006): "Ciudad, tradición y modernidad en la película *Los olvidados* de Luis Buñuel". En: Krieger, Peter (ed.): *Megalópolis. La modernización de la ciudad de México en el siglo XX*. México: UNAM, Instituto de Investigaciones Estéticas/Instituto Goethe/Inter Nationes.

UGALDE, VÍCTOR (1998): "Panorama del cine en México: cifras y propuestas". En: *Revista del Centro de Estudios Cinematográficos*, nº. 14, México, pp. 45-59.

— (1999-2000): "Una nueva ley, ¿una nueva industria?". En: *Revista del Centro de Estudios Cinematográficos*, nº. 17, México, pp. 76-80.

— (2005): "Panorama de la producción cinematográfica nacional". En: *Revista del Centro de Estudios Cinematográficos*, nº 26, México, pp. 50-59.

El paradigma de lo nacional y sus desbordamientos en el cine mexicano de Buñuel

Gastón Lillo
(Université d'Ottawa)

Según biógrafos e historiadores, Buñuel llegó a México casi por azar. Luego de quedarse sin trabajo en EE. UU., debía trasladarse a París para dirigir *La casa de Bernarda Alba*, filme que formaba parte de un viejo proyecto suyo que la productora Denise Tual había puesto en marcha[1]. De paso por México rumbo a Francia, durante lo que debía ser una breve estadía, el proyecto *Bernarda Alba* se cancela por problemas de derechos de adaptación y Buñuel, que había dicho respecto a América Latina: "Si desaparezco, buscadme en cualquier parte, menos allí" (1982: 192), se queda en el país, se hace ciudadano mexicano y se integra a la industria de ese cine donde realiza 20 de sus 32 películas.

Las películas mexicanas de Buñuel desde la época misma de su producción hasta el presente han generado evaluaciones diversas y contradictorias. Puestas al lado de las producciones independientes donde gozó de gran libertad de creación, como *El ángel exterminador* (1962) y *Simón del Desierto* (1965), las coproducciones estadounidenses y francesas, *Robinson Crusoe* (1952), *La Joven* (1960), *La mort en ce jardin* (1956) y *La fièvre monte à El Pao* (1959), que también respondieron a condiciones de producción distintas a las de la gran industria del cine; o las películas que recibieron elogios y premios internacionales como *Los olvidados* (1950), *Nazarín* (1958), *Ensayo de un crimen* (1955) y *Él* (1952), los melodramas y comedias populares realizados en el marco de la industria mexicana del cine: *Gran Casino* (1947), *El gran calavera* (1949), *Susana* (1950), *Una mujer sin amor* (1951), *La hija del engaño* (1951), *El bruto* (1952), *Subida al cielo* (1951), *La ilusión viaja en tranvía* (1953), *Abismos de pasión* (1953) y *El río y la muerte* (1954), no sólo recibieron menos atención de la crítica, sino que han configurado hasta en la actualidad un espacio de recepción donde todavía no hay consenso respecto a su valor artístico[2].

---

[1] Para mayores detalles, véase la página web del Instituto Tecnológico de Monterrey dedicada a Luis Buñuel: <http://cinemexicano.mty.itesm.mx/directores/bunuel.html>.

[2] No corresponde aquí entrar en el complicado problema del valor artístico de una obra. Es decir, de los criterios que inciden en la asignación de valor. Valga sólo mencionar

Independientemente del problema del valor de cada una de estas cintas, y considerando que este volumen se desarrolla en torno al tema de "las construcciones de la nación en el cine mexicano", es pertinente constatar que todas ellas refieren en mayor o menor medida a personajes, prácticas culturales, situaciones cotidianas, propios del contexto mexicano y la mayor parte de las veces, a excepción de *Nazarín* que ubica la acción en tiempos de Porfirio Díaz, el tiempo de la acción es el contemporáneo al de su producción[3]. Se trata pues de un material particularmente rico para abordar la manera en que los filmes mexicanos de Buñuel dialogan con el discurso dominante que construye el imaginario de la nación y modela a sus sujetos. Para el desarrollo de este trabajo hago mía una premisa de Althousser según la cual, en toda sociedad, las prácticas discursivas dominantes ofrecen modelos de identificación a los individuos y los sostiene en sus sitios como sujetos, a través de un proceso de interpelación (Selden 2001: 229). Me remito también a un postulado de Michel Foucault según el cual son las "formaciones discursivas las que entre otras cosas, determinan y limitan masivamente, los tipos de normalidad y la naturaleza de la 'subjetividad' que prevalecen en un determinado período" (293).

En el caso del México de los años 40 y 50, los modos de subjetivación se organizan desde las matrices discursivo-ideológicas del catolicismo, el nacionalismo, el anticomunismo y el patriarcado. El sujeto nacional que se va modelando debe ser católico, nacionalista, anticomunista, respetuoso de la propiedad privada y, por supuesto, una figura masculina que reproduce el orden patriarcal.

En el momento en que llega Buñuel a México, el país, en todas sus manifestaciones simbólicas (culturales, políticas, filosóficas), está dominado por los sectores más conservadores de la Revolución Mexicana, en particular por un sector de la burguesía más tradicionalista y la Iglesia. Algunos historiadores han descrito el periodo que empieza en los 40, después del gobierno de Cárdenas,

---

que la noción de "artístico" no es la misma para todos los miembros de una formación social ni permanece inmutable. A través de la historia, se desplaza, se fisura, se invierte o estalla. La "complejidad" como valor estético, por ejemplo (ya sea complejidad narrativa y estilística o complejidad estructural), que tanto admiró la modernidad, deja de ser criterio central con la revalorización de la cultura popular que se ha venido efectuando desde hace algunas décadas. Los melodramas y comedias populares que Buñuel hizo en México, se adelantan a esta posición teórica que algunos ven como rasgo del arte posmoderno. Sobre la complejidad como valor estético, véase Neubauer (2012).

[3] La crítica generada por estas películas de Buñuel pocas veces se ha referido a la relación que establecen con el contexto discursivo mexicano. Algunas excepciones a esta tendencia son los trabajos de Acevedo-Muñoz (2003), Lillo (1994) y, más recientemente, Pohl (2011), quien analiza (dentro del marco de género de la *road movie*) la manera en que *Subida al cielo* y *La ilusión viaja en tranvía* aluden y se posicionan respecto al discurso político modernizador del México posrevolucionario.

como un "considerable retroceso político" (Dessau 1972: 54). Situación que se sintetiza en las palabras del presidente Ávila Camacho, quien al asumir el mando de la nación en 1940, declara públicamente: "Yo soy católico" y sella la reconciliación definitiva del Estado con la Iglesia después de muchos años de tensiones y confrontaciones (recuérdese la Guerra de los Cristeros de 1926-1929 o las tensiones creadas por el proyecto —a la postre retirado— de "educación socialista" de Lázaro Cárdenas en 1934, que provocó reacciones airadas en el sector católico y conservador). Pero en los años 40 y 50 la Iglesia recupera una enorme influencia en el imaginario social y en la formación de las conciencias, principalmente en el sector de la educación.

Desde el punto de vista político, el país vive la fase final de consolidación del estado posrevolucionario bajo el liderazgo de la nueva burguesía nacional desarrollista. Se trata de un proceso generalizado de institucionalización proceso generalizado de institucionalización de todos los aspectos de la vida social que pasa por la expansión y reforzamiento de un Estado de tendencia totalizante (totalitaria), que desplaza, recupera o simplemente oprime toda tentativa de erigir una diferencia, utilizando el argumento de la paz interna, fundamento de la ideología de la unidad nacional, cuya base filosófica es la mexicanidad (que tiene una historia que va desde Samuel Ramos hasta Octavio Paz, pasando por Emilio Uranga y Leopoldo Zea, y que ha sido bien estudiada críticamente por Roger Bartra en *La jaula de la melancolía*).

La idea de unidad nacional aplicada a las producciones culturales implicaba el desarrollo de temas nacionales, la exaltación del paisaje nacional y de sus habitantes (principalmente el campo y los indígenas), y la glorificación de un Estado que se presentaba como situado por encima de intereses de clases o grupos particulares.

La iconografía que dominaba en el cine de esa época, como dice Peter Evans refiriéndose a la fotografía de Gabriel Figueroa, estaba "orientada a representar la esencia idealizada de México y el reflejo de sus armonías naturales y ancestrales en el orden social y sus diversas instituciones" (1998: 48). El mejor ejemplo de ello, a mi juicio, es el trabajo que hace Figueroa en los melodramas indigenistas de Emilio Fernández como *María Candelaria* (1943), filme premiado con la Palma de Oro en Cannes, en 1946. El cine mexicano de dicha época, que corresponde a la llamada Época de Oro, se desarrolla como una cultura complementaria de las estructuras del poder. Este cine reproduce, principalmente desde el melodrama y sus distintos subgéneros (urbano, indigenista o ranchero) el discurso hegemónico sobre lo que debía ser la nación y sus sujetos. Madres abnegadas, charros cantores, prostitutas "víctimas del pecado"[4], pueblan el imaginario de este cine donde la falta de moral es la causa de la caída y el

---

[4] Título de un filme de Emilio Fernández (1950).

sufrimiento, el único camino de la redención. Un cine donde el sujeto nacional es "puro mexicano"[5] y donde "los pobres van al cielo"[6], para decirlo con títulos de filmes exitosos de la época.

El hecho de que el melodrama se convirtiera en el género privilegiado en el México de la posrevolución puede ser explicado por la carga moral que contiene. Siguiendo las tesis de Peter Brooks (y guardando las debidas diferencias con el caso mexicano), podemos afirmar que en un país donde la Revolución había trastornado los símbolos éticos tradicionales, se hacía necesario "redescubrir e indicar claramente los sentimientos morales fundamentales y rendir homenaje público al signo del bien" (1974: 346; mi traducción). El género se presta admirablemente a una función de educación moral y social en el contexto de un universo desacralizado.

También se podría aplicar para México esta observación que hace Anne Ubersfeld en relación al melodrama clásico teatral francés del siglo XIX: el melodrama "inscribe en su trama simbólica la recuperación y la redención de la Revolución" y se presenta como "el lugar donde se efectúa la reconciliación fantasmática de una sociedad donde la burguesía se sueña a sí misma como totalidad nacional" (Ubersfeld 1976: 194; mi traducción).

A contracorriente de la "nación imaginada" (Anderson 1991) y sus estereotipos, que el cine mexicano contribuye a consolidar, las películas mexicanas de Buñuel se presentan como espacios textuales donde quedan expuestas las contradicciones, paradojas y aporías del discurso hegemónico. Reutilizando fragmentos del "discurso social" (Angenot 1983) de su época y en diálogo crítico, explícito o implícito, con las producciones culturales y fílmicas dominantes, este cine produce sentidos nuevos que desestabilizan la imagen paternalista del Estado sobre las clases populares, como se puede observar en *Los olvidados*, *El Bruto* o *Subida al cielo*; desarticulan la hipocresía moral de la burguesía, como en *Ensayo de un crimen*, *Él*, o *El ángel exterminador*; ponen al desnudo la inoperatividad o el carácter superfluo de las instituciones (*Ensayo de un crimen*, *Subida al cielo*, *Los olvidados*); desmontan la construcción imaginaria de la masculinidad, como por ejemplo en *El río y la muerte*, o a través de las figuras aberrantes, que resultan de la represión del deseo, en los personajes de Archibaldo de la Cruz y Francisco Galván de *Ensayo de un crimen* y *Él* respectivamente; desarticulan e ironizan el discurso autoritario, como en la figura del músico ciego de *Los olvidados*, que en las pausas de sus canciones evoca con veneración ridícula la época del general Porfirio Díaz, sacándose el sombrero e inclinándose parsimoniosamente cada vez que pronuncia su nombre.

---

[5] *Soy puro mexicano*, filme de 1943 de Emilio Fernández.

[6] Título del filme de Jaime Salvador (1951).

Estos filmes de Buñuel, transforman el sentido de los géneros (melodrama, comedia, documental) en los que aparentan simplemente inscribir su factura, desplazan o descentran la descodificación, hacen funcionar "lo no dicho", lo informulado, reactivan lo reprimido, generando fisuras, desajustes, dislocaciones a partir de los cuales emerge una imagen mucho más dinámica y polivalente de un sujeto abiertamente en tensión con los disciplinamientos de la moral y las buenas costumbres que le imponen la familia, la patria y la religión. Han sido justamente estas tres entidades, según Pérez Turrent y De la Colina (1986), los blancos principales de la crítica de Buñuel a lo largo de toda su obra, y sus recursos favoritos: la ironía, la parodia o la total subversión textual.

Si *El gran calavera* (1949), por su tono humorístico, forma parte de los filmes que más manifiestamente se distancian ridiculizando la sentimentalidad melodramática (y cuyos sucesivos cambios contrastivos de registro genérico (entre el melodrama y la comedia) comparte con *La hija del engaño* (1951), en el filme *Ensayo de un crimen* (1955), los mecanismos distanciadores son de naturaleza distinta: la modalidad dialógica de la ironía se manifiesta a través de la tensión creada entre el estrato narrativo verbal y el estrato narrativo visual. El filme comienza con una voz en *off* que narra un relato en primera persona. Pero detrás de ese narrador, que aparece como la instancia enunciadora del filme, se deja percibir (principalmente a través de la cadena visual) una instancia superior (meganarrador), que en sucesivas ocasiones se desolidariza del narrador, con lo que se produce una bivocalidad enunciativa. El objeto de la ironía no es aquí sólo el uso de ciertas convenciones genéricas del melodrama y del cine policíaco, sino también las prácticas discursivas y sociales dominantes en el México de la época. Al situar el filme en un momento avanzado de la posrevolución y mostrar a la vieja burguesía porfiriana (a la que pertenecen los personajes principales: Archibaldo, Carlota y la señora Cervantes) como portadora de los valores dominantes, el filme, en una lectura histórica, al mismo tiempo que ridiculiza a este grupo social (mostrándolo prisionero de sus principios anacrónicos), desarrolla implícitamente una visión crítica frente al discurso oficial al indicar que en el México de la posrevolución los valores dominantes emanan todavía de los grupos sociales que supuestamente la revolución había derrotado.

Por su parte, en *El Bruto* (1952), la reutilización crítica del melodrama no pasa por la destrucción del modelo. La relación dialógica no está basada aquí en el *ethos*[7] burlón peyorativo propio de la ironía, sino en un *ethos* lúdico, más cercano a lo que Hutcheon llama parodia neutra. El género es recuperado, pero justamente para exponer las contradicciones de la ideología que normalmente reproduce y que Umberto Eco sintetiza como "ideología de la consolación".

[7] Según el Groupe Mu, el *ethos* es el estado afectivo suscitado por un mensaje en un receptor.

Lamento conformista que se inscribe en la tradición cristiana de otorgar grandeza a los sufrimientos.

Por otra parte, a través de un uso particular de la estética del exceso propia del género, el filme explora la dimensión potencialmente subversiva que tenía el melodrama en sus orígenes teatrales en el siglo XVII europeo. El uso que hace Buñuel del expresionismo melodramático, especialmente la exageración en la manifestación de los sentimientos y las pasiones que son llevadas hasta el paroxismo (véase, por ejemplo, el personaje de Paloma en la secuencia final del filme) le permite eludir el pretendido realismo con el que se enmascara el género en el siglo XX. La recuperación del efectismo tremendista lo hace llevar la expresión de las pasiones a un plano extraño e irreal. Se trata, como dice Evans, de la "dramatización del regreso explosivo de lo reprimido" (1998: 51). En esta perspectiva se explica también un filme como *Abismos de pasión* y, en menor grado, *Susana*.

Si una de las funciones del melodrama fílmico es purificar por catarsis al espectador, educándolo moral y sentimentalmente dentro del orden social, *El Bruto* contradice este proceso ideológico de subjetivación. En lugar de ofrecer un final donde el orden social quede restablecido, en el filme el restablecimiento del orden se problematiza y se introducen serias fisuras dentro de las normas morales y sociales vigentes que aparecen rebasadas por los acontecimientos. Por ejemplo, la orden de desalojo del rentista contra sus inquilinos queda sin efecto, la sexualidad permitida sólo en el matrimonio no se aplica (Meche se va a vivir con El Bruto), se desarticula la noción de familia como célula reproductora del organismo social así como el concepto de amor filial y la construcción imaginaria de la "madre abnegada"; además, se vulneran la sumisión estricta a las jerarquías de clases y el respeto a la propiedad ajena (Lillo 1994: 109-132).

Pero uno de los filmes en donde, a juicio de la crítica, mejor se concentra la estética y la política de la transgresión es *Los olvidados* (1950), tercer filme dirigido en México por Buñuel y ganador del premio a la puesta en escena en Cannes en 1951.

Los olvidados

Lo primero que hay que destacar es la crispación nacionalista que provocó en México el estreno de este filme que algunos sectores estimaron denigrante para el país. La prensa, así como "sindicatos y asociaciones diversas" (según el testimonio del propio Buñuel) llegaron incluso a evocar el artículo 33 de la Constitución, que prevé la expulsión del país para extranjeros indeseables. Durante el rodaje, según el realizador, una parte del equipo de producción manifestaba su hostilidad hacia el filme. Un técnico preguntaba por ejemplo:

"¿Pero por qué no hace usted una verdadera película mexicana, en lugar de una película miserable como ésa?" (Buñuel 1982: 195). Se reproducían así reacciones similares a las que había producido veinte años antes en España *Las Hurdes* en el discurso oficial republicano. En ambos casos se presentaba por primera vez en la pantalla una visión crítica de la imagen optimista difundida por los proyectos modernizadores dominantes, a la vez que se dibujaba con claridad una estética distanciada de la promovida por el arte oficial de la Revolución Mexicana —ya para entonces paradójicamente institucionalizada[8]— y cuyo ejemplo más ilustrativo es el muralismo mexicano[9]. El discurso que emanaba de la burguesía nacionalista posrevolucionaria en el poder, se esforzaba por dar la imagen de un país ordenado que gracias a la cohesión social avanzaba hacia el progreso[10]. A contracorriente de esta imagen, el filme presenta las grandes desigualdades que produce la modernización mexicana y centra la atención en una banda de jóvenes pobres excluidos del proceso.

En *Los olvidados*, "el proyecto desarrollista" (de Miguel Alemán), dice Julia Tuñón, aparece como un horizonte, en forma de la estructura de edificios en construcción, pero no penetra en la vida de sus personajes, que todo lo más se protegen en los edificios en construcción como harían en el campo en las cuevas" (Tuñón 2011: 99), poniendo en evidencia las grandes contradicciones que deja la modernización. En este sentido se puede afirmar que el proceso de subjetivación modernizadora y nacionalista puesta en marcha por el discurso desarrollista queda abortado en el filme. *Los olvidados* representa el fracaso de la construcción de subjetividades que emergen de los discursos oficiales sobre la familia, la juventud, la productividad, la disciplina y el orden.

El tema de la infancia pobre y desdichada ha sido uno de los favoritos de la ficción melodramática. Pero si tradicionalmente se ha prestado para desarrollar una visión sensiblera y miserabilista de la pobreza, permitiendo activar los efectos de lástima y conmiseración propios de una ideología conformista, sirve en *Los olvidados* para mostrarnos un aspecto de México que hasta ese momento el

[8] Recordemos que en 1946 el Partido de la Revolución Mexicana pasa a llamarse Partido Revolucionario Institucional, y esto no es sólo una cuestión de nombres

[9] Para Carlos Monsiváis, "a pesar de la vulgarización que el muralismo hacía del marxismo, era optimista y mesiánico; se alimentaba de una ideología populista y contribuía a la proyección publicitaria del Estado" (1976: 625)

[10] El discurso social de los años en que aparece *Los olvidados* encierra también perspectivas críticas que no provienen necesariamente del sinarquismo o de la vieja oligarquía porfirista. En 1947 se publicó el artículo de Daniel Cosío Villegas "La crisis de México", donde el autor desarrolla una crítica profunda de la orientación que iba tomando la Revolución Mexicana: "las metas de la Revolución se han agotado, al grado de que el término mismo de revolución carece ya de sentido" (1947: 29) (véase también Acevedo-Muñoz 2003 que comenta en profundidad la vinculación del filme con el texto de Cosío).

cine mexicano había mistificado u ocultado. La pobreza representada era una pobreza reconstituida en estudio, tan evidentemente falsa como en la serie de filmes de Ismael Rodríguez *Nosotros los pobres* (1947), *Ustedes los ricos* (1948) y *Pepe el Toro* (1952), con los que habría que contrastar *Los olvidados*[11].

Al salir a los barrios miserables de "la gran ciudad moderna", Buñuel rompe con los códigos habituales del cine mexicano y muestra las posibilidades de hacer cine realista y crítico.

Pero curiosamente, y debido probablemente a la naturaleza ambigua, ambivalente y bivocal de la enunciación en el filme, que se manifiesta de manera evidente en el prólogo (a través de la voz afectadamente grave y enfática de Ernesto Alonso —con la que difícilmente se puede identificar la perspectiva de Buñuel—, y debido también a algunas frases pronunciadas por los representantes del orden social (policías, educadores, jueces), frases como la que dice el director de la Escuela Granja: "pensaba si en lugar de a estos pudiésemos encerrar para siempre la miseria…", algunos críticos consideraron que Buñuel, en este filme, había hecho sorprendentes concesiones. Francisco Aranda, por ejemplo, habló de "escenas que acusan cierta demagogia de constructivismo optimista, inesperado en Buñuel" (Aranda 1969: 218).

Una de las fuentes de la polémica es la representación de la práctica de reeducación de jóvenes delincuentes en la Escuela Granja. Esta institución que aparece en el filme, conviene aclarar, no es una invención ficcional de Buñuel, sino que formaba parte en los años 40 y 50 en México de las prácticas estatales de control y disciplinamiento de la juventud que delinquía. Buñuel pone en escena esa práctica represiva *soft* y "cita", tanto en el prólogo como en los parlamentos de los representantes de las instituciones estatales, el discurso que promueve esas instituciones. Pero no se trata de un eco solidario del discurso citado, ya que el filme expone al mismo tiempo perspectivas diferentes y contradictorias que hacen tangible el desacoplamiento ideológico entre la perspectiva del prólogo y el relato de las acciones presentado que la desmiente.

En efecto, el experimento educativo fracasado, que para el director de la escuela significa simplemente la pérdida de 50 pesos, tiene consecuencias trágicas para el personaje de Pedro, que pierde la vida. Me refiero a los momentos finales del filme, que detallo en lo que sigue: el director de la Escuela Granja, para demostrarle a Pedro que le tiene confianza y que no está en una cárcel, le muestra el portón abierto y le da un billete de 50 pesos para que vaya a comprarle cigarrillos. Pedro parece contento y sale. Pero afuera El Jaibo le roba el billete y huye. Pedro lo va a buscar al barrio para recuperar el dinero; discuten y pelean a golpes rodeados de gente. Furioso, Pedro acusa públicamente a El Jaibo de ser el asesino de Julián. Por la noche, ambos se vuelven a encontrar por

---

[11] Ver, a este respecto, Miguel Digón Pérez (2010).

casualidad en el establo de Cacarizo, donde han ido a dormir. El Jaibo golpea a Pedro hasta matarlo en venganza por haberlo delatado. Más tarde, El Jaibo muere bajo los disparos de la policía cuando intentaba huir. Mientras tanto, el cadáver de Pedro es tirado en el vertedero por Meche y su abuelo.

Valga preguntarse qué hubieran pensado los que veían concesiones en el filme si Buñuel hubiese decidido incorporar, en lugar de este final, pesimista y crítico, el final alternativo que, a petición del productor, filmó y guardó, en el caso de alguna intervención de la censura. En el final alternativo, también se enfrentan los dos muchachos en el establo de la casa de Cacarizo, donde han ido a dormir sin sospechar que se encontrarían (encuentro fortuito típico del fatalismo del melodrama que utiliza el filme); pero aquí es Pedro quien mata a Jaibo y recupera los 50 pesos del director de la escuela. Luego se encuentra con su amigo El Ojitos quien le presta su manta para que duerma. A la mañana siguiente, en una especie de "epílogo", separado claramente del resto del filme por un largo fundido negro (visible signo de puntuación), vemos a Pedro, filmado desde atrás, volviendo feliz a la Escuela Granja, que luce sus grandes puertas abiertas. La luz matinal y la musiquilla alegre y ligera que acompaña la escena, que contrasta con la oscuridad y la gravedad de las escenas anteriores, subrayan el cambio de régimen de enunciación y marcan, a mi juicio, el distanciamiento de la ironía. La escena final concebida por Buñuel funciona como "cita" distanciada de la práctica tradicional del feliz final volviéndola inverosímil. Finales similares a este final alternativo y risueño de *Los olvidados* los encontramos en *Ensayo de un crimen* y en *Él*.

Es interesante observar el paralelismo que se puede establecer entre este final feliz y su tono irónicamente optimista y edificante, y el la de la nota periodística que hallé en el diario *Excélsior* del 10 de julio de 1953 sobre este tipo de institución:

> "Los niños de Monterrey en la Escuela Granja"
> El padre Carlos Alvarez [sic] y sus cien chamacos de la Ciudad de los Niños de Monterrey visitaron ayer la Granja Escuela del niño que la generosidad del Club Rotario de esta capital ha levantado en cinco hectáreas de rica tierra, a la altura del kilómetro 5 de la antigua carretera a Xochimilco.
> Los niños del padre Alvarez, educados bajo un sistema militar, con uniformes y banda de guerra, admiraron el sistema de autogobierno que siguen los chamacos de la Granja Escuela. Allí no hay vigilantes ni prefectos y el director, profesor Máximo Tovar, ha visto comprobada su teoría de que la responsabilización del muchacho evita la ingerencia de personas mayores en el gobierno de la granja (...) El joven sacerdote, que esconde bajo un trato llano y amable su espíritu regiomontano de hombre de empresa, elogió grandemente los sistemas de explotación que los niños de la escuela granja siguen para trabajar la tierra y la pequeña ganadería (...) En la Escuela Granja tienen cría de conejos, cerdos, chivos y gallinas. Hay varias becerras

> destinadas a pie de cría para dotar a los niños de suficiente leche fresca (...) Más de 300 muchachos que entraron en la granja como niños desamparados son ahora ciudadanos útiles preparados para servirse de sus fuerzas en cualquier situación que les depare la vida [...].

Lo que aparece claramente aquí es una serie de de signos que remiten al discurso ideológico que sostiene la práctica educacional del tipo Escuela Granja. Es en relación a este interdiscurso como hay que interpretar los episodios del filme de Buñuel. A contracorriente de la crítica, que ve en este filme una visión condescendiente con el sistema educativo implementado, creo, más bien, con Cros y Dongan, que en *Los olvidados* "Las prácticas discursivas jurídicas y educacionales se inscriben con una gran nitidez (*probar, comprobar, proporcionarle la educación que necesita, hace falta su consentimiento*), y constituyen un conjunto represivo homogéneo, como se puede percibir en las palabras del director de la Escuela Granja (*según tu expediente no te vamos a juzgar, ahora enciérrenlo…*)" (1987: 122, mi traducción). Aunque se presentan como alternativa a la represión policíaca, estas palabras contradicen "el sistema pedagógico flexible que pretende aplicar" (ibíd.:122). Lo que *Los olvidados* expone, en definitiva, es "el vacío semiológico o imposibilidad de comunicación entre los dos actantes principales del filme que son, en última instancia, el juez y el criminal" (ibíd.: 122).

Este mismo tipo de quiebres en la aparente univocidad de la instancia enunciadora es perceptible en la voz en *off* del prólogo. Mientras que ésta afirma que la sociedad trata de corregir este mal, el filme muestra unas prácticas represivas que olvidan los derechos del niño y del adolescente que pretenden defender, para considerar solamente los de la sociedad. El lexema "corregir" cobra así todo su sentido ambivalente.

A través del análisis de las contradicciones e incoherencias discursivas, tanto en el prólogo como en los discursos hegemónicos que cita, el filme desenmascara la concepción organicista que primaba en el México de esos años. Recordemos que en los años que corresponden al contexto del filme, la noción de libertad individual aparece sujeta a la de comunidad nacional, lo que no excluye el sacrificio individual. Leopoldo Zea, filósofo representativo de la ontología nacional, introduce la noción de libertad comprometida. "El hombre se debe todo a la comunidad (…) El compromiso no sólo es para recibir bienes, también lo será para recibir males, si estos llegan. El que vive en comunidad por este mismo hecho se compromete con ella" (Dessau 1972: 97).

El sentido del desenlace "presenta la muerte de Jaibo como el sacrificio de una víctima expiatoria que permite reconstruir la unidad de la colectividad para salvarla de los riesgos de desintegración social" (Cros/ Dongan 1987:123). Las palabras del ideólogo de la noción de unidad nacional, González Ramírez, ilustran bien lo que en esos años la nación significa para la burguesía en el po-

der: "La Revolución ha considerado a la nación como una entidad social que necesita una integración, afín de evitar que potencias extranjeras la absorban y que fuerzas interiores antisociales la depriman. Así integración y defensa son factores fundamentales del nacionalismo mexicano" (Dessau 1972: 97-98).

Nuestra lectura hace emerger una serie de ideologemas sobre los que se apoya la práctica de la reeducación que promueven los discursos oficiales (necesidad de cohesión social, peligro que encierra para ésta la delincuencia juvenil, preeminencia del interés colectivo sobre los del niño y el adolescente que justifica el sacrificio individual). De esta manera, la diégesis del filme pone al desnudo la ideología que encierran las soluciones alternativas contradiciendo el proyecto presentado en voz *off*.

Más allá de puros juegos de lenguaje, formas o figuras de estilo, este filme y todos los que Buñuel hizo en México, a través de la reutilización de formas textuales y discursos propios de su tiempo, se insertan en el conjunto discursivo de la sociedad donde se producen, dando cuenta así de una perspectiva histórica. En un México en pleno proceso de institucionalización, de refuerzo y expansión del Estado que tiende a ocupar todos los espacios de la representación, los filmes mexicanos de Buñuel ofrecen resistencia a ese "orden del discurso".

Bibliografía

Acevedo-Muñoz, Ernesto (2003): *Buñuel and Mexico. The Crisis of National Cinema. California.* Berkeley: University of California Press.

Anderson, Benedict (1991): *Imaginied Communities: Reflections on the Origin and Spread of Nationalism.* London: Verso.

Angenot, Marc (1983): "Intertextualité, Interdiscursivité, Discours social". En: *Text* 2, pp. 101-112.

Aranda, Francisco (1969): *Luis Buñuel. Biografía crítica.* Barcelona: Lumen.

Bartra, Roger (1996): *La jaula de la melancolía. Identidad y metamorfosis del mexicano.* México: Grijalbo.

Brooks, Peter (1974): "Une esthétique de l'étonnement: le mélodrame". En: *Poétique* 19, pp. 340-356.

Buñuel, Luis (1982): *Mi último suspiro (memorias).* (Trad. Ana María de la Fuente). México: Plaza & Janés.

Cavielles, Patricia/Poppenberg, Gerhard (eds.) (2011): *Luis Buñuel: dos miradas. Una aportación hispano-alemana a un cine antitético.* Berlin: edition tranvia/Verlag Walter Frey.

Cosío Villegas, Daniel (1947): "La crisis de México". En: *Cuadernos Americanos* XXXII, marzo-abril, pp. 29-51.

Cros, Edmond/Dongan, Christine (1987): "Formation discursive et deconstruction idéologique dans *Los Olvidados*". En: *Co-textes* 12, pp. 121-133.

DE LA COLINA, José/PÉREZ TURRENT, Tomás (1986): *Luis Buñuel. Prohibido asomarse al interior*. México: Joaquín Mortiz/Planeta.

DESSAU, Adalbert (1972): *La novela de la Revolución Mexicana*. (Trad. Juan José Utrilla). México: Fondo de Cultura Económica.

DIGÓN PÉREZ, Miguel (2010): "Nosotros los pobres y ustedes los olvidados". En: *XIV Encuentro de Latinoamericanistas Españoles. Congreso Internacional 1810-2010: 200 años de Iberoamérica*, 15-18 septiembre, 2010, en línea: <http://halshs.archives-ouvertes.fr/docs/00/53/00/90/PDF/AT6_Digon.pdf>.

ECO, Umberto (1995): "Eugenio Sue: el socialismo y el consuelo". En: *El superhombre de masas. Retórica e ideología en la novela popular*. (Trad. Teófilo de Lozoya). Barcelona: Lumen, pp. 34-71.

EVANS, Peter (1998): *Las películas de Luis Buñuel: la subjetividad y el deseo*. Barcelona: Paidós.

GROUPE MU (1970): *Rhétorique générale*. Paris: Seuil.

HUTCHEON, Linda (1981): "Ironie, satire, parodie. Une approche pragmatique à l'ironie". En: *Poétique* 46, pp. 140-155.

LILLO, Gastón (1994): *Género y transgresión. El cine mexicano de Luis Buñuel*. Montpellier: Centre d'Études et Recherches Sociocritiques.

— (1990): "Culture populaire au Mexique: le mélodrame filmique de l'après-révolution". En: Gómez-Moirana, Antonio/Longueuil, Poupeney (eds.): *Parole exclusive, parole exclue, parole transgressive. Marginalisation et marginalité dans les pratiques discursives*. Québec: Le Préambule, pp. 227-251.

— (1985): *Contribución al análisis ideológico del melodrama fílmico en el México de la post-revolución*. Memoria de MA. Montréal: Université de Montréal.

MONSIVÁIS, Carlos (1976): "La cultura mexicana en el siglo XX". En: Wilkie James W./Meyer, Michael C./Monzón de Wilkie, Edna (eds.): *Contemporary Mexico Papers on the IV International Congress of Mexican History*. Los Angeles/México: University of California Press/El Colegio de México, pp. 624-670.

NEUBAUER, John (2012): "De la complexité en tant que valeur esthétique" En: Vallée, Jean François/Klucinskas, Jean/Dupuis, Gilles (eds.): *Transmédiations. Traversées culturelles de la modernité tardive*. Montréal: Université de Montréal, pp. 173-192.

POHL, Burkhard (2011): "En carretera. Viajes fílmicos en la obra de Luis Buñuel". En: Cavielles, Patricia/Poppenberg, Gerhard (eds.): *Luis Buñuel: dos miradas. Una aportación hispano-alemana a un cine antitético*. Berlin: edition tranvia/Verlag Walter Frey, pp. 103-124.

SELDEN, Raman/WIDDWSON, Peter Widdwson/BROOKER, Peter (2001): *La teoría literaria contemporánea*. Barcelona: Ariel.

TUÑÓN, Julia (2011): "El sombrero de copa y la ausencia del padre. *Los olvidados*, Luis Buñuel, 1950". En: Cavielles, Patricia/Poppenberg, Gerard (eds.): *Luis Buñuel: dos miradas. Una aportación hispano-alemana a un cine antitético*. Berlín: edition tranvia/Verlag Walter Frey, pp. 81-102.

UBERSFELD, Ann (1976): "Les bons et le méchant". En: *Revue des Sciences Humaines*, vol. 41, nº. 162, pp. 193-203.

La llave del premio y el premio como llave: *Nazarín* (Buñuel, 1959) vs. *La cucaracha* (Rodríguez, 1958) en el Festival Internacional del Film de Cannes en 1959

Julia Tuñón Pablos
(DEH-INAH, México, D. F.)

Este trabajo apunta un desencuentro. Uno más de los que han existido en la historia del cine, en este caso entre Francia y México a mediados del siglo XX. Expresa ideas diferentes sobre el cine, su función y su carácter, discute acerca de las imágenes que habrán de conformar el imaginario social. Este desencuentro le cierra al cine mexicano algunas de las posibilidades que busca fervientemente.

A mediados de la centuria la industria fílmica mexicana busca acceder a las pantallas del mundo por la puerta grande de los festivales internacionales, en particular, el Festival Internacional del Film en Cannes, que es el más prestigioso y que ya ha otorgado sus beneficios con el premio a *María Candelaria* (Fernández, 1944), en la ocasión de su reapertura en 1946. El tema tiene que ver con la cultura fílmica que se está conformando, dictada en gran medida por la crítica y los teóricos franceses, y compartida en México por un grupo de críticos de vanguardia.

En estos años la fábrica de sueños en México se ha consolidado y rigidizado mediante un proteccionismo apabullante. Se aspira a obtener premios internacionales, porque se los imagina como la llave del éxito financiero para sus películas, pero simultáneamente se cierran las posibilidades de obtenerlos, pues con un empecinamiento particular, quienes hacen las películas se niegan a renovar algunos de los conceptos medulares tanto en sus filmes como en las formas de solución de los conflictos, y echan llave a sus candados. En el cine mexicano se escamotea el tema de la pobreza y de sus consecuencias, y se eluden los conflictos humanos que podrían cuestionar el código ético dominante, coincidiendo con la política cultural mexicana. Los problemas derivados de la injusticia dominante en el país se han barrido bajo la alfombra y cualquier atisbo de mostrarlos se califica de hacer "cine denigrante". El recurso del cine institucional mexicano[1] consistió, entonces, en presentar esas situaciones de

[1] Entiendo por cine institucional en el período clásico (*grosso modo* 1931-1954, y aun después) el que tiene una forma de representación y de narratividad propia, que cuenta con

manera oblicua, acompañando la trama más que sosteniéndola y azucarándola con las lágrimas moralizadoras del melodrama. De esta manera taimada podía aceptarse lo inaceptable.

El cine mexicano, dirigido a entretener a públicos populares, encontró por azar la llave de los premios internacionales envuelta en las obsesiones de Emilio Fernández, cuyo destino como director al interior de esa industria hubiera seguramente sido otro si no hubiera mediado el consabido premio a *María Candelaria* (Tuñón 2009: 81-97). A partir de este episodio el cine mexicano atendería, además de a los diversos públicos de cine de género, a otro tipo de audiencias, y empezó a realizar películas que podríamos llamar de "cine culto", que se puede mostrar en los festivales para ganar premios[2]. Sin embargo, aun el cine "de calidad" optó por esa política cosmética en la que la pobreza tiene su encanto, cumpliendo una función de exotismo para el extranjero que se probó eficiente desde que Serguei M. Eisenstein se deslumbrara con México y construyera una hermosa imagen de país bandeando entre la ferocidad y la inocencia[3].

Sí, la imagen dictada por Eisenstein y actualizada por Emilio Fernández redituó buenos créditos, pero sus atractivos se agotaban cuando en el año 1946 llega a México, y es aceptado en la cerradísima cúpula de los cineastas consagrados, un español que aparenta ser dócil. Se adecua convenientemente a las exigencias del cine comercial mexicano, aunque tiene ideas extrañas que pronto se convertirán en peligrosas. Bajita la mano gusta de hacer explotar la bomba, haciendo honor a un viejo estilo ya visto en 1928 con *El perro andaluz* y 1930 con *La edad de oro*. En México pronto recuperará su estilo, y con *Los olvidados* (1950) Luis Buñuel se convirtió en el detonador de una conciencia incómoda, la de que, parafraseándolo ¿no vivimos en el mejor de los mundos? (Fuentes 1976: 26). La película provocó un escándalo, pero simultáneamente abrió la puerta anhelada de los premios en Europa. Se abría una fisura en el aceitado mundo del cine mexicano.

Es ésta la paradoja que quiero contar aquí, mediante el debate que se dio en México y en Francia respecto a la película seleccionada para participar en el XII Festival Internacional del Film en Cannes en el año 1959. Se trata de la

---

códigos y convenciones tanto en las formas como en los contenidos, que construyen un estilo fílmico dominante, entendido y aceptado por los espectadores.

[2] No confundir con "cine de culto". El cine culto se construye con los parangones de calidad y una estética dictados en los festivales internacionales y a partir de la crítica especializada, no de modelos comerciales ni derivados de las propias industrias nacionales y construye el gusto particular de una minoría. Implica un concepto del cine como un campo autónomo del arte que sólo puede juzgarse a partir de los códigos de comprensión diseñados por el mismo.

[3] He tratado el tema en Tuñón (2003 y 2002).

controversia entre los que proponían la película de Buñuel *Nazarín*[4], desde los márgenes de una crítica vanguardista y minoritaria, acorde a los deseos de los directivos franceses, con los mandones de una industria anquilosada que buscaba desesperadamente mantener sus privilegios sin modificar sus andamiajes, que defendían *La Cucaracha*[5].

El territorio del debate

La producción cinematográfica mexicana en sus años del esplendor clásico es muy diversa, tanto por sus productos como por los públicos a los que se destina, la mayor parte de índole popular, que ya están acostumbrados a las convenciones de este cine que podemos llamar "institucional". Sin embargo, a partir del premio a *María Candelaria* en el Festival de Cannes en 1946, se ve la importancia del cine culto, tanto por razones de prestigio cuanto comerciales y se fomenta, lo que genera una tensión entre el universo cerrado en que se había convertido la industria fílmica en México y las exigencias de sus jueces desde el exterior. Los premios interesan, son la llave del candado pero, ¿cómo obtenerlos? La imagen fílmica para el exterior se había inspirado en Eisenstein, y su representante oficial era Emilio Fernández, pero los tiempos habían cambiado.

Los problemas de la industria, ciertamente endémicos, hacían crisis a finales de los años 50 potenciados, a pesar del uso creciente del color, por la difusión de la televisión, que era todavía en blanco y negro. En 1959, siendo director de Cinematografía Jorge Ferretis, se discutió una nueva ley para suplir a la de 1949, reformada en 1952, pero su aplicación no prosperó. Fue además muy cuestionado por la crítica de vanguardia, que la consideró limitante y arbitraria, desde su admiración al cine europeo, básicamente al francés y al italiano, del que tenían información por la revista *Cahiers du Cinéma*[6]. También en 1959 nombran

---

[4] Dirección: Luis Buñuel. Producción: Barbachano Poce. 1959. Argumento: Basado en novela de Benito Pérez Galdós. Adaptación: Julio Alejandro y Luis Buñuel. Fotografía: Gabriel Figueroa. Escenografía: Edward Fitzgerald. Edición: Carlos Savage. Actores: Francisco Rabal, Marga López, Rita Macedo, Ignacio López Tarso, Ofelia Guilmain (García Riera 1994: 246).

[5] Dirección: Ismael Rodríguez. Producción: Películas Rodríguez.1958. Productor Ejecutivo: José Bolaños. Argumento: José Bolaños e Ismael Rodríguez. Fotografía: Gabriel Figueroa. Música: Raúl Lavista. Escenografía: Edward Fitzgerald. Vestuario: Armando Valdés Peza. Actores: María Félix, Dolores del Río, Emilio Fernández, Pedro Armendáriz, Ignacio López Tarso. Datos de García Riera (1994: 286).

[6] Ibíd.: 156. Entre los firmantes de una carta al respecto se encontraban Juan de la Cabada, José Luis González de León, Jomi García Ascot, Juan Luis Buñuel, Luis Alcoriza, Emilio García Riera, Manuel Michel, Héctor Monsiváis (ibíd.: 159).

a Federico Heuer "patrón de la nave financiera del cine casero", o sea, el Banco Cinematográfico, en lugar de Eduardo Garduño, y se le presiona desde las revistas de cine porque "Nuestra cinematografía necesita hacer acto de presencia en las justas internacionales"[7]. Entre 1959 y 1972, no se repartirían los premios Ariel, por la crisis de la Academia de Artes y Ciencias Cinematográficas, y quizás ese punto haga mayor la ansiedad respecto a los concursos internacionales, de los que en ese año habría varios en Europa, pero algunos se preguntaban "¿por qué envían a sabiendas películas destinadas al fracaso?"[8]. También la industria sufre de las presiones de la Secretaría de Turismo, pues se pretende que el cine muestre las bellezas del país[9].

Por otro lado, hay una conciencia clara de que las relaciones fílmicas entre Francia y México no eran parejas, pues el cine francés era bien acogido en las pantallas mexicanas, pero no había reciprocidad al respecto, y enviar cintas mexicanas implicaba pagar doblaje e impuestos que elevaban su costo, cuando la exhibición en Francia era limitada a pocas salas y a pocos días (García Riera 1994). Óscar Dancingers declaró a *México Cinema* en octubre de 1955 que "los filmes aztecas no gustan en Europa, principalmente por su tendencia melodramática. A los europeos les gusta el melodrama, pero escrito e interpretado por sus propios elementos" (García Riera 1993: 10).

Sí, había diferencias, porque además, en Francia, el tema era una prioridad. El cine culto era una seña de identidad imprescindible en la construcción imaginaria de la vida cultural de la posguerra. Desde los tiempos del mudo, y apoyado en el orgullo de ser el país de nacimiento de los hermanos Lumière y de Georges Meliès, con una entrada relevante al cine sonoro, se desarrolla también el cine culto, que se puede mostrar en los festivales, que gana premios y que se apoya en un concepto del arte que, montado en su larga tradición, lo observa como un campo propio de la cultura, con sus propias normas y valores y que sólo acepta como válidos los juicios derivados de ése su carácter. Destaca más la significación de una obra que la belleza y se demanda de un conocimiento específico para el análisis. El arte debe de romper las certezas para abrir el pensamiento, y por ende es transgresor, permitiéndosele el cuestionamiento a la ética al uso, así sea recurriendo a rasgos de crueldad o de escándalo. El artista tiene en este campo propio el derecho y la necesidad de expresarse sin coacción de ningún orden[10] (Heinich 2010).

---

[7] De la Cruz, Santiago: "De sobremesa", *Cinema Reporter*, México, año XXVII, nº 1069: 7 y 12.

[8] Ibíd.: 7.

[9] "Puntos suspensivos", *Cine Mundial*, nº 2191, 14 de marzo, 1959: 4.

[10] Nathalie Heinich (2010) ha analizado las diferencias entre el campo del arte entre Francia y los Estados Unidos de América para el arte contemporáneo.

Estos valores se adecuan a las necesidades de la posguerra, cuando, como conjuro a las acusaciones de colaboracionismo muy presentes todavía, se exaltan los valores que se consideran "esenciales" de su cultura: la defensa de los derechos humanos, la democracia y la libertad, la cultura como un bien social, la laicidad, la tolerancia, la propuesta del Estado de bienestar y el bienestar de todos como aspiración. El cine ostentaba ya los derechos de ser un arte dando importancia a la autoría, y para el cine culto las características esenciales son las fílmicas, de manera que el carácter comercial o de entretenimiento se considera menor. A finales de los años 50 su cine que más vende es, precisamente, el llamado de la Nueva Ola y su órgano impreso, *Cahiers de Cinéma*, que se publicaba desde 1951, llegaba a México en donde era devorado por la crítica vanguardista.

Mal haríamos, sin embargo, en pensar en este proyecto fílmico como el único del cine francés. No había (no hay) una sola Francia ni un solo tipo de cine en ella, y las presiones comerciales eran también muy fuertes, así como la presencia del cine *hollywoodense*. La cultura es siempre un campo de tensión en el que campean diversos intereses y puntos de vista, pero es claro que para los sectores cultos de todo el mundo este proyecto particular se convertía en hegemónico y el Festival de Cannes era ya el jurado simbólico que encarnaba la pureza del arte fílmico y dictaba los parangones de calidad, una calidad formada desde las modalidades internas del cine, su propio lenguaje, y no de las culturas específicas cuyas historias se contaban en imágenes, aunque ciertamente también campeaban en esa arena intereses económicos y políticos que a menudo marcaban decisiones supuestamente impolutas.

En México, la llamada Época de Oro de su cine camina por su propia inercia. Los públicos gustan crecientemente de las comedias sin olvidar el melodrama, pero una crisis sistémica agobia la industria. La presión por obtener premios se agrega a la que existe por presentar una imagen positiva del país, no sólo por el deseo legítimo de ostentar un orgullo, sino también para incrementar el turismo. De ahí que la preocupación por la posibilidad de que las películas denigren a México es constante. Había además un supuesto al respecto planteado desde que la censura se implementó en México a principios de siglo (1919) para poner un coto a la imagen negativa de México y los mexicanos en el cine de Hollywood (De los Reyes 1983). Esa obsesión se convirtió en un troquel. En México, el campo del arte carecía de la autonomía que gozaba en Francia y estaba penetrado, con frecuencia, por argumentos de índole religiosa, ética, nacionalista y de patriotismo. Para 1959 se hacían películas más alegres y coloridas, con más movimiento y acción, tomadas del modelo *hollywoodense* y aprovechando las bellezas naturales del país. ¿Sería ésta la llave del éxito?

Luis Buñuel había ya filmado en México *Gran Casino* (1946) y *El gran calavera* (1949), dando pruebas de discreción y acomodándose en la industria con las que consideraría en las múltiples entrevistas que le hicieron años más tarde sus "películas alimenticias" (Buñuel 1982: 193), pero cuando, en 1950 realiza *Los olvidados*[11], rasga el inmaculado tejido de la complacencia tan cuidadosamente construido en el cine mexicano. Con todo, *Los olvidados* fue enviado al Festival Internacional del Film en Cannes y ganó el Premio de la Mise en Scène (dirección) y Buñuel el de la FIPRESCI (Fédération International de la Presse Cinématographique) por el conjunto de su obra. El debate que se suscitó entonces es un antecedente del de 1959.

Nazarín vs. *La Cucaracha*. Cannes, 1959

En el XII Festival Internacional del Film en Cannes, en 1959, se presentaron a concurso *Nazarín* y *La Cucaracha*. La inclusión de la primera fue saboteada desde México y sólo se pudo proyectar por los manejos oblicuos de los protagonistas y la decisión de los organizadores, tomada fuera de la norma de que la selección de filmes a concurso se realizaba en el país de origen.

El Festival de Cannes había adquirido desde su reapertura en 1946 un papel relevante como guardián del prestigio cinematográfico y se había convertido en un mediador determinante de lo que podía ser considerado cine culto, o simplemente buen cine. En 1959 el jurado estuvo formado por personalidades de envergadura[12] y dio la Palma de Oro a *Orfeo negro* (Camus, 1959, Francia). El Premio Especial del Jurado fue para el búlgaro Konrad Wolf por *Etoiles*, el premio a la Mise en Scène fue para François Truffaut por *Los cuatrocientos golpes* y el Prix International, para *Nazarín*, con la nota de que "En accordant ce prix, le Jury rend hommage à son auteur, Luis Buñuel pour l'ensemble d'une oeuvre où il n'a cessé d'affirmer l'audace et la puissance de son inspiration"[13].

Pero antes de llegar a ese desenlace corrió mucha agua bajo los puentes. En la prensa mexicana las noticias respecto a la selección empezaron muy pronto, y la manipulación también. Participaron casi todos los medios: *Cine mexicano*, *Cinema Repórter*, *El Universal*, *Excélsior*, *Esto*, y de manera excepcional

---

[11] *Los olvidados*. Dirección: Luis Buñuel. Producción: Ultramar Films. Óscar Dancingers. Argumento y adaptación: Luis Buñuel y Luis Alcoriza. Fotografía: Gabriel Figueroa. Música: Rodolfo Halffter. Escenografía: Edward Fitzgerald. Edición: Carlos Savage. Actores: Stella Inda (Martha), Alfonso Mejía (Pedro), Miguel Inclán (Don Carmelo), Roberto Cobo (Jaibo).

[12] M. Achard. Micheline Presle, Julian Duvivier, Max Favalelli. Antonio Bohdziewic, Michel Cocoyanis, Carlos Cuenca, Carlo Ponti, Serge Vassiliev.

[13] Bi Fi (Biblioteque du Film-Cinemateque Francaise, Paris) Fondo FIF-A (Festival International du Film de Cannes-Administration. N°. 581. / Boite 100. Carpeta 3/3. 23/09/1958-08/06/1959. (En adelante se simplificarán las citas tomadas de este acervo como FIFA.)

Cine Mundial. Un diario diferente, dirigido por Octavio Alba, que tomó un papel beligerante y defensor de *Nazarín* a todas luces relevante y digno de atención.

La Cucaracha trata de las peripecias revolucionarias y, sobre todo, amorosas de un general villista en tiempos de la Revolución. El filme cuenta con un elenco privilegiado (Emilio Fernández, María Félix, Dolores del Río y Pedro Armendáriz), por lo que Emilio García Riera dice que "la costosa *La Cucaracha* de Ismael Rodríguez hizo de la Revolución en colores el complaciente Olimpo de las mayores deidades del cine nacional" (1994: 153). Fue una película armada desde y para el propósito comercial, pese a lo cual se intentaba que ganara el prestigioso premio.

Nazarín, basada en una novela de Benito Pérez Galdós, cuenta la historia de un peculiar sacerdote muy ligado a los valores del cristianismo primitivo. Se considera una de las mejores películas del director, y en ella expresa muchas de sus obsesiones, no fáciles para el aspecto comercial. Como explica Octavio Alba:

> No hay glamour, ni besos largos, ni suspiros románticos, ni trajes de Valdés Peza, ni 'happy end'.... Hay andrajos, miserias. Hambre.... Hay un escritor: Galdós. Hay un director: Buñuel. Y un fotógrafo cuyos grandes triunfos fueron en blanco y negro: Figueroa[14].

Desde inicios de marzo se juntaron los miembros de la Asociación de Productores y Distribuidores de la república mexicana, Antonio Matouk, Armando Orive Alba, Jesús Grovas y Gonzalo Elvira para decidir la película que iría a Cannes y el 12 de marzo se anunció que sería *La Cucaracha* (Trujillo 1959: 12). Por reglamento solamente podía participar un largometraje y un corto. La organización de la industria en esos años daba un poder enorme a los productores de mayor envergadura, organizados de manera que controlaban también la distribución y la participación del Banco Cinematográfico, con apoyos gubernamentales que muchas veces no se recuperaban.

No fue una sorpresa, ni siquiera para los organizadores del Festival, que ya en septiembre de 1958 tenían noticias al respecto, pues Paul de Charnisay (gerente de CIMEX France) le cuenta a Robert Favre Le Bret, secretario general del Festival de Cannes que *La Cucaracha*, que se está filmando seguramente será la elegida para Cannes[15].

En México, *Cine Mundial* tomó inmediatamente una postura definida, considerando que la elección no había respondido a un criterio de formalidad:

---

[14] *Cine Mundial*, nº 2196, 19 de marzo, 1959: 1.

[15] Carta de Charnisay a Favre Le Bret. París, 17 de marzo de 1959. FIFA.

> Lo malo es que no se buscó más que determinado interés comercial, en detrimento, claro es, del interés puramente cinematográfico [...] ¿Es lógico?, es racional, es patriótico, discriminar cintas, cuando los filmes que envía a la Costa Azul México no representarán a cuatro productores sino a la totalidad de la Nación mexicana?

El autor se sorprende de que Jorge Ferretis, director de Cinematografía, a quien califica de hombre culto, con sensibilidad y "cabeza bien amueblada" lo avale:

> ¿Cree Don Jorge que la calidad cinematográfica tiene su nido en los anchos sombreros pintorescos, en el tequila y el pulque, en tal o en cual popular canción revolucionaria? La calidad tampoco tiene relación alguna con las supervedettes de Sonora o Durango [refiriéndose a María Félix y a Dolores del Río][16].

La respuesta a esta contundente postura por parte de Películas Rodríguez, productora de *La Cucaracha*, no se hizo esperar. Aureliano Pareja Yevenes, su gerente, refuta el artículo porque —dice— el Sr. Alba no ha visto *La Cucaracha* y elogia "la mexicanidad y experiencia de la comisión que la seleccionó", contrastando con su "personalidad española" (del Sr. Alba), y considera que las estrellas de Sonora y Durango son compatibles con la calidad cinematográfica, así como las canciones revolucionarias, el tequila y el pulque[17]. El tema de la xenofobia se apunta ya nítidamente en este comentario y se mantendrá a lo largo del debate. Para Octavio Alba, de *Cine Mundial*, "se mezclan gritos seudopatrióticos, de nacionalidades, escupiendo así al arte en plena frente"[18].

Se desata entonces una campaña beligerante por diversos flancos y con diverso carácter en los diversos periódicos, en dónde sí adquiere a menudo un tono vulgar. *Cine Mundial* habla de "cucarachismo" frente a "nazarinismo" y exagera la nota en alguno de los flancos de su lucha, como cuando cuenta que María Félix tiene la dentadura postiza[19]. Sin embargo, también destaca una información oportuna y muy informada, de primera mano, una explicación del cine de Buñuel y una postura ética respecto a lo que el cine debe de ser. Sus contrincantes eran las otras revistas y periódicos y el aparato industrial del cine en pleno, excepción hecha, claro está, del siempre marginal Manuel Barbachano Ponce, productor de *Nazarín*.

Desde antes del pleito mexicano, en Francia, Favre Le Bret se preocupa por el material que le será enviado. Le escribe a Jean Sirol, delegado de Unifrance Film Mexico:

---

[16] "Puntos suspensivos", *Cine Mundial*, nº 2188, 11 de marzo, 1959: 4.

[17] "El Gerente de películas Rodríguez defiende film de películas Rodríguez", *Cine Mundial*, nº 2191, 14 de marzo, 1959: 13.

[18] Octavio Alba, "Nota", *Cine Mundial*, nº 2201, 25 de marzo, 1959.

[19] "Notas de la semana", *Cinema Repórter*, nº 1087, p. 7-41.

> Cher ami. Je fais appel à votre obligeance pour vous demander: 1o- Pourriez-vous vous assurer que le SYNDICAT DES PRODUCTEURS envoie vraiment a CANNES le meilleur film de la production actuelle? [...] En effet, il y a quelques années que le MEXIQUE n'a pas participé au Festival où l'on se souvient des films de qualité certaine qui furent presentés par ce Pays. L'industrie cinematographique mexicaine a donc tout interêt à faire une rentrée brillante[20].

En esa tesitura, e informado como está el equipo francés de la decisión, empieza a dirigirse personalmente a Buñuel, y Sirol informa a Favre Le Bret que vio en privado *Nazarín* y confirma que

> c'est la chef d'oeuvre de Buñuel [...] En ce qui me concerne je trouve que c'est un film très émouvant, admirablement dirigé, avec des photographies extraordinaires. C'est du Bunuel 100%, c'est a dire que vous retrouverez l'ambiance des 'Olvidados'. Je crois que ce film impressionera beaucoup le public européen, celui qui a apprecié les grandes oeuvres précedents de Bunuel. En résumé, je pense qu'en invitant ce film, vous ferez très bien[21].

Cabe destacar el comentario de que *Nazarín* impresionará mucho al público europeo, pues implica una de las definiciones del cine culto y marca una diferencia notable ya respecto al cine comercial o exclusivamente de entretenimiento. Las autoridades del Festival empiezan entonces su juego fuera de los conductos oficiales: Favre Le Bret busca incluso telefónicamente a Buñuel para obtener una copia de la película[22] y pide a Sirol que se la envíe a Francia[23].

El rumor es como la humedad y estos trámites, ciertamente oblicuos, se filtran en México, en dónde empieza una insidiosa campaña nutrida de los conceptos nacionalistas más elementales, de la que también se enteran en París. Sirol escribe a Favre Le Bret que, como ya le advirtió por teléfono, *Nazarín* no sería considerada como "typiquement mexicain"[24], y anexa una nota de prensa de Enrique Gutiérrez que considera que "para una representación mexicana en un festival internacional, deben enviar una película de verdad mexicana. Entre más mexicana, mejor"[25]. Aparece claramente la idea de dos tipos de cine, uno mexicano y otro que no lo es, y la pregunta que se deriva es, ¿qué hace a una película ser mexicana o no serlo? Gutiérrez lo dice a continuación: los actores de Nazarín no son mexicanos, ni lo es su director:

---

[20] Carta de Favre Le Bret a Sirol, París, 26 de febrero, 1959. FIFA.

[21] Carta de Sirol a Favre Le Bret, París, 5 de marzo de 1959. FIF-A 581 / B-100.

[22] Carta de Favre Le Bret a Sirol, París, 9 de marzo de 1959. FIF-A.

[23] Telegrama de Favre Le Bret a Sirol, París, 11 de marzo de 1959. FIF-A.

[24] Carta de Sirol a Favre Le Bret, París, 17 de marzo de 1959. FIF-A.

[25] Enrique Gutiérrez: "Cine-Noticias", *Últimas Noticias*, nº 16, marzo, 1959. FIFA.

> Perdón, pero... Sin duda alguna 'Nazarín' es un gran film, como también lo es 'La Cucaracha'. Solo que ésta lleva la ventaja de estar hecha a base de actores mexicanos que le dan sello mexicanista al film. Por su parte 'Nazarín' está hecha con elementos extranjeros en su mayoría, tal y como lo hemos hecho notar, cosa que si no le resta calidad, y nos agrada que su intención sea promover a como dé lugar el buen cine en México, sí en cambio no se le puede llamar película auténticamente mexicana[26].

El argumento es seguido por la prensa mexicana que considera que *La Cucaracha* "es la que reúne mayores méritos para representar con posibilidades de triunfo a la industria fílmica de nuestro país". En el frenesí desatado, Ismael Rodríguez declara su proyecto de llevar a sus cuatro actores a Cannes[27].

Pasando del argumento de la nacionalidad de actores y director, empieza la comparación entre ambos filmes y Matouk declara que *La Cucaracha* se eligió por su alegría, su música y folklore, mientras que *Nazarín* tiene "aspectos deprimentes y que denigran a nuestro país", como *Los olvidados*[28]. Una película es mexicana, entonces por la nacionalidad de sus actores, y también por expresar un talante optimista y alegre.

De Charnisay envía a Favre Le Bret un artículo traducido de la revista mexicana *Ambiente* que da cuenta del cada vez más envenenado ambiente, pero también del debate que ha surgido y transcribe las ideas de José Bolaños, joven actor de *La Cucaracha*, a quien le sorprende que la decisión se deba a que es "gai et folklorique", que no se argumente de qué manera *Nazarín* denigra a México, y a quien no le parece un problema que haya extranjeros en su factura. Deplora, para concluir, que los miembros del Jurado se muevan por "patriotismes absurdes"[29].

Pronto aparece en escena el tema del complot, que asociado a la xenofobia es tan común en México para defender posturas diversas. Se dice que Benito Alazraki informó oportunamente de "que los directores de cine se iban a enfrentar a una mafia de extranjeros que estaban realizando una campaña contra el cine mexicano"[30], y precisó que, al parecer, se trataba de introducir cine español en México, a pesar del escaso gusto de los públicos mexicanos por él. El ataque olvida el detalle de que los españoles involucrados en este asunto eran refugiados en México a consecuencia de su derrota en la Guerra

---

[26] Lazo: "La Cucaracha irá a Cannes", *Esto*, 3 de marzo, 1959: 5.

[27] "Ágape de gallegos a Cesáreo González", *Excélsior. El periódico de la vida Nacional*, año XLII, 2 marzo, 1959: 3.

[28] "Para Antonio Matouk: una Cucaracha alegre y Nazarín denigrante", *Esto*, 8 de marzo, 1959: 5 B.

[29] Texto de José Bolaños. FIF-A.

[30] Enrique Gutiérrez: "Cine-Noticias", *Últimas Noticias*, 16 de marzo de 1959. BiFi. Fifa 581. B. 100.

Civil española que terminó con la Segunda República, y no tenían tratos con el cine del franquismo. Estela Matute acusa directamente: "No quieren que vaya a Cannes 'La Cucaracha'. Insultante campaña mientras llueven elogios a 'Nazarín'", y culpa a un grupo de periodistas hispanos que sólo están logrando desacreditar a Buñuel, que

> Actualmente está considerado dentro de la industria mexicana sin ninguna discriminación, razón por la cual el paisanaje o compadrazgo de los colegas no conseguirá sino hacer chocante al público la mala fe con la que están tratando el asunto[31].

Mientras tanto, Manuel Barbachano Ponce, productor de *Nazarín*, caracterizado por su marginación y por el fomento del cine de calidad, declara que "Voy a tratar de que 'Nazarín' participe en el concurso, no sencillamente como invitada, sino a disputar premios. De otro modo no voy a Cannes con mi película"[32]. Cuando lo dice ya existen tratos personales, a la sombra de las condiciones oficiales. A mediados de marzo, Buñuel contesta a Favre Le Bret para agradecerle el interés que ha mostrado por *Nazarín* y, discreto, le dice que "La raison qui a poussé le Mexique à choisir la CUCARACHA pour le representer au Festival cést que son sujet est plus locale, plus mexicain que mon film où il n'y a pas de chansons, ni de revolutionnaires, ni de grandes stars du pays"[33]. Tiene claro el tema, pero se cuida de emitir opiniones o comentarios. En esa ocasión explica que la copia salió ya para París, donde le pondrán los subtítulos correspondientes, y le dice que se la hará llegar al Sr. Font (representante en Francia de Barbachano), a más tardar el 25 de marzo, aunque indica que, si la película pasa al Festival le harán llegar una copia de mejor calidad[34]. De Charnisay confirma a Favre Le Bret lo anterior[35] y en México la siempre bien informada *Cine Mundial* da la noticia de que *Nazarín* ha sido enviada a París[36].

Aun antes de haber visto *Nazarín* (el 23 de marzo), Fevre Le Bret está decidido a exhibirla y comenta a Sirol que "Peut-être que le film de BUNUEL n'a pas un caractère essentiellment mexicaine, mais s'il a —comme on me l'a affirmé de toutes parts— des hautes qualités cinématographiques, il correspond bien à la signification du Festival et nous devons de l'accepter"[37], con lo que expresa un

---

[31] Fotocopia de recorte de prensa sin fecha ni datos. FIF-A 581, B 100.

[32] Lazo: "LC irá a Cannes", *Esto*, 3 de marzo, 1959: 5 B.

[33] Carta de Luis Buñuel a Favre Le Bret, México, D. F., 16 de marzo de 1959. FIF-A.

[34] Carta de Luis Buñuel a Favre Le Bret, México, D. F., 16 de marzo de 1959. FIF-A.

[35] Carta de De Charnisa a Favre Le Bret, México, D. F., 23 de marzo de 1959. FIF-A.

[36] "Sale a Cannes la auténtica 'Nazarín' que concursará", *Cine Mundial*, nº 2207, 31 de marzo, 1959: 13.

[37] Carta de Favre Le Bret a Sirol, París, 23 de marzo de 1959. FIF-A.

criterio de selección diametralmente distinto del que campeaba en el ambiente de los productores-distribuidores mexicanos. Sirol también expresa que

> Je suis entièrement d'accord avec vous pour penser qu'ol est tout a fait souhitable que NAZARIN soit invité en France, encore qu'il n'ait pas un caractère 100% mexicain. Si je vous ai envoyé la petite coupoure de presse soulingnant ce dernier trait, cést seulement pour que vous soyez averti[38].

Los trámites avanzan y Fevre Le Bret envía a Buñuel un telegrama anunciándole: "Comme convenu invitons votre film Cannes Stop Gentillesse faire savoir quand copie arrivera Paris stop Comptons sur votre presence Stop Amicalment Favrelebret Festinterfilm"[39]. Sin embargo, en México los rumores continúan, y Buñuel algo escucha, pues por el mismo medio pregunta: "On dit ici Nazarin refuse festival vous serai reconoissant me confirmer ou rectifier nouvelle amities Bunuel"[40], a lo que Fevre le Bret, contundente, contesta el mismo día: "Nazarin invité par unanimité conseil du festival sera presenté onze mai stop compte sur votre presence stop amitiés. Favrelebret[41]. En México se destaca que Luis Buñuel está ocupado con la filmación en Acapulco de *La fièvre monta a El Pao*, y que no se involucra para nada[42], pero los documentos de archivo nos dan otra información. Así, Buñuel practicaba un mecanismo que había ensayado en 1951 con *Los olvidados* y que habría de serle muy útil poco tiempo después, con motivo de la exhibición de *Viridiana* en el XIV Festival de Cannes, en 1962, en la que obtendría la Palma de Oro: el de los tratos personales con los organizadores del Festival de Cannes.

Hay un tiempo de confusión y noticias diversas y el 22 de marzo todos los medios dan la noticia de que *Nazarín* participará en el Festival y de que Barbachano está feliz porque "las más altas autoridades del mismo lo invitan a participar"[43]. *Excélsior* marca que Barbachano dijo que "con esto [...] se acaban ya los productores cupleteros"[44], e insiste en que hay que hacer cine de calidad como *Raíces* (Alazraki, 1953) y *Torero* (Velo, 1956), que el produjo.

Octavio Alba, desde *Cine Mundial*, con gran beneplácito, declara que "Cannes reaccionó ante el 'cucarachazo'" y es importante porque son los intere-

---

[38] Carta de Sirol a Favre Le Bret, París, 1 de abril de 1959. FIF-A.

[39] Telegrama de Favre Le Bret a Buñuel, París, 24 de marzo de 1959. FIFA.

[40] Telegrama de Buñuel a Favre Le Bret, México, D. F., 24 de abril de 1959.FIFA.

[41] Telegrama de Favre Le Bret a Buñuel, París, 24 de abril de 1959. FIFA.

[42] "Lluvia menuda. Nazarín viaja a París", *Esto*, 15 de marzo, 1959: 5B.

[43] El pajarito indiscreto: "Estrellas, estrellitas y estrellados", *El Universal*, 20 de marzo, 1959: 1ª secc., p. 31.

[44] "Nazarín fue admitida en Cannes. Participará en el concurso, dice Barbachano", *Excélsior. El periódico de la vida Nacional*, año XLII, 19 de marzo, 1959: 4 B.

ses cinematográficos de México, intereses morales y artísticos, que peligraban, pues "podía darse el caso monstruoso de que un insecto se tragara a un gigante". Considera que

> El disparate estaba en que el film que representara a México en una competencia mundial fuera seleccionado por cuatro mercaderes del celuloide animado. Lo lógico sería que un Torres Bodet, un Salvador Novo, un Gorostiza, un Vasconcelos, un Martín Luis Guzmán, un.... lo lógico sería que a una competencia donde no concursa un producto, sino un país entero, el México con todo y su incógnita maravillosa que está en la 'x' (como dijo alguna vez Villaurrutia); lo lógico sería que altos valores del pensamiento, de la creación artística, hubieran visto frente a frente, a "Nazarín" y a "La Cucaracha"[45].

Con esto intenta sacar el tema del lente del nacionalismo para llevarlo a un problema del arte y de la cultura cinematográfica, pero también de la cultura general, cuestionando el tipo de filmes que deben hacerse, ya que "La decisión es: ¿cine humano? ¿cine de calendario?", y lo describe planteando que "Son los dos cuernos del dilema, las dos astas del problema cinematográfico [...] el cine como diversión, como producto de fábrica o el cine como doctrina, como documento de vida, como expresión filosófica", y si siempre es interesante un festival ahora lo es más porque lo que se juega en Cannes son "los dos cuernos de la luna"[46], las dos opciones del cine y "Todo lo indica que [...] Cannes va a significar mucho en el arte cinematográfico... En cierta forma y en la batalla del séptimo arte, va a significar lo que en la Guerra Mundial Número II, llamó Churchill 'el vuelo del destino'"[47].

Por supuesto la revista estará muy atenta al desarrollo del Festival, pues Cannes

> Ocupa el antiguo papel que antes correspondía a La Meca, a donde llegaban todos los peregrinos del mundo para ser absueltos de sus pecados [...] se librarán batallas colosales [...] que puede significar, a pesar de Cannes, por Cannes o contra Cannes un estilo nuevo en el cine mexicano[48].

El festival aparece "como encrucijada del cine... como esperanza... o como desilusión.... o como renovadora afirmación"[49], porque es claro que para estos iniciados en el cine de calidad "[...] Cannes no es la taquilla". De ahí, Alba

---

[45] "Fracaso del cucarachazo en Cannes", *Cine Mundial*, nº 2196, 19 de marzo, 1959: 5.

[46] Puntos suspensivos: "Atención a Cannes...", *Cine Mundial*, nº 2218, 13 de abril, 1959: 6.

[47] Puntos suspensivos: *Cine Mundial*, nº 2236, 2 de mayo de 1959.

[48] Puntos suspensivos: "A Cannes llegamos", *Cine Mundial*, nº 2235, 30 de abril, 1959: 4.

[49] Puntos suspensivos: *Cine Mundial*, nº 2248, 13 de mayo, 1959: 4.

distingue y marca que si bien el fracaso de *La Cucaracha* en ese certamen no lo será para Matouk, Orive, Grovas y Elvira, sí lo será para Ferretis, escritor y alto funcionario, "quien al aprobar 'La Cucaracha' aceptó la plebeyez encarnada en la comisión seleccionadora"[50].

Aterrizaje en Cannes

Una vez decidida en México su selección, en Francia marchan los preparativos, en México se reacomodan las delegaciones, pues en un primer momento se habló de Ferretis para encabezar la mexicana, en la que muchos querían participar, pero ante las nuevas circunstancias el enorme grupo que se organizaba para ir se fue reduciendo. Se desmiente la asistencia de María Félix[51] y de Federico Heuer[52], director del Banco Cinematográfico. Como presidente de la Delegación se designa a Miguel Alemán Velasco y se reciben apoyos de Gustavo Díaz Ordaz, titular de la Secretaría de Gobernación, que quiere fomentar el turismo[53], y se anuncia que la delegación oficial será recibida en París por el ministro Jacques Soustelle[54]. Se difunden ampliamente las reuniones previas, a las que asisten figuras del mundo de la política y del cine alemán. Se inicia un proceso de peticiones desorbitadas, empezando con la demanda precisa de los días de exhibición[55] y se pregunta cómo comprar fuegos de artificio para encender desde un yate en el que se hará la fiesta la noche de la proyección del filme[56]. De ambas solicitudes se recibe respuesta afirmativa. *La Cucaracha* se programa para el viernes 8 de mayo, en *soirée*, a las 21 horas, y *Nazarín*, el lunes 11 de mayo en *matinée*[57]. Procura que toda la delegación se hospede en el Carlton, hotel emblemático del Festival[58], pero ya Favre Le Bret había planteado a su equipo que

> Si je suis flaté que de nombreuses personnalités viennent à CANNES, je suis un peu gêne par la manque de crédits pour considérer tous les Membres inscrits com-

---

[50] Octavio Alba: "Atención a Cannes. 'La Cucaracha' es el fracaso de Ferretis", *Cine Mundial*, nº 2238, 4 mayo, 1959: 12.

[51] Jaime Pericás: "Pequeñeces", *Cine Mundial*, no. 2219, p. 14.

[52] *Cine Mundial*, nº 2219, 14 de abril, 1959: 13.

[53] *Cine Mundial*, nº 2228. 23 abril, 1959: 13

[54] "I. J. Durán. Vísperas del Certamen de Cannes. El embajador francés confía en el éxito de México", *Cine Mundial*, nº 2230, 25 abril, 1959: 4.

[55] Carta a Fevre de Francisco Navarro Carranza, Chargé d'Affaires de Mexique de la embajada de México, 18 de abril 1959. Responde a su carta del día 17. FIFA.

[56] Carta de Sirol a De Rochefort, 14 de abril, 1959. FIFA.

[57] Telegrama de Francisco Navarro a Favre Le Bret, 23 de abril, 1959. FIFA.

[58] Telegrama de Favre Le Bret a Sirol, París, 23 de abril, 59 FIFA 581 / B-100.

me nos hôtes. En effet, d'après le Règlement, le Gouvernement des Pays participants doit se faire representer par un seul Délégue Officiel. Je peut évidemment étendre cette invitation à une ou deux autres personnalités mais pas plus. En ce qui concerne les artistes, ils seront bien entendu nos hôtes mais je en puis prende a ma chargé les producteurs[59].

En México los preparativos son desorbitados. Se pretende hacer una exhibición del vestuario de La Doña en *La Cucaracha*: sus pantalones de charro, las botas mineras hasta la rodilla, la blusa de calicot y las cananas[60], se llevan trajes típicos de charros y chinas para los y las participantes y regalos, como pulseras de plata con motivos mexicanos, que habrán de recibir los funcionarios del Festival, como la señorita Rochefort, secretaria de la oficina de Favre Le Bret[61]. El estilo de "antiguo régimen" para convencer resulta evidente en estos gestos. Para la noche mexicana un avión llevará kilos de barbacoa, carnitas, antojitos y pulque, y los fuegos artificiales serán en tonos de azul. Alemán explica que siempre hay fiestas pero que "ESTA vez será la primera que nuestro celuloide parta plaza en ese sentido"[62], con música, tequila y comida mexicana y las actrices que lucirán trajes típicos[63]. En Francia, efectivamente, causan asombro los mariachis cuando entran tocando al Hotel Carlton[64].

La prensa explica que el traslado y los gastos de la delegación mexicana en Cannes costarán aproximadamente 20.000 dólares (unos 250.000 pesos). "Sin embargo, tal suma es baja en relación con los beneficios que se esperan obtener, ya que esta es una de las mejores inversiones que ha hecho la cinematografía mexicana, al decir del Lic. Federico Heuer, Director del Banco Nacional Cinematográfico". La estratosférica suma es cedida por los productores de las películas que concursarán, las tres distribuidoras oficiales (Películas Nacionales, Películas Mexicanas y CIMEX) que han dado partes iguales, la Asociación de Productores y Distribuidores de Películas Mexicanas y el Banco Cinematográfico[65].

Ante tanta magnificencia sorprende la mezquindad. Aun antes del concurso empiezan los rumores de que hubo soborno para la aceptación de *Nazarín* ("el

[59] Carta de Favre a Sirol, París, 20 de abril. FIF-A 581 / B-100.

[60] Jaime Pericás: "Pequeñeces", *Cine Mundial*, nº 2193, 16 de marzo, 1959: 14.

[61] "I. J. Durán. Vísperas del Certamen de Cannes. El embajador francés confía en el éxito de México", *Cine Mundial*, nº 2230, 25 de abril, 1959: 4.

[62] Jaime Pericás: "Pequeñeces", *Cine Mundial*, nº 2230, 25 de abril, 1959: 14.

[63] "Gran Fiesta mexicana en el Cine-Festival", *Cine Mundial*, nº 2242, 8 de mayo, 1959: 4.

[64] "Sueño mexicano en la Costa Azul". Octavio Alba. "Costa Azul pintada de carne", *Cine Mundial*, nº 2240, 6 de mayo, 1959: 8-9.

[65] "El Ministro de Francia, Jacques Soustelle, recibirá en París al Lic. Miguel Alemán, Jr.", *Cine Mundial*, nº 2230, 25 de abril, 1959: 4.

león cree que todos son de su condición"). *Cine Mundial* da oportuna noticia al respecto y defiende la honestidad del jurado:

> Desde México no se puede hundir ni levantar película alguna de las que compiten en Cannes... Y desde Cannes, con más o menos habilidad diplomática, tampoco se pueden hacer milagros en torno a esa competencia mundial de la Costa Azul Francesa... Pues las películas, en una competencia seria, con jurados de gran autoridad mundial, se defienden en la pantalla [...] Lo demás es una ingenuidad. Pensar en dioses perversos, en fantasmas, en maniobras es una soberana tontería[66].

Después de tantos preparativos, la menguada delegación estuvo formada por Sonia Furió y Ana Luisa Peluffo, que después de ser largamente entrevistadas y fotografiadas en traje de baño se fueron a pasear a París, antes de la exhibición de *Nazarín*, al igual que Raúl de Anda, presidente de la Asociación de Productores Mexicanos, que también abandonó.

> Pésima impresión causó en el Certamen que en el momento en que el Jurado hacía público que 'Nazarín' obtenía el Gran Premio Internacional, no estuviera presente la delegación mexicana. Inclusive su Presidente Don Raúl de Anda, se ausentó del Certamen para pasear por ciudades italianas [...] prefirió marcharse a disfrutar de la pizza en el Trastévere sin esperarse a conocer el fallo final del acreditado jurado de Cannes[67].

Con eso, nos dice gráficamente un autor, "Las piedras del Palacio del festival de Cannes quedarían rojas de vergüenza"[68]. Ismael Rodríguez se quedó para a ver *Nazarín*, pero volvió inmediatamente a México por algo urgente y declaró que "México ha hecho un gran papel en el Festival [...] La fiesta mexicana ha sido la más suntuosa de todo el Certamen Mundial"[69]. Sólo se quedaron a disfrutar de un gozo que, según transmiten las fotografías, fue exultante, Lorena Velázquez, Ariadna Welter, Miguel Alemán, por supuesto, Barbachano y Rita Macedo y Emilio Fernández, vestido de charro y con gran sombrero.

La Cucaracha pasó sin halagos, salvo por parte de los mexicanos, pero *Nazarín* provocó una ovación. La noche del triunfo, Luis Buñuel, en Acapulco, recibió tres telegramas. Uno de Jacques Flaud, director general de Cinematografía, otro de Emilio Fernández, que le escribe: "si no fueras sordo hubieras escu-

---

[66] "Puntos suspensivos. México en Cannes", *Cine Mundial*, nº 2242, 9 de mayo, 1959: 4.

[67] Jaime Pericás: "Pequeñeces", *Cine Mundial*, nº 2251, 17 de mayo, 1959: 14.

[68] Felipe Morales: "Hermoso gesto del Indio y Alemán Jr. Con 'Nazarín'", *Cine Mundial*, nº 2252, 18 de mayo, 1959: 5.

[69] Octavio Alba: "Ismael Rodríguez habla de Cannes", *Cine Mundial*, nº 2249, 14 de mayo, 1959: 4.

chado hasta allá aplausos mundiales 'Nazarín'. Me congratulo ser tu amigo", y el tercero de Barbachano: "Gracias Luis, de todo corazón"[70].

La emoción fue manifiesta de parte de los pocos que estaban presentes. Barbachano aprovechó para destacar que el triunfo era del "cine mexicano" y se mostró feliz[71]. Emilio Fernández, dijo que *Nazarín* era una expresión honda de mexicanidad, por el "impresionante lamento, la angustia telúrica, la sustancia que, por universal, es mexicana" y remitió a la pintura de José Clemente Orozco y a las calaveras mexicanas de José Guadalupe Posada. Miguel Alemán "cumplió con su deber en la Costa azul" y en cuanto se supo del triunfo habló a los periodistas mexicanos dando la buena nueva, contrastando con "La irresponsabilidad de Don Raúl de Anda"[72].

Reacciones en México

Los negocios fluyeron, tal y como había pronosticado *Cine Mundial*, que había escrito que con *La Cucaracha* los productores darían el golpe de taquilla, "pero el golpe económico, que es distinto al cantar de Cannes"[73]. Efectivamente, y la prensa los destaca, así como el papel de Miguel Alemán en Cannes para hacer contactos[74]. Ismael Rodríguez concertó la exhibición de *La Cucaracha* en Europa, en esa "extraordinaria oportunidad para ir abriendo un mercado que había permanecido cerrado a nuestra industria"[75] y menciona el interés de distribuidores escandinavos, italianos y suizos y que con Emilio Tuero S. A. y con Cimex Europa vendió *La Cucaracha* en 34.000 dólares a Italia, en 30.000 a Francia y en 50.000 a Rusia[76]. Se destaca también el viaje de Gabriel Alarcón Jr., de la Cadena de Oro, para recorrer Europa con Miguel Alemán Jr. y hacer negocios[77]. Lazo, del periódico *Esto*, opina, refiriéndose a *La Cucaracha*: "Ése es el camino. Con diez filmes anuales como éste no digo yo si no vamos a extender mercados por el mundo entero"[78].

---

[70] "De Cannes a Acapulco, en donde está Buñuel filmando la Fièvre. Flaud, Indio Barbachano telegrafían a Buñuel", *Cine Mundial*,. nº 2248, 13 de mayo, 1959: 12-13.

[71] "Gran premio Internacional para 'N'.". "Emocionada Rita Macedo lloró", *Cine Mundial*, nº 2250, 16 de mayo, 1959: 5.

[72] Felipe Morales, ob. cit.

[73] Octavio Alba, *Cine Mundial*, nº 2201, 25 de marzo, 1959.

[74] d. m. e., "Indiscreciones de un repórter", *Cinema Repórter*, nº 1091, 17 de junio, 1959: 6.

[75] d. m. e., "Indiscreciones de un repórter", *Cinema Repórter*, nº 1090, 10 de junio, 1959: 6.

[76] Octavio Alba: "Ismael Rodríguez habla de Cannes", *Cine Mundial*, nº 2249, 14 de mayo, 1959: 4.

[77] *Cine Mundial*, nº 2248, 13 de mayo, 1959: 13.

[78] Lazo, Francisco: "Una gran película mexicana. Forma con 'Nazarín' el dueto que participará en Cannes, ambas con muchas posibilidades de éxito", *Esto*, 22 de marzo, 1959: 4 B.

Respecto a *Nazarín* no se mencionan este tipo de cosas. Rodolfo Landa, de la ANDA, comenta que México necesitaba de un premio fuerte para salir de los churros[79], y Tin Tan pone una nota de humor cuando, sonriente, dice: "CREO que si enviaran alguna de las mías podría borrar la buena impresión que dejó 'Nazarín'[80]". Gavaldón, José Rodríguez Granada, del STIC, y Portas destacan el papel de Barbachano[81]. Una parte muy mezquina sale a la luz, con argumentos de que la hispanofobia y el miedo al cine de calidad pesaban más que el orgullo de que una película mexicana hubiera ganado un premio importante, cuando *Cinema Repórter* insiste:

> ¿Qué triunfó rotundamente 'Nazarín' en el Festival de Cannes como la mejor película exhibida? Pues como dice el loquito Valdés ¡no es cierto, no es cierto! Porque esta cinta fue dirigida por Buñuel que es español, e interpretada por Marga López, que es argentina, por Francisco Rabal, español, y para redondear la cosa, el argumento estuvo basado en una conocida obra de Benito Pérez Galdós, también español, para variar... el productor Barbachano es de la República hermana de Yucatán... ¿Entonces, donde está lo 'mexicano' de la película? Ah, dirán ustedes, fue hecha en México, y también trabajaron en ella Gaby Figueroa y Rita Macedo, mexicanos, a no dudar, ¡pero ellos no son la película!... porque fueron meros 'accidentes'[82].

Algunos otros lo manejaban con discreción, diciendo que el triunfo de *Nazarín*:

> Pone un toque de optimismo en el panorama cinematográfico mexicano. Un éxito que todos debemos aplaudir sin apasionamientos ni reservas personales, como ejemplo de voluntad y anhelo de superación que siempre han caracterizado a su realizador. EL QUE LA 'CUCARACHA' no se haya traído ese premio, no quiere decir que no haya estado a la altura de la primera, lo que pasa es que en Europa (en donde nuestra historia de la revolución es remotamente conocida), no se supo dar el valor intrínseco y positivo que tiene para nosotros. NAZARÍN una película para Festival. LA CUCARACHA, para nuestro pueblo[83].

El argumento acentúa la fisura entre cine mexicano y cine para Europa, o cine culto y cine popular. Otros llevan las cualidades de *Nazarín* al pantanoso terreno del nacionalismo, pero desde una mirada nueva, planteando que la película se salva por su carácter "mexicano", como había expresado Emilio

[79] Pericás, Jaime: "Pequeñeces", *Cine Mundial*, nº 2251, 17 de mayo, 1959: 14.
[80] Pericás, Jaime: "Pequeñeces", *Cine Mundial*, nº 2248, 13 de mayo, 1959: 14.
[81] Pericás, Jaime: "Pequeñeces", *Cine Mundial*, nº 2251, 17 de mayo, 1959: 14.
[82] El pajarito gandalla: "Trapitos al sol", *Cinema Repórter*, 17 de mayo, 1959: 9.
[83] d. m. e.: "Indiscreciones de un repórter", *Cinema Repórter*, nº 1091, 17 de junio, 1959: 6.

Fernández en Cannes. Armando Valdés Peza considera que "Sus valores mexicanistas harán enmudecer a quien piense que es un cine extranjerizante"[84]. Algo similar se observa en las declaraciones de Federico Heuer, director del Banco Cinematográfico, del que ya se dijo atrás que considera que la obra más interesante de Buñuel es la realizada en México y valora su triunfo para la industria mexicana, pues "La cinta premiada lo ha sido en su totalidad, incluyendo nuestros paisajes, nuestros estudios, nuestras peculiaridades". Así, *Nazarín* era reconsiderada y ganaba el título de "película mexicana"[85]. Octavio Alba insiste en la importancia del afecto: Buñuel quiere entrañablemente a México, lo cual es compatible con el amor a su España nativa:

> Por querer tanto a México, Buñuel puso toda su pasión en 'Nazarín'. Y nosotros por el mismo motivo pusimos tanta pasión en la obra de Buñuel .Ya en la historia del cine figura 'Nazarín', film mexicano, con trazos imborrables. Por encima de su realizador y artistas. Por encima, estratosféricamente, de quienes alentamos esa producción excepcional, sin ánimos de paisanaje [...] ¿Paisanaje?.... ¿cuál paisanaje? Cada quien es hijo de sus obras. Y la obra grande de Buñuel es México. Y la insignificante tarea de cada día del reportero también es México. Somos de México. Como dijo Cervantes: no donde naces, sino con quien paces....[86].

Es notable lo difícil que resultó en este caso aceptar con gusto un éxito. *Cine Mundial* realiza una encuesta entre la gente del cine y, aunque haya opiniones diversas, ciertamente priman las que tienen doble mensaje y/o muestran escepticismo, incluso regresa el tema de la corrupción. Rita Macedo defiende la legitimidad del premio y la honestidad del jurado:

> Es grotesco más que cómico, hablar de que Barbachano comprara al jurado de Cannes. Por lo visto con un cheque o unas alhajitas cambia su criterio un Jean Cocteau, realizador de *Orfeo*, poeta, escritor, ensayista y dibujante prestigioso, o un Marcel Achard, académico francés y dramaturgo de enorme categoría [...] Es absurdo pensar que podamos los mexicanos comprar el veredicto del jurado de Cannes [...] El premio se lo dieron a 'Nazarín' porque se lo merecía y nada más. También es tonto pensar que nos dieron el premio por atención a la fiesta mexicana que ofrecimos. La verdad es que 'Nazarín' triunfó ruidosamente y demostramos que México puede dar la batalla en cualquier parte[87].

---

[84] Pericás, Jaime: "Pequeñeces", *Cine Mundial*, nº 2248, 13 de mayo, 1959: 14.

[85] *Cine Mundial*, nº 2252, 18 de mayo, 1959: 16.

[86] Alba, Octavio: "Pasión de Buñuel por la pasión de 'Nazarín'", *Cine Mundial*, nº 2251, 17 de mayo, 1959: 5.

[87] "La Macedo refuta necedades sobre Cannes", *Cine Mundial*, nº 2257, 23 de mayo, 1959: 4.

Se discute sobre la participación en los festivales y Roberto Gavaldón, líder de los directores del STPC, declara tener conciencia de las dificultades del cine mexicano para poder hacer cine de calidad, insistiendo en la llave mágica de los premios:

> Hace varios años —podríamos decir seis— no tenemos un film que nos represente dignamente en los concursos internacionales, y cuando vamos, salvo honrosas y excepcionales ocasiones, hacemos el más espantoso de los ridículos, como hemos podido constatar en Cannes y en Venecia. Nuestro cine, debe volver a ocupar el lugar que tenía hace algunos años y a buscar por todos los medios el prestigio que logró con su esfuerzo y su categoría[88].

Para concluir

En la anécdota de la que nos hemos ocupado se ventilan varias cosas de fondo: una primera sería la marca con que el nacionalismo de antiguo cuño limita el desarrollo de la cultura y las artes, derivado de una imagen romántica y alegre de México, asociado a la xenofobia. Observamos la preeminencia de una idea de la nación como expresión de una esencia nacional, antiguo y debatido concepto, y del arte nacional pautado por la estereotipación de esas características. Eisenstein y Emilio Fernández construyeron una imagen fílmica de México y lo mexicano de un enorme lirismo, pero también de un trágico destino. Después de la Segunda Guerra Mundial, con un Hollywood lleno de colores y de musicales, se quiere proponer un mundo alegre, folklórico, que fomente el turismo, un "estilo mexicano" de carácter varonil y bravío que en el cine se traduciría en la alegría de las canciones, el colorido estridente de un país original y exótico para los turistas. *La Cucaracha* sería "muy mexicana", o sea, hecha por mexicanos, pero, además, por ser alegre, colorida, intensa y varonil. La burbuja en que se había encerrado la industria nacional impedía mirar para afuera, aunque mucho se deseara abrir los candados que la encerraban.

El tema plantea también la importancia de la prensa especializada en el debate de las ideas fílmicas. Cabe destacar el papel determinante de *Cine Mundial* y de Octavio Alba como su director. Si la cultura se construye en la constante tensión entre campos interrelacionados, pero que tienen reglas específicas, como lo quiere Pierre Bourdieu, cabe analizar el papel de la prensa en el debate.

Un tercer interés de este asunto es el que discute el papel del cine en la sociedad. ¿Debe de ser un arte o un negocio?, estas características, ¿son acaso excluyentes? Ciertamente las respuestas que se le den a este punto condicionan

[88] *Novedades*, 16 de mayo de 1958. Citado por García Riera (1994: 154).

las políticas culturales del Estado para el cine, la legislación que lo rige, el papel de la exhibición, la importancia dada a los festivales, pero además, implica un aspecto grave: la ética, ausencia de ética, o una ética particular debe de regir al cine, y la discusión afecta la libertad de expresión, la creatividad, el tema de la censura y otras cuestiones importantes.

También en Cannes se discute si cambiar el reglamento para poder rechazar una película si no tiene la calidad requerida, pero se decide continuar con el mecanismo al uso: emplear la persuasión para evitar que se envíe un filme mediocre[89].

Bibliografía

BUÑUEL, Luis (1982): *Mi último suspiro. (Memorias)*. México: Plaza y Janés.

DE LOS REYES, Aurelio (1983): *Cine y sociedad en México. 1896-1936. Vol. I: Vivir de sueños. 1896-1929*. México: IIE/UNAM.

FUENTES, Carlos (1976): "Prólogo". En: Césarman, Fernando: *El ojo de Buñuel. Psicoanálisis desde una butaca*. Barcelona: Anagrama.

GARCÍA RIERA, Emilio (1993): *Historia documental del cine mexicano (1959-1960). Vol. VIII*. México/Guadalajara: Consejo Nacional para la Cultura y las Artes/Imcine/Universidad de Guadalajara/Gobierno de Jalisco.

— (1994): *Historia documental del cine mexicano (1959-1960). Vol. IX*. México/Guadalajara: Consejo Nacional para la Cultura y las Artes/Imcine/Universidad de Guadalajara/ Gobierno de Jalisco.

HEINICH, Nathalie (2010): *Guerre culturelle et art contemporain. Une comparaison franco-américaine*. Paris: Hermann.

TUÑÓN, Julia (2002): "Sergei Eisenstein y Emilio Fernández, constructores fílmicos de México. Los vínculos entre la mirada propia y la ajena". En: *Filmhistoria. Online*, Barcelona, Vol. XII, nº 3, <http://www.pcb.ub.es/filmhistoria>.

— (2003): "Sergei Eisenstein en México. Recuento de una experiencia". En: *Historias*, México: DEH/INAH, nº 55, mayo-agosto, pp. 23-39.

— (2009): "Descubrimiento del 'otro' y reafirmación nacionalista con *María Candelaria* (Fernández, 1943) en Cannes". En: *Historias*, México: DEH/INAH, nº. 74, septiembre-diciembre, pp. 81-97.

Archivos

Archivo de la Cinémateque Francaise, Paris. Fondo FIF-A (Festival International du Film de Cannes-Administration. Nº. 581/ Boite 100/ Carpetas 3/3. 23/09/1958-08/06/1959).

[89] Reunión del consejo de administración del 29 septiembre 1961, p. 3. FIFA 691, B 118.

Revistas y periódicos diarios consultados en la Hemeroteca Nacional de México, D. F.

Cine Mundial. México, D. F. 1959
Cinema Repórter. México, D. F., año XXVII, 1959.
El Universal. México, D. F. 1959.
Esto. México, D. F. 1959.
Excélsior. El periódico de la vida Nacional. México, D. F., año XLII, 1959.
Últimas Noticias. México, D. F., 1959.

Domar a la mujer bravía: Lucha Reyes, Arturo Ripstein y la representación de un ícono nacional[1]

Sergio de la Mora
(University of California, Davis)

El guión de Paz Alicia Garciadiego de una de las películas menos conocidas de Arturo Ripstein, *La reina de la noche* (1994), es un retrato sin elogios de la vida de Lucha Reyes (1906-1944), cantante pionera de la música ranchera. Es una tragedia oscura y operística en cuyo clímax resalta la música de Puccini, "Un bel di" de *Madama Butterfly* en la banda sonora, estableciendo un destino paralelo entre las protagonistas femeninas. Esta primera película que trata la vida, las vicisitudes y el suicidio de la mujer conocida como "la reina del mariachi", se hizo en sintonía con el quincuagésimo aniversario de la muerte de aquella artista de música ranchera legendaria pero extrañamente marginada. Esta película se estrenó anticipadamente entre controversia en la Ciudad de México en julio de 1995, apenas un mes y 50 años tras la muerte de Reyes. En México los cineastas se vieron responsables ante los admiradores de la difunta matriarca de la música ranchera.

Reyes fue la primera mujer en encabezar un mariachi exitosamente. Sus grabaciones le dieron un alcance internacional a la música con mariachi. Enfrentó de cara una industria dominada por los hombres, asumiendo así un género musical conocido por su vigor masculino. El género enérgico favorecía su temperamento. Ella inició un estilo de canto agresivo y desafiante conocido como "canción bravía", que sentó un precedente para la música ranchera y que transformaría el género. Según su biógrafa, Alma Velasco, Reyes "inventó el género del mariachi tal y como lo conocemos en la actualidad." (Velasco 2012:

[1] Mis profundos agradecimientos a nuestros espectaculares anfitriones del simposio de cine mexicano en Eichstätt: Christian Wehr, Friedhelm Schmidt-Welle y Claudia Velázquez-Schobert. Agradezco también a Dolores Inés Casillas, Ana Elena Puga y Zuzana Pick por sus valiosas sugerencias. Le debo las gracias a Ilana Luna por su traducción, que en muchos lugares mejoró el original. Terminé este trabajo cuando estaba becado en el Center for Comparative Studies in Race and Ethnicity, University of Stanford. Esta investigación también recibió el apoyo de UC MEXUS y de University of California, Davis Committee on Research.

contraportada). Sin embargo, Reyes es también una figura polémica por varias razones, incluyendo haberse suicidado (México es, a fin de cuentas, un país católico), por interpretar temas "no propios" para una "mujer decente", y por ser una mujer sexualmente liberada.

Por lo general, el cine de Ripstein es mejor recibido por audiencias fuera de México; con frecuencia sus películas se estrenan en el extranjero antes de en casa, y tienen más éxito comercial allá también. La relación de Ripstein con los espectadores mexicanos es volátil porque él aborda temas consagrados e íconos nacionales. En su reseña de la película, Jorge Ayala Blanco escribe que ésta emana malinchismo. La recepción desigual del decimoctavo largometraje de ficción de Ripstein era de esperarse, ya que tiene una relación reñida con los espectadores mexicanos, notablemente desde fines de la década de los 80, cuando parece haber perdido popularidad entre las audiencias mexicanas. Al estrenarse en el verano de 1995, los críticos y el público mexicanos se desconcertaron ante la degradación ripsteiniana que impregna *La reina de la noche*.

En este ambiente de hedonismo, Lucha Reyes sería casi exclusivamente una figura trágica si no fuera por su lado apasionado y vivaz, que desempeña un papel central al principio de la película. Reyes fue la cantante más popular de rancheras en su época. También fue la primera en ser acompañada por un mariachi que incluyera trompetas (tradicionalmente los conjuntos de mariachi no incluían instrumentos de viento) (Guerezpe/Rodríguez 1994: 1). No obstante, uno nunca percibiría esto en la película, que se centra en su vida privada en vez de en su espectacular carrera en radio, discografía, cine y teatro, una carrera que realmente despega a partir de su estancia en Los Ángeles a principio de la década de 1920.

Hasta la fecha, *La reina de la noche* es el único largometraje basado, libremente, en la biografía de esta importante artista. La representación problemática —y por ende más fascinante— de Reyes plantea cuestiones importantes sobre qué está en juego al abordar la biografía de un ícono nacional venerado, en particular uno tan fundamental para la construcción de la modernidad musical mexicana. La película fue fuertemente criticada en México; se le acusó de denigrar a un ícono nacional y de ser excesivamente melodramática, teatral y grotesca. Las audiencias encontraron particularmente ofensivo el hecho de que se retrató a Reyes de manera patentemente *queer*, notoriamente interpretada con una debilidad tanto por los hombres como por las mujeres. Fuera de México la película recibió críticas más favorables y fue elogiada por su tono trágico y sus actuaciones histriónicas. Fue galardonada por sus actuaciones en el Festival de Cine de La Habana y fue la primera película mexicana en 20 años que participó en la competencia principal del Festival de Cine de Cannes.

Mi intención aquí es enfocarme en la recepción de la película. En particular, con mi propia lectura feminista y *queer* de la vida de Reyes, examinaré la marcada política ideológica que resalta Ripstein en su calidad de *auteur* con su apropiación conservadora y neonacionalista de Lucha Reyes. Desde un principio quiero aclarar que tengo 'problemas' con la película, dada su ideología contradictoriamente conservadora, progresista y neonacionalista, y que estos problemas son legítimos a la luz del legado "ambivalente" de Reyes, es decir, su lugar controversial en la historia cultural y de género del México posrevolucionario.

En el periodo fundamental entre 1988-1994 en el que la industria cinematográfica mexicana fue reestructurada y privatizada, *Como agua para chocolate* (Alfonso Arau, 1991) fue la película de más éxito comercial. En ese mismo periodo, totalmente opuesto en tono y ritmo, *La reina de la noche*, una coproducción mexicana-francesa-estadounidense, tuvo el presupuesto más alto de todas las películas patrocinadas por el IMCINE (Instituto Mexicano de Cinematografía), alrededor de tres millones de dólares. La factura de la película es excelente.

La película tiene como prefacio "Biografía imaginaria de la vida sentimental de Lucha Reyes". Al utilizar la palabra "imaginaria" en su introducción, Garciadiego crea una distancia entre esta mujer de celuloide y la Lucha Reyes real, mientras que el enfoque en su "vida sentimental" explica el énfasis en aspectos emocionales y personales en vez de en su carrera. Otros han discrepado con el prefacio. Naief Yehya dice que cuando un cineasta aborda un sujeto histórico biográfico, tiene la responsabilidad de cómo se narra esa vida. "No me parece válido utilizarla [a Reyes] como gancho referencial para vender un melodramón tremendista o para subvertir, a la antigüita, por medio de la provocación y desmitificación, a una heroína popular" (Yehya 1995: s. p.). Hay una crítica de clase implícita en el ensayo de Yehya que debe ser tomada en cuenta. La acusación implícita es que Ripstein y Garciadiego están fraternizando con el pueblo para su propio beneficio, lo cual plantea cuestiones de poder importantes acerca de cómo está posicionado Ripstein dadas su clase social y etnia judía.

Ambas películas, *Como agua para chocolate* y *La reina de la noche*, comercian directa e indirectamente en las convenciones de mexicanidad; en la primera, basándose en la centralidad de la tradición culinaria de la nación y en la segunda, con el énfasis en la música popular y la figura de la china poblana. Reyes fue conocida por llevar trajes típicos folclóricos mientras interpretaba. Algunos dicen que fue la primera artista femenina en llevar pantalones de charro[2]. El traje charro fue una extensión de su masculinidad: su imagen pública como "mujer bronca, mujer rejega". Ambas películas también se valen de la rica tradición melodramática de México y, asimismo, de géneros específicamente mexicanos, guiones culturales, íconos y sonidos vinculados a la época dorada tanto del cine como de la radio. En este caso, se nota específicamente la estética asociada con

[2] Deborah Vargas me ha contado que la cantante chicana Rita Vidaurri afirmaba que Lucha Reyes fue la primera en llevar el traje charro con pantalón. Véase Vargas (2010).

la música ranchera (los mariachi, el tequila, la cantina, el desnudarse el alma) y, algo menos, el melodrama de prostitución. Sin embargo, a diferencia de *Como agua para chocolate*, *La reina de la noche* reelabora el melodrama nacional para derribarlo, no para revindicar la familia y la maternidad.

Paulo Antonio Paranaguá (1997) nos señala el hecho de que esta película es una biografía poco usual, ya que se construye sobre sólo unas cuántas anécdotas de lo que se sabe y de lo que se especula acerca de la vida y carrera de Reyes. La película es la tercera en la trilogía de suicidio que filmó Ripstein al principio de los años 90 (*Principio y fin*, 1993; *La mujer del puerto*, 1991).

El enfoque cronológico de esta película se limita a tres momentos en la vida y carrera de Reyes: 1939, 1941, 1944, años en los cuales su carrera estaba en la cumbre. (El guión de Garciadiego se abre en 1927 durante la gira alemana, de triste fama, de Reyes con el Cuarteto Anáhuac.) El escenario es una Ciudad de México cosmopolita, llena de cabarets, burdeles, bohemios, artistas, políticos y extranjeros en un ambiente dinámico y decadente, que recuerda al Berlín del periodo de Weimar. La película se rodó en exteriores casi en su totalidad.

El polivalente título sugiere, al nivel de la alta cultura, el famoso personaje de la Reina de la Noche de la ópera *La flauta mágica* de Mozart, que ha producido interpretaciones magistrales de "coloratura" (canto con ornamentación vocal) en un aria notoriamente exigente. A un nivel más popular, el título evoca una cultura nocturna bohemia con la que se asocia a Reyes.

Nace María de la Luz Flores Aceves en 1906 en Guadalajara. Su filiación es incierta; se especula sobre un militar de alto rango y hasta con un gobernador del norte de México. Su familia (un hermano mayor, Rafael Reyes, y su madre soltera, Victoria Aceves) se mudó a la Ciudad de México durante el periodo de la Revolución. Hace su debut profesional alrededor de 1916 o 1917 al ganar una competencia de canto en la carpa de la plaza San Sebastián de la Ciudad de México revolucionaria. Hacia 1920 o 1921, a la edad de 15 años, se muda a Los Ángeles a instancias de su amiga, la cantante y actriz Nancy Torres, y, según dicen, al ser contratada por el conocido actor de teatro Romualdo Tirado. Allí es presentada como "la cantante más joven del mundo" (Guerezpe/Rodríguez 1994: 1). Muchos dicen que salió hacia Los Ángeles para huir de su madre, con quien no se llevaba bien. Se dice también que se casó con el periodista y dramaturgo Gabriel Navarro, que escribía para los periódicos de habla hispana *El Heraldo de México* y *La Opinión*. El matrimonio no duró mucho, y durante ese tiempo Reyes pierde al hijo que esperaba y queda estéril. Reyes regresa a la Ciudad de México y triunfa en los más destacados teatros de la época (Teatro Esperanza Iris, Lírico) donde interviene en los espectáculos populares de variedades conocidos como "teatro de revistas". En 1927 es contratada para una gira por Alemania en la que formó parte del Cuarteto Anáhuac, dirigido por Juan Nepomuceno Torreblanca. Se dice que la gira no sólo fue de poco éxito, sino que se desbanda el grupo en Alemania y que Reyes queda en la miseria allí sin recursos para volver a casa y durante un invierno brutal. Durante este periodo europeo, Reyes queda afónica por un prolongado tiempo; es el último de tres largos periodos de mudez. Según la leyenda, cuando recupera la voz, suena áspera y "rota", y así, tiene que dejar atrás la zarzuela y la opereta, dedicándose exclusivamente a la música popular, dado el auge de la "música nacional". Reyes reaparece en la prensa mexicana hacia 1930, cantando con el Trío Garnica Ascencio; luego, con los Trovadores Tapatíos de Pepe Gutiérrez, y, por fin, como solista en 1933. Su ascenso como principal exponente de un nuevo estilo de cantar rancheras (canción bravía), al final de los años 30, coincide con la institucionalización de la charrería como máxima expresión de mexicanidad en la cultura popular. Ella es la antecesora de cantantes como Lola Beltrán, Amalia Mendoza, Lucha Villa, Astrid Hadad, Ana Gabriel, Eugenia León, Lila Downs y demás.

Sale por primera vez en celuloide en 1937 con la película *Canción del alma* (Chano Urueta), en la cual canta "La mujer rejega", seguida en 1938 por *La tierra del mariachi* (Raúl de Anda), en la que interpreta "Estás como rifle" acompañada por el ahora famoso Mariachi Vargas de Tecalitlán. Reyes hace su debut como actriz (no sólo como cantante) en 1939 con el papel de la soldadera Adela en *Con los Dorados de Villa* (Raúl de Anda). Protagonizada por Pedro Armendáriz, fue una película de notorio éxito de taquilla, especialmente en Estados Unidos. En 1940 hace el papel de la cantinera "La Nena" en *El Zorro de Jalisco* (José Benavides Jr.). Actúa en la comedia ranchera de gran éxito de taquilla *¡Ay Jalisco, no te rajes!* (Joselito Rodríguez, 1941), en la cual canta la canción homónima, que se vuelve un exitazo (tanto su versión como la de su coprotagonista, Jorge Negrete). En 1942 protagoniza el mediometraje de homenaje *¡Qué rechulo es mi Tarzán!* (Max Liszt), que se vale de su popularidad y se refiere al título de una de sus canciones más populares[3]. Su última representación en la pantalla grande es en el melodrama revolucionario de Emilio Fernández *Flor Silvestre* (1943), en el que canta "El Herradero". Muere de una sobredosis de 22 pastillas de Nembutal (barbitúricos) el 25 de junio de 1944, a la edad de 38 años, dejando huérfana a su hija adoptada, María de la Luz Cervantes, y en duelo a su madre, Victoria Aceves.

Curiosamente, muy poco de esa historia profesional aparece en *La reina de la noche*. Para una película sobre una cantatriz, hay muy pocas secuencias musicales y apenas un trío de canciones popularizadas por Reyes, interpretadas aquí por la cantante de *jazz* y *blues* Betsy Pecanins y dobladas a la actuación de

[3] Según he podido averiguar, ya no existen copias de esta película; no he podido localizar ninguno en los archivos de la Cineteca Nacional ni en la Filmoteca de la UNAM.

Patricia Reyes Spíndola, que protagoniza la película[4]. Las tres canciones del repertorio de Reyes que se incluyen son: "Por un amor", "Los Tarzanes" y "La tequilera". La voz de Pecanins no cuadra con la de Reyes ni en timbre ni en vibrato, lo cual crea un efecto disonante. Además, no hay referencia ninguna a la carrera cinematográfica de Reyes. Sin embargo, la omisión más flagrante es la falta de mención de su tremenda fama nacional e internacional, o de cualquier indicio del por qué alcanzó ese estatus legendario. Salvo por una mención breve, hecha por un personaje menor, Oñate (Arturo Alegro), que se supone es el pintor Diego Rivera, tres presentaciones cortas en clubes nocturnos, un ensayo en un teatro grande y vacío y el anuncio de una presentación inminente en la estación de radio XEW (la radio-emisora de más alcance en las Américas, conocida como "la catedral de la radio"[5]), pasaría desapercibida del todo la vida profesional de Reyes. Los cineastas optaron por centrarse en retratarla como un fracaso, una mujer rota y patética, paralizada por su amor obsesivo y por sus deseos frustrados de tener una vida familiar convencional.

La reina de la noche traza progresivamente la existencia abyecta y autodestructiva de Reyes a través de sus relaciones con las tres personas de quizá mayor importancia en su vida: su controladora madre, doña Victoria (Ana Ofelia Murguía); su amiga del alma, la sensual "La Jaira" (basada en la cantante-actriz mexicana Nancy Torres "La Potranquita", interpretada por Blanca Guerra); y el hombre que, según la leyenda, fue el amor de su vida: su agente y esposo Félix "El Negro" Martín Cervantes, renombrado Pedro Calderón (Alberto Estrella) en el filme. En la vida real fue un empresario involucrado en intereses oscuros (narcotráfico) y también llegó a ser copropietario, con Margo Su, del famoso Teatro Blanquita en el centro histórico de México, D. F.

Los tres la traicionan, incluso su propia madre, que la orilla al suicidio razonando que su destino es sufrir y, por lo mismo, estaría mejor muerta: "Tú no naciste para ser feliz, eso es para otros. Así es y así va ser. ¿Hasta cuando vas a seguir rajándote? Haz lo que tienes que hacer". Repetidamente, los críticos han protestado del grado de tormento al cual está sujeto Reyes: traiciones, conflictos con su madre, depresión, alcoholismo. Tanta tragedia se traduce en la

[4] La música original de la película se compuso bajo la dirección de Lucía Álvarez, que trabaja para Ripstein con regularidad. Pecanins interpreta seis canciones compuestas por Álvarez con letra de Paz Alicia Garciadiego. Estas interpretaciones son poderosas, particularmente "Acaso". Según el productor de la película, Jean Michel Lacor, hicieron un *casting* de voz. Estaban buscando: "Una voz que no sea nasal, que venga de las tripas, de adentro, como las cantantes de ópera, que era de donde venía la potencia de la voz de Lucha" (Torres).

[5] Véase la historia compilada por Flores y Escalante (2000).

pantalla en un castigo sin fin. La pobre María de la Luz Flores Aceves merece poca felicidad vista a través de esta oscura óptica judeocristiana.

Para ser justo, un momento de verdadera gloria y honor que concede el equipo Ripstein/Garciadiego a Reyes es la secuencia en la que hace frente a un político homófobo, "El Gato" Linares (Guillermo Gil), que, mientras le apunta a la cabeza con una pistola, insiste en que deje de cantar una de sus canciones más emblemáticas, "Los Tarzanes" —una canción singular que trata las diferencias generacionales expresada a través de una relación madre-hija que discuten sobre un padrote de clase popular que es objeto de deseo de la hija—, porque dice que es una canción de *lilos* (homosexuales). Sin temor, rehúsa ser intimidada por un matón y sigue cantando hasta que éste se retira. Sus actos transgresivos y su estilo de vida (que, en un "mundo de machos", rompen múltiples convenciones sociales) la hacen una modelo a seguir, a pesar de que éste probablemente no haya sido el objetivo de Garciadiego y Ripstein.

Lo que está claro es que, al final de la película, la heroína está reducida a un cadáver. Su suicidio se presenta de manera romántica, con el uso de fondo del aria "Un bel di", que doña Victoria escucha en la radio desde la recámara contigua, desde donde también puede escuchar claramente a su hija agonizante. En la película, la madre quiere que su hija sea cantante de ópera. La famosa aria de Puccini registra lo que Catherine Clément famosamente acuñó como "the undoing of women" (Clément 1999)[6], en la que muchas de las protagonistas de las óperas más famosas del siglo XIX son castigadas por sus transgresiones: "[T] ransgressions of familial rules, political rules, the things at stake in sexual and authoritarian power" (Clément 1999: 10)[7]. Las mujeres son castigadas por no poder representar correctamente los guiones patriarcales. "From the moment these women leave their familiar and ornamental function, they are to end up punished —fallen, abandoned, or dead" (Clément 1999: 7)[8]. Pero la naturaleza insidiosa de la ópera es que la música y el canto seducen al oído. Clément concluye con elocuencia que la ópera es un "spectacle thought up to adore, and also to kill, the feminine character" (Clément 1999: 6)[9]. En el prefacio a la traducción inglesa de Clément, Susan McClary señala que la ópera es "an art form that demands the submission or death of the woman for the sake of na-

---

[6] "La perdición de las mujeres" (trad. IDL).

[7] "Transgresiones de reglas familiares, políticas, todo lo que está en juego en cuanto al poder sexual y autoritario" (trad. IDL).

[8] "Desde el momento en que estas mujeres abandonan su función familiar y ornamental, terminarán castigadas, caídas, abandonadas o muertas" (trad. IDL).

[9] "Un espectáculo concebido para adorar pero también para matar al personaje femenino" (trad. IDL).

rrative closure" (Clément 1999: xi)[10]. Clément, además, subraya lo seductor que es dejarse llevar por la belleza de la música operística que castiga a las mujeres transgresivas, que la ópera es especialmente seductora cuando uno desconoce la lengua en que se canta. La audiencia no tiene que hacerse responsable por disfrutar de ser transportada por el drama operístico. Tal como las heroínas transgresoras de la ópera, Lucha Reyes se comporta como hombre, rehúsa restringirse y, por ende, merece la muerte. Es una de tales mujeres transgresoras, pero no representa un modelo sencillo del deseo femenino.

Sin embargo, mucha de la prensa está empeñada en creer —en las palabras del productor del filme, Jean Michel Lacor— que ella era "incapaz de ser feliz". Dice: "Es uno de los destinos, como Judy Garland, Edith Piaf o Janis Joplin, estas mujeres que se autodestruyen, que no pueden ser felices… Era una tipa muy frágil, incapaz de ser feliz, celosísima, insegura" (Torres). La Reyes ripsteiniana es oscura y pocas veces rebasa lo unidimensional.

Recepción en México y en el exterior

La película no dejó indiferente a sus audiencias. Paranaguá arguye que *La reina de la noche*

> es la puesta en escena más brillante de Ripstein, por el dominio de sus opciones estilísticas, capaces de transformar un melodrama nocturno y resplandeciente en sinónimo de modernidad… [*La reina de la noche*] localiza la corrosión, la autodestrucción, en el mismo corazón de uno de los íconos de la mexicanidad. A escala humana, medidas con el tiempo de una vida, el estancamiento y el subdesarrollo no sugieren satisfacciones nacionalistas, sino toda clase de frustraciones (Paranaguá 1997: 253-254).

En contraste al criterio de Paranaguá, Jorge Ayala Blanco, un crítico no muy fanático de las películas de Ripstein desde su pleito de dominio público a principios de los años 80, la considera "su peor película de mediados de los noventa" (Ayala Blanco 2001: 363), y también un "producto ominoso de cinco sexenios de analfabetismo/malinchismo/autorracismo/corrupción de funcionarios fílmicos, como todo el cine de Ripstein" (Ayala Blanco 2001: 365). Ayala Blanco señala el lugar de privilegio que han gozado los proyectos de Ripstein desde que inició su carrera fílmica a mediados de los años 60, ya que casi siempre han sido apoyados por subsidios del gobierno. Su referencia

[10] "Un arte que exige la sumisión o la muerte de la mujer por el bien del cierre narrativo" (trad. IDL).

al “malinchismo”, al auto-odio nacional y étnico, destaca cuán cargado son los íconos nacionales.

En un artículo del periódico *Uno más uno*, Martha Zuk se preguntaba por qué el público abandonaba la sala antes de que finalizara la película. Así, por ejemplo, el vendedor de boletos de un teatro afirmaba sonrojándose: “Pues es que… es de lesbianas y eso” (Zuk 1995: n. p.). Sin embargo, después de ver la película escribe respecto a las secuencias entre las dos actrices principales:

> ninguna de sus escenas de ‘amor’ es explícita ni mucho menos grotesca o gruesa. Al contrario, están muy bien cuidadas, y además, son muy pocas. Por otro lado, la película está tan bien lograda en todos aspectos, que la verdad esas escenas (y las de amor heterosexual) son lo de menos, porque el resto de verdad vale muchísimo la pena ser visto (Zuk 1995: n. p.)

Es importante notar que para el hombre de la taquilla las escenas lésbicas resultaban incómodas, mientras que para la reportera las representaciones de hetero y homosexualidad eran de buen gusto. Zuk, sin embargo, no se atreve a calificar como lésbicas las escenas eróticas entre mujeres, quizá por discreción o quizá por vergüenza.

Susana López Aranda elogia la destrucción del melodrama mexicano clásico:

> En este filme pues, Arturo Ripstein continúa explorando las entrañas del género cinematográfico nacional por antonomasia, pero su trabajo y el camino elegido, no se dirigen hacia la puesta al día, ni mucho menos hacia el homenaje nostálgico. En este su decimonoveno largometraje, Ripstein a través de la puesta en escena —expresión formal que en *La reina de la noche* alcanza una depuración y un rigor totales— termina por hacer volar los cimientos tradicionales del género, para reconstruirlo y recrearlo desde una perspectiva opuesta y perfectamente personal (López Aranda 1996: 29).

López Aranda subraya el tratamiento iconoclasta de Reyes que hace Ripstein, elogia sus decisiones estilísticas y parece admirar sus cualidades de *auteur*, además de apreciar su diálogo con y subversión del género más rico de México. En este neomelodrama de Garciadiego/Ripstein, la nación, el patriarcado y la Iglesia sufren un ataque frontal (López Aranda 1994a: 13-17).

Por su parte, Susana Cato comenta la dificultad de desentrañar a la verdadera Lucha Reyes de su homóloga imaginaria:

> Hay algo que no embona. Es como si a un rostro bellísimo no le quedara la peluca. Es quizá el tono lúgubre… que sería perfecto si se hablara de una cantante cualquiera hundida en la miseria… O tal vez la necesidad de acordarse de Lucha Reyes

—como un ser intenso y rasposo que lo mismo lloraba que reía a carcajadas— aunque Lucha Reyes no es la que está en la pantalla. O porque para un mexicano es difícil ir a ver una película de Lucha Reyes que no trata sobre ella, a pesar de que sus creadores lo han advertido a los cuatro vientos… Tal vez porque hacía falta haber mostrado los altibajos de Lucha, el esplendor que necesita toda reina (Cato 1995: 71).

En su novela biográfica *Me llaman la Tequilera*, Alma Velasco reitera a lo largo del texto que Reyes no pudo haber estado tan abatida como se la representa en la película. Velasco insiste en que "tiene que haber sentido felicidad mientras cantaba"[11].

David Stratton escribió una reseña elogiosa para *Variety*, aunque advierte que, puesto que la película es tan "deprimente", puede tener una audiencia limitada. "Ripstein has created a fascinating portrait of a remarkable woman… It's a rigorous film that will prove a challenge for auds and will be a tough sell" (Stratton 1994)[12]. Efectivamente, la película nunca consiguió un estreno comercial en los Estados Unidos, ni siquiera en VHS o DVD, aunque sí se transmitió por el canal de cable Cine Latino. Como la mayoría de las películas de Ripstein desde su periodo posclásico (después de 1978), su audiencia en México fue limitada. No obstante, sí generó bastante interés en Europa, notablemente en Francia y España.

En Chile, Carlos Salazar, un crítico del periódico *on line Primera línea* afirma que la película es innecesariamente deprimente, aburrida y lacrimógena:

> Para verse con pañuelo en mano, los más sensibles, o con almohada, los más escépticos… El relato pasa de la pena a la angustia, y del dolor a la agonía, como yendo de la cama al *living*. Reto notable que a Ripstein le sale por la culata, porque nadie puede soportar una vida tan infeliz (Notimex 2001).

No obstante, elogia la actuación de Patricia Reyes Spíndola, sugiriendo que es uno de los aspectos que salvan la película.

El lado oscuro de la china poblana

La reina de la noche es inexorablemente sombría aun en las ocasiones festivas, como en su simulacro de boda improvisada en la que ofició un doble de Diego Rivera. Como reflejo del título, predominan las secuencias nocturnas, a

---

[11] Entrevista con la autora en la Ciudad de México, 21 de marzo de 2011.

[12] "Ripstein ha creado un retrato fascinante de una mujer extraordinaria… Es una película rigorosa que representará un desafío para el público y será poco vendible" (trad. IDL).

baja luz, filmadas en suntuosos tonos café y rojos terrosos por el director de fotografía Bruno de Keyser[13]. Ripstein y Garciadiego privilegian la canción, ahora clásica, "Por un amor", del compositor Gilberto Parras, popularizada por Reyes a principios de los años 40. Se interpreta dos veces en la película: al principio, en la cumbre de su carrera, y hacia el final, cuando su vida personal se está saliendo vertiginosamente del control hacia el alcoholismo y la depresión severa. La letra de esta lenta ranchera sobre el dolor que el amor provoca anuncia su muerte trágica: "Esta vida mejor que se acabe, no es para mí". La canción es análoga a la representación de la vida de Reyes en cuanto que ella está amargada porque sus rachas violentas de celos e inseguridad causan daños irreparables en su matrimonio con Calderón y, poco a poco, la alejan de él, una pérdida que ultimadamente la conduce al suicidio. La segunda vez en que se muestra a Reyes cantando "Por un amor" es durante una secuencia corta de dos minutos. En un solo plano, se ve vestida con el típico traje de china poblana, con una botella de tequila en la mano y sentada en un taburete en medio de un círculo de mariachis. Durante toda la canción la cámara se sitúa a distancia de Reyes y su movimiento dibuja lentamente un círculo, primero hacia la derecha y luego a la izquierda, de casi 360° por encima de los hombros de los mariachis, para enfatizar que está atrapada en un círculo vicioso de celos, alcoholismo y abyección. Su postura está encogida, claramente dolorida y derrotada.

La película culmina con el suicidio de Reyes en una de las secuencias más logradas —en cuanto a forma, fondo e impacto dramático— en toda la extensa obra de Ripstein, siendo éste su decimonoveno largometraje. La última secuencia transcurre en un baño con azulejos en blanco y negro en la casa de su madre, donde Reyes se ha encerrado. Esta secuencia es excepcional porque es una de las únicas tres secuencias del filme rodadas de día e incluye el único primer plano de las dos horas de la película. El vestuario también es importante. Irónicamente destronada, la reina del mariachi está vestida de china poblana, su traje característico, con una hermosa falda negra adornada con lentejuelas plateadas y el águila con la serpiente en el pico (símbolo nacional), una blusa blanca y grandes moños tricolor que ornamentan sus trenzas largas y despeinadas. Vestida así pareciera salida de un calendario ilustrado de Jesús Helguera, como lo han notado los críticos (Cato 1995: 70), salvo que esta china poblana esta demacrada y es completamente abyecta, el opuesto total de la figura femenina idealizada del folclore mexicano. Este ángel negro, como le dice su esposo, toma tequila de la botella y tiene un fuerte deseo de morir.

Reyes manda a su hija adoptiva, Luzma (Alejandra Montoya), a comprar un bote de barbitúricos y más licor. Cuando vuelve Luzma, Reyes le quita la

---

[13] De Keyser fue director de fotografía de *Round Midnight* (Bertrand Tavernier, 1986), película ficticia sobre la carrera de los músicos de jazz Lester Young y Bud Powell.

mercancía, la saca de la casa a pesar de sus fuertes protestas, y se encierra en el baño. Tras vaciar el bote de píldoras fatales en su boca y tomárselas con tequila, se pone a hacer añicos sus discos mientras, en el cuarto de al lado, su madre e hija (que entraron a la casa al regresar doña Victoria de hacer un mandado) escuchan una transmisión en vivo de "Un bel di", un doble recuerdo —del fracaso de Reyes como cantante de ópera ante las esperanzas de su madre— y un símbolo sonoro de su pérdida total de esperanza en el amor y la vida[14]. Ella es, a fin de cuentas, una hija obediente, ya que sigue los consejos de su madre de acabar con su vida en lo que doña Victoria considera un acto de eutanasia, ahorrándole así mayor sufrimiento. Paulatinamente, Reyes pierde el conocimiento, acurrucada en el piso del baño en una posición casi fetal, la cámara hace un lento *travelling* hasta un primer plano de la actriz, que se cubre la cara con la mano, un gesto pequeño pero simbólicamente importante, ya que por fin se le confiere dignidad y respeto a esta mujer revolucionaria que rompió una serie de tabúes y dio a conocer el estilo bravío en toda su pasión y urgencia al género de la canción ranchera. Mientras tanto, en la pista sonora diegética, sube el volumen de "Un bel di". Algunos críticos criticaron el uso de la ópera porque daba una "grandilocuencia bombástica" al tono de la película. Naief Yehya escribe:

> Llama la atención en la cinta de Ripstein el desafortunado uso de la pista sonora en las últimas secuencias. Al inundar aquellas habitaciones ruinosas con ópera, el realizador vuelve a su manía bombástica, a la grandilocuencia que desvía la atención del drama humano para conferirle una mañosa grandeza trágica (Yehya 1995).

La elección de Puccini parece estar dictada por la preferencia de la ópera por encima del mariachi explicitada por Ripstein y por los paralelos entre Madama Butterfly y la biografía de Lucha Reyes. Reyes interpretó supuestamente *Carmen* y *Madama Butterfly* en el inicio de su carrera, antes de dedicarse exclusivamente a la música ranchera.

¿Qué es lo que Ripstein y Garciadiego recuperan para la historia cultural de México y por qué en ese periodo específico de la industria cinematográfica? *La reina de la noche* se aprovecha de la nostalgia por la Época de Oro del cine mexicano y de la cultura popular, la cual es una de las mayores características del "nuevo cine" que emergió en los años 90. En *La reina de la noche*, la mujer bravía es una triste, patética y autodestructiva masoquista, cuya aparente razón de ser es ser castigada perpetuamente hasta autodestruirse. Finalmente su *telos* es

[14] Jorge Miranda señala en las notas a la grabación que Reyes, aparentemente, interpretó canciones de *Madame Butterfly* ya en 1919. Véase Reyes (1988). Otros sugieren que cantaba ópera, incluso la tragedia orientalista de Puccini, durante la famosa gira europea.

suicidarse[15]. En la película se privilegia su vida personal por encima de su vida pública. Las rumoradas atracciones homosexuales de la cantante sobresalen, lo cual, de por sí, es innovador dada la escasez de representación lésbica en el cine mexicano. Reyes se retrata como una mujer frustrantemente necesitada de cariño y dependiente de su (ex) esposo para su felicidad, aun cuando su amiga La Jaira esté dispuesta a distraerla de su duelo.

La bisexualidad de Reyes es profundamente problemática y difícil para las audiencias. Su madre, quien repetidamente la castiga por tener relaciones sexuales con mujeres, la manipula con facilidad. Tanto Reyes como La Jaira son tachadas de "rajonas" por doña Victoria, del verbo "rajar", que significa "abrirse", y que aquí denota cobardía. Doña Victoria llama al deseo de Reyes por otras mujeres "porquerías". La icónica reina del mariachi es imaginada como una mujer fuera de control que ha rebasado numerosas restricciones sociales y que ultimadamente necesita ser domada y castigada por sus transgresiones[16]. El registro trágico de la película entera realza los momentos dirigidos a disciplinar a esta mujer indomable. Mas, como en la obra de Ripstein en general, la zona gris y los múltiples niveles de ambigüedad hacen que este retrato creativo de la vida de Reyes también sea una crítica del ímpetu patriarcal del nacionalismo cultural de los años 30 y 40. La película es así antihomofóbica y a la vez homofóbica, y por lo tanto profundamente inquietante. En los impulsos problemáticos, ambiguos e intensamente contradictorios de *La reina de la noche* también reside su grandeza, creando así una obra sumamente importante para el equipo profesional y sentimental que ha sido nombrado "la pareja más perversa del cine". *La reina de la noche* es fiel a la visión de Ripstein según la cual el arte debe ser convulsivo. Esta polémica película provocó reacciones viscerales de los críticos y las audiencias. Contribuyó a la producción de un discurso público sobre Reyes. Si esta visión oscura de la reina atormentada y disfuncional no provoca que la audiencia se sienta cautivada por esta mujer "imaginaria" y/o si no obliga a las audiencias a crear otra imagen de ella, no sé qué lo haría.

---

[15] En una entrevista, Garciadiego especifica que las semillas del guión eran las escenas que trataban el suicidio de Reyes (López Aranda 1994b: 11). Mientras tanto, en la misma entrevista, Ripstein describe la película como una profecía que se cumple por su propia naturaleza y que no importaba si fuera Reyes o alguien semejante (ibíd.: 12). *La reina de la noche* es la tercera película de la trilogía del suicidio del equipo Ripstein/Garciadiego, tras *La mujer del puerto* (1991) y *Principio y fin* (1993).

[16] En el último cuarto de la película, cuando Reyes y su esposo, Pedro Calderón, ya están separados, doña Victoria le dice a Pedro que su hija es una "borracha y marimacha. ¿Quién la va a controlar?". La respuesta es que ella misma puede controlar a Lucha. No es de sorprenderse, dada la autoridad que tienen las madres sobre sus hijos, particularmente en la cultura mexicana, y las perennes relaciones amargas y conflictivas entre madres e hijos en los guiones de Garciadiego.

Para mí, Reyes es una mujer mucho más complicada de lo que se plasma en el celuloide en *La reina de la noche*. Como intérprete de música popular, expresó formas modernas de ser mujer, retando y expandiendo los límites de lo que constituía el comportamiento apropiado para su género. Olga Nájera Ramírez propone que "women have employed the ranchera to expand that which is deemed culturally appropriate for both men and women"[17] (Nájera Ramírez 2003: 205-206).

En su vida y obra Reyes creó otras maneras de ser mujer, fuera del estereotipo de la mujer mexicana sufrida y de la madre que sacrifica todo por su familia.

A cada quien su Lucha

Mi homenaje a Lucha Reyes es laudatorio y enfatiza sus luchas pioneras hacia la autorrepresentación de las mujeres en el ámbito cultural del espectáculo, históricamente dominado por los hombres y en una sociedad sumamente patriarcal. Ella legitimó espacios dentro de la cultura popular para expresar las preocupaciones de las mujeres, afirmó la agencia de las mujeres y elevó las formas culturales y prácticas pertenecientes a las clases populares, además de articular deseos y placeres homoeróticos. Sus contribuciones a la cultura mexicana ocupan ahora un lugar central en el nacionalismo cultural del país. Así que, en el fondo, el nacionalismo cultural mexicano oficial tiene un filo *queer* y antipatriarcal que ocupa un espacio contradictorio y ambivalente, a la vez opuesto y en consonancia con la cultura hegemónica. Estos aspectos de la cultura mexicana son claramente articulados en *La reina de la noche*. Debido en gran parte a las innovaciones de Lucha Reyes y a su creación del estilo bravío, sus sensibilidades *queer* y las extremadamente diversas recuperaciones de su legado por artistas como Astrid Hadad, Alma Velasco, el equipo de Paz Alicia Garciadiego y Arturo Ripstein, entre otros, ya no escucho ni entiendo las rancheras bajo el dominio exclusivo del privilegio masculino y heterosexual. Ahora comprendo que lo *queer* no está ausente ni marginado del concepto de la mexicanidad ni del periodo clásico de la música popular, aunque todavía sea así en la mayoría de los estudios académicos respecto a la música de esa época. Se genera ansiedad cuando se señala que hay vínculos entre Reyes o, por ejemplo, Pedro Infante y el deseo homoerótico, ya que ella encarna el nacionalismo viril y, por tanto, se presume heterosexual. En una mentalidad homofóbica, un nacionalismo *queer* sería considerado no sólo negativo y defectuoso, sino un oxímoron. Además, guardar secretos respecto a las prácticas no normativas es producto de una sociedad condicionada por la

[17] "Las mujeres han empleado la ranchera para expandir lo que se considera culturalmente apropiado tanto para los hombres como para las mujeres" (trad. IDL).

cultura homofóbica (Hubbs 2004: 133-134). Lo que está en juego al hacer una lectura *queer* de Reyes es mi deseo de minar la intolerancia homofóbica y ver a este personaje polifacético desde un ángulo no heteronormativo.

La vida de Reyes tiene todos los elementos de una leyenda. Mucho de lo que se sabe de su vida es una mezcla de mito y realidad. La información biográfica existente es contradictoria y parece que ella participó activamente en la elaboración de este mito al proveer versiones diferentes de los hechos a la prensa y al no corregir información errónea que circulaba en los medios. Ya que no dejó sucesor encargado de su patrimonio y porque hay poca documentación respecto a muchas áreas de su vida, es probable que siga siendo un desafío enorme para los historiadores ensamblar un retrato completo de su biografía. Aun así, es muy tentador especular y reimaginar su vida. La vida y obra de esta mujer extraordinariamente talentosa pero autodestructiva la hacen una de las figuras más fascinantes de la cultura posrevolucionaria mexicana, a la par con Frida Kahlo, Tina Modotti, Nahui Ollin, Antonieta Rivas Mercado, Nellie Campobello o el transgénero Amelio Robles. Por cierto, un aspecto muy tendencioso y que me atrae mucho mí, es su sexualidad, sus rumoradas aventuras con personas de ambos sexos. Me interesa porque tiene implicaciones mayores en cuanto a cómo se concibe el vínculo entre la homosexualidad, el canon musical mexicano y los íconos de identidad nacional. Sin embargo, parece una tarea poco fructífera tratar de establecer la veracidad de su bisexualidad más allá de lo anecdótico y del chisme, el cual veo como un discurso legítimo. No obstante, para mí esas cuestiones —si importa si ella fue, *de verdad*, bisexual o si acostarse con mujeres fue producto de su consumo excesivo de alcohol que la desinhibía, o si su supuesta promiscuidad bisexual fue resultado de su baja autoestima y su deseo de ser amada— muy poco importan. Aun así estoy profundamente convencido de que lo personal es político. Lo que es para mí indisputable es que las grabaciones, actuaciones en cine y el estilo interpretativo que dio a conocer se prestan fácilmente a la apropiación *queer*. Y, ultimadamente, como lo dice Yvonne Yarbro-Bejarano en su homenaje al ícono *queer* Chavela Vargas, ésta es mi fantasía (Yarbro-Bejarano 1997: 42).

(Traducción Ilana Dann Luna.)

Bibliografía

ÁLVAREZ, Lucía/GARCIADIEGO, Paz Alicia (1994): *La reina de la noche*. México: Milan Entertainment. CD. MID 0025.

AYALA BLANCO, Jorge (2001): *La fugacidad del cine mexicano*. México: Océano.

CATO, Susana (1995): "La reina de la noche". En: *Proceso* 978, pp. 69-71.

CLÉMENT, Catherine (1999): *Opera; or, The Undoing of Women*. Minneapolis: University of Minnesota Press.

FLORES Y ESCALANTE, Jesús (2000): "XEW La catedral de la radio, 70 aniversario" En *Somos*, nº. 191.

GUEREZPE, Agustín/RODRÍGUEZ, Arturo (1994): "Hicieron Historia en el Siglo XX, Lucha Reyes". En: *Excélsior*, 14 de agosto, Sección Espectáculos. Artículo proveniente de los archivos de la Cineteca Nacional.

HUBBS, Nadine (2004): *The Queer Composition of America's Sound: Gay Modernists, American Music, and National Identity*. Berkeley: University of California Press.

LÓPEZ ARANDA, Susana (1994a): "Filmar el tiempo. Arturo Ripstein y Paz Alicia Garciadiego. Primera Parte". En *Dicine*, nº. 58, pp. 13-17.

— (1994b): "Filmar el tiempo. Arturo Ripstein y Paz Alicia Garciadiego. Segunda Parte". En *Dicine,* nº.59, pp. 9-13.

— (1996): "La reina de la noche". En *Dicine*, nº 65-1, p. 29.

NÁJERA-RAMÍREZ, Olga (2003): "Unruly Passions: Poetics, Performance, and Gender in the Ranchera Song". En: Arredondo, Gabriela/Hurtado, Aída/Klahn, Norma/ Nájera-Ramírez, Olga/Zavella, Patricia (eds.): *Chicana Feminisms: A Critical Reader*. Durham: Duke University Press, pp. 184-209.

NOTIMEX, (2001): "*La reina de la noche* debe verse 'con pañuelo en mano', dicen". En *El Universal*, 4 diciembre, s/p.

PARANAGUÁ, Paulo Antonio (1997): *Arturo Ripstein. La espiral de la identidad*. Madrid: Cátedra/Filmoteca Española.

REYES, Lucha (1988): *Lucha Reyes: Sus primeras grabaciones. Alemania 1927, México, 1936*. Asociación Mexicana de Estudios Fonográficos, A.C. LP. AMEF-19.

RIPSTEIN, Arturo (1994): *La reina de la noche*. México: Instituto Mexicano de Cinematografía (DVD).

STRATTON, David (1994): "The Queen of the Night". En: *Variety*, vol. 29, nº. 5.

TORRES, Salvador: "Lucha Reyes, una mujer frágil, insegura e incapaz de ser feliz; Jean Michel Lacor". Sin fecha, sin información de publicación. Artículo proveniente de los archivos de la Cineteca Nacional.

VARGAS, Deborah R. (2010): "Rita's pants: The charro traje and trans-sensuality". En: *Women & Performance: a journal of feminist theory*, vol. 20, nº.1, pp. 3-14.

VELASCO, Alma (2012): *Me llaman la Tequilera*. México: Suma de Letras.

YARBRO-BEJARANO, Yvonne (1997): "Crossing the Border with Chabela Vargas: A Chicana Femme's Tribute". En: Balderston, Daniel/Guy, Donna (eds.): *Sex and Sexuality in Latin America.* New York: New York University Press, pp. 33-43.

YEHYA, Naief (1995): "*La reina de la noche* de Arturo Ripstein". En: *Uno más uno*, vol.19, s. p. Archivo Filmoteca UNAM.

ZUK, Martha (1995): "¿Por qué la gente abandona *La reina de la noche*?". En: *Uno más uno*, 27 de julio, s. p. Archivo Filmoteca UNAM.

Imagi-nación y disemi-nación en Arturo Ripstein. *Tiempo de morir* (México 1965)

Jochen Mecke
(Universität Regensburg)

Imagi-nación

La nación como comunidad imaginada

En su célebre conferencia *Qu'est-ce qu'une nation?* dictada en 1882 en la Sorbona, Ernest Renan, después de haber rechazado la raza, la religión, la tierra y la simple comunidad de intereses como bases de la nación, concluye:

> Una nación es un alma, un principio espiritual. Dos cosas que no forman sino una, a decir verdad, constituyen esta alma, este principio espiritual. Una está en el pasado, la otra en el presente. Una es la posesión en común de un rico legado de recuerdos; la otra es el consentimiento actual, el deseo de vivir juntos, la voluntad de continuar haciendo valer la herencia que se ha recibido indivisa (Renan 1987: 82-86).

Lo que hace falta para construir una nación es, por consiguiente, "un pasado heroico, grandes hombres, la gloria (se entiende, la verdadera), he ahí el capital social sobre el cual se asienta una idea nacional". Sin embargo, la existencia de una nación presupone también "un mismo programa que realizar" en el futuro, el consentimiento, el deseo claramente expresado de continuar la vida común, por eso la existencia de una nación es (perdonadme esta metáfora) un plebiscito cotidiano [...]" (Renan 1987: 82-86).

Este concepto de una nación basada en una herencia y un programa comunes, combinando de esta manera pasado y futuro se opone claramente a una idea esencialista de una nación basada en la idea de la raza[1].

[1] Como es sabido, la conferencia de Renan no es pura teoría, sino también una respuesta concreta a una problemática política heredada de la última contienda que oponía a Francia y Alemania. Después de la pérdida de la guerra de 1870-1871 se trataba de defender el derecho para los alsacianos de escoger libremente el país al que querían pertenecer. El desarrollo de su concepción de la nación se enfrentaba, por consiguiente, con los anhelos alemanes de recuperar definitivamente Alsacia y Lorena, y debía legitimar la inclusión de ambas regiones disputadas entre Alemania y Francia (véase Smith 2000: 11).

De esta base no esencialista de la idea de la nación se pueden deducir dos conclusiones. Primero, que la nación no constituye una necesidad, ya que debe su existencia a un momento histórico, por lo cual puede también desaparecer en cualquier otro momento de la historia. Así, la existencia de una nación no es necesaria sino contingente. Segundo, con su famoso aforismo del plebiscito cotidiano, Renan defiende una idea actualista de la nación, ya que el plebiscito debe repetirse todos los días. En tercer lugar, se puede concluir de lo afirmado anteriormente que la generación de una nación no es una esencia, sino que es más bien el producto de una creación colectiva. Sin embargo, a diferencia de teorías más recientes, como las de Benedict Anderson o Ernest Gellner[2], para Ernest Renan, la nación, a pesar de ser el resultado de una creación, no es menos real, mientras que Benedict Anderson y Ernest Gellner defienden la tesis de que la nación es una comunidad imaginada. Si se puede afirmar que, por un lado, Renan es más radical todavía que Anderson y Gellner porque para él la creación de la nación no es duradera, sino que debe reactualizarse todos los días, cabe constatar, por el otro, que su concepto es más tradicional, ya que para él la nación es una realidad de bulto y no solamente imaginada (Anderson 1991: 5)[3]. Uno de los motivos por los que Anderson considera que la nación es una comunidad imaginada es que incluso los miembros de la más pequeña ciudad no pueden conocerse nunca todos entre ellos y la noción de su comunidad existe en primer término en su cerebro. La razón de esta concepción restrictiva de una comunidad es de origen mediático, ya que Anderson limita la existencia de una colectividad al radio de la comunicación directa, excluyendo de esta manera toda forma de relación a través de medios de comunicación. Para él todas la comunidades que exceden el radio de la comunicación directa o *face-to-face*, no pueden ser más que imaginadas: "In fact, all communities larger than primordial villages of face to face contact (and perhaps even these) are imagined" (Anderson 1991: 6). También la teoría de Ernest Gellner, que comparte con su homólogo americano una concepción constructivista de la nación, atribuye el nacimiento de la nación a motivos mediáticos. Según el autor inglés, la nación es coetánea de la incipiente industrialización, que con sus rasgos característicos, como por ejemplo especialización, homogeneización, codificación y, sobre todo, un comercio y una comunicación suprarregionales, presupone un sistema mediático que sobrepasa la comunicación *face-to-face* (Gellner 1983: 36 s.). Así

[2] Véase Benedict Anderson: *Imagined Communities: Reflections on the Origin and Spread of Nationalism*, de 1983, o *Nations and Nationalism* de Ernest Gellner, publicado en el mismo año.

[3] Para Gellner también la nación es una construcción, en este caso una construcción promovida por el nacionalismo. Así Gellner invierte la relación habitual entre nación y nacionalismo: "Nationalism is not the awakening of nations to self-consciousness: it invents nations where they do not exist" (1989: 119).

que, en las dos teorías más importantes sobre el origen de la nación, el hecho de que la comunicación nacional necesariamente sobrepase el radio del diálogo directo contribuye a una toma en cuenta del papel imprescindible de los medios de comunicación en el nacimiento de la nación. Y para las dos, los medios de comunicación constituyen la base de la invención de la nación. Para decirlo con los términos de Ernest Renan: el "plebiscito cotidiano" necesita medios que lo posibiliten a nivel nacional. Sin embargo, si la nación es una comunidad imaginada basada material y medialmente en los medios de comunicación, se puede presumir que estos medios influyan de una manera considerable en la creación de la identidad nacional.

El estado del espejo y el espejo del Estado

La manera en la que los medios contribuyen al nacimiento de una identidad nacional se puede concretizar con la teoría del estado del espejo de Jacques Lacan. Según el psicoanalista francés, incluso el sujeto individual es imaginado, ya que su identidad nace en un momento de su evolución en el que no dispone de una noción de su unidad. No vamos a entrar aquí en los detalles de la teoría de Lacan. Será suficiente recordar que, según él, la unidad del sujeto nace en un momento entre el sexto y el decimoctavo mes, en el que el niño se "reconoce" con júbilo en una imagen "suya" que descubre en un espejo (Lacan 1981: 90). Las comillas indican que este reconocimiento no es posible en el sentido estricto del término, ya que el niño se percibe, sobre todo, como una agregación de varios miembros, pero no como un conjunto entero, que solamente podría ser observado desde fuera. Así se construye una unidad y totalidad corporal que el pequeño ser humano todavía no puede sentir realmente:

> L'assomption jubilatoire de son image spéculaire par l'être encore plongé dans l'impuissance motrice [...] nous paraîtra dès lors manifester en une situation exemplaire la matrice symbolique où le je se précipite en une forme primordiale, avant qu'il ne s'objective dans la dialectique de l'identification à l'autre et que le lange ne luis restitue dans l'universel sa fonction de sujet (Lacan 1981: 90).

Como el "yo" está constituido de una manera ficticia, su identidad no es real sino, imaginaria (Lacan 1981: 91). Ahora bien, si, por ser debida a un espejo, ya la identidad del sujeto es imaginaria y mediática, la identidad nacional lo debe ser tanto más. De hecho, si transponemos los términos de Lacan a la nación, podemos concluir que ésta es necesariamente el resultado de un "estadio del espejo colectivo", ya que la identidad nacional no puede existir antes de que una nación se reconozca en su imagen especular que los medios de comunicación reflejan. Así, *cada nación es imagi-nación*. Sin embargo, si combinamos las teorías de Anderson y Gellner con la de Lacan, se pone de manifiesto que lo que, según la teoría de Jacques Lacan, es una época pasajera en el desarrollo del individuo, es permanente en la nación, ya que la unidad nacional nunca puede ser una experiencia concreta y real. El estado del espejo se vuelve espejo del Estado nación. Por eso la identidad nacional vivida en lo real siempre es alienada. *Cada nación es alie-nación*[4].

En el caso de México, este carácter constructivista e imaginario de la nación aparece claramente cuando tenemos en cuenta todas las divergencias y fuerzas centrífugas geográficas, étnicas, lingüísticas, sociales a las que los primeros gobiernos posrevolucionarios estaban confrontados, ya que no existían los recursos habituales para la construcción de una nación homogénea[5]. En esta situación problemática, el Estado posrevolucionario mexicano intentó la creación simbólica de una nación unida con la que todos los ciudadanos pudieran identificarse. Concretamente se trataba de constituir una memoria colectiva oficial, poniendo énfasis en los logros de la Revolución, en la desaparición de los conflictos sociales, en el progreso nacional (Montalvo 1985: 33; Parra 1996: 28 s.) y de construir un país imaginario, idealizado y romantizado (C. R. Berg 1995: 13).

---

[4] Es exacto que, según Lacan, también la identidad del sujeto individual es el fruto de una alienación, ya que el "reconocimiento" en el espejo es en realidad al mismo tiempo un "desconocimiento", porque la totalidad del sujeto no puede existir como percepción real, por lo menos no en el momento en el que nace. En la teoría lacaniana esta alienación se manifiesta también en el clivaje del sujeto en el yo idealizado o yo imaginario (en francés el *moi*) por un lado y el yo social (llamado *je* en francés) (véase Lacan 1981: 91 s.). Sin embargo, según el psicoanalista francés, esta identidad imaginaria es solamente un estado en el desarrollo del sujeto que será superado después por el orden de lo simbólico, mientras que, en el caso de la identidad nacional, es endémico.

[5] Es útil recordar aquí que la construcción de una identidad nacional se revelaba muy difícil en el caso del México posrevolucionario, ya que el país carecía de los fundamentos tradicionalmente utilizados para dicho fin. Primero, el problema geográfico. Ya en 1848 México había perdido, después de las guerras con los Estados Unidos, la mitad de su territorio; Segundo, había también un problema lingüístico, porque la concepción de una unidad idiomática amenazaba de fracasar ante la variedad de lenguas habladas en el país. En tercer lugar se impuso un problema étnico, ya que la variedad étnica de los habitantes impedía fundamentar la construcción de la identidad sobre una unidad racial. Hay que añadir a esta lista el problema económico, porque México era demasiado débil para fundar su propia unidad sobre la coherencia económica. A todos estos problemas se añade la imposibilidad de fundar la legitimidad de la nación sobre la tradición, puesto que la Revolución impidió basar la ansiada coherencia nacional sobre una tradición en la que pudieran reconocerse todos los ciudadanos (véase Parra 1996).

Lo simbólico, lo imaginario y lo real

Para realizar estos objetivos se le había concedido un papel importante a la pintura muralista y al cine. La razón por la cual estos medios desempeñaban un papel tan importante en la creación de la nación aparece si tenemos en cuenta el hecho de que son los medios de lo imaginario por excelencia. Porque, si establecemos una relación entre las tres áreas de lo psíquico según Lacan, es decir, lo real, lo imaginario y lo simbólico, con la teoría de los medios de comunicación, como lo ha hecho efectivamente el teórico de los medios Friedrich Kittler, al cine le corresponde lo imaginario. De hecho, según él, los tres órdenes mencionados corresponden a tres tipos de medios de comunicación. Mientras que el cine y los medios visuales técnicos corresponden al orden de lo imaginario (Kittler 1986: 28), lo simbólico puede atribuirse a la imprenta o la "Galaxia Gutenberg". En la perspectiva de Kittler, el libro aparece como el medio de lo simbólico por excelencia, ya que es apto como ningún otro para transformar los acontecimientos aleatorios de la realidad en una estructura que tiene cierto sentido (Kittler 1986: 27). Es menos fácil determinar lo que, en la teoría de Lacan, corresponde a lo real. Pero en nuestro contexto, es suficiente decir que lo real es todo lo que sobrepasa los órdenes de lo imaginario y de lo simbólico. Por esta razón, Kittler le hace corresponder el gramófono, porque este medio es capaz de grabar también todo lo que no tiene un significado, como, por ejemplo, el "ruido" (en el sentido literal e informático) (Kittler 1986: 28)[6]. Sin embargo, la atribución del cine al orden de lo imaginario se revela más importante para un análisis de la relación entre nación e imaginación.

La era de la imagi-nación cinematográfica

A estas razones teóricas para la importancia del cine en el desarrollo de una identidad nacional se añade, en el caso de México, un motivo especial (Hershfield 1999: 81). Ya tradicionalmente, el cine tenía un papel importante en la producción cultural del país. No hay que olvidar que México era la primera cinematografía latinoamericana (Paranaguá 1996: 205-393). Sin embargo, es la tasa elevada de analfabetismo lo que otorga al cine un papel más importante

[6] En efecto, esta última ecuación parece discutible, ya que la película también puede registrar el "ruido" en el sentido que esta palabra tiene en la ciencia de la información. Todos los movimientos de renovación de cine neorrealistas, como el neorrealismo italiano o la Nouvelle Vague francesa, radican en esta posibilidad, tanto como las teorías realistas del cine de un Siegfried Kracauer (1985) o de un André Bazin (1993).

que en otros países (Doremus 2001: 3)[7]. Se añade a esta necesidad puramente pedagógica un motivo suplementario que está relacionado con un cambio técnico importante. De hecho, la verdadera era de la "imagi-nación" empezó realmente en los años 30 gracias a la imposición del cine sonoro, ya que el público mexicano no se contentaba más, como en la era del cine mudo, con producciones europeas o norteamericanas, sino que quería películas en el lenguaje, el tiempo, el espacio y en la cultura del país. De esta manera, el verdadero *boom* del cine mexicano se inicia a principios de los años 30 con las primeras películas sonoras rodadas en México mismo[8]. Gracias a esta evolución, la producción cinematográfica nacional, que era casi inexistente al final de la era del cine mudo (Mora 1982: 25), se recupera, preparando de esta manera la base para el "decenio de oro" entre los años 1937 y 1949 (Mora 1982: 29-51). Es la época en la que el gobierno mexicano subvenciona la tentativa de crear un cine genuinamente nacional, con un estilo propio, identificable y reconocible. Este cine nacional nace en las películas de Emilio "El Indio" Fernández gracias a una transformación de la estética crítica desarrollada por Sergej Eisenstein en *¡Que viva México!* en una estética afirmativa, creando, de esta manera, una nueva identidad mexicana basada en el mito del indio como origen de una nación mestiza. Una de las películas más logradas en este sentido y que contiene ya una especie de concentrado de la estética de Emilio Fernández es quizás *La perla* (México 1945), una adaptación de la novela de John Steinbeck que contiene todos los elementos de la imagi-nación cinematográfica mexicana, es decir: una constelación maniquea de los personajes que opone los indios auténticos, pobres y buenos, a los ricos malos y depravados; una estructura temporal que vuelve en un círculo temporal a la situación inicial de los orígenes; y, sobre todo, una estética que transforma los planos críticos que Sergej Eisenstein había desarrollado en *¡Que viva México!* (México 1931) en una estética afirmativa con la típica reducción de la mímica y de los gestos de los actores confiriéndoles una postura estatuaria y digna, sus imágenes congeladas, etc., pero que contiene al mismo tiempo, gracias a ángulos de cámara poco usuales y estilizaciones, un distanciamiento que demuestra también que las imágenes indigenistas son el resultado de una proyección intercultural[9]. Pero en los años 50 asistimos al

---

[7] Evidentemente esto no quiere decir que la literatura no haya desempeñado un papel importante y primordial en el desarrollo de la identidad nacional, sobre todo en el siglo XIX, como lo prueba el capítulo dedicado a México en el libro de Doris Sommer *Foundational Fictions: The National Romances of Latin America* (1991).

[8] Para la historia de este momento decisivo de la historia del cine mexicano, véase Ayala Blanco (1986 y 1993). También son imprescindibles las obras de referencia de García Riera (1970 y 1971).

[9] Para un análisis más exhaustivo de este momento crucial para la identidad nacional en el cine mexicano, véase Mecke (2004).

declive de esta exitosa receta estética. Así, la producción cinematográfica bajó de 116 películas regulares, es decir, producidas por la STPC en 1958, a 41 en 1963 (Mora 1982: 104). Como en otros países, el motivo del nacimiento de un nuevo cine fue una crisis de la industria cinematográfica que se manifestaba tanto a nivel económico como a nivel estético. En esto, el nuevo cine mexicano de los 60 se parece mucho a otros movimientos renovadores más o menos radicales en Europa, América del Norte y América Latina. Sin embargo, mientras que la Nouvelle Vague realizó su primeras películas fuera del sistema de producción habitual, en México el sistema mismo, concretamente el Sindicato de Trabajadores de la Producción Cinematográfica (STPC), emprendió él mismo la iniciativa y organizó en 1965 y en 1967 dos concursos de cine experimental del que se esperaban nuevas posibilidades estéticas para el cine nacional (Mora 1982: 107-109). Antes se había formado un grupo de críticos cinematográficos independientes que aspiraba a un cine mexicano diferente y que publicó una revista de cine cuyo título, *Nuevo Cine*, ya era todo un programa. Incluso si el grupo formado por Emilio García Riera, José de la Colina, Salvador Elizondo, Carlos Monsiváis y otros pudo publicar solamente siete números de la nueva revista, se había dado una señal para la renovación.

La disemi-nación en Arturo Ripstein. *Tiempo de morir* (México 1965)

Sin embargo, Arturo Ripstein, a pesar de rodar su primera película en 1965, no participó en este primer certamen, del que salió victoriosa la película *La fórmula secreta*, de Rubén Gámez. La película ganadora ilustra muy bien la estrecha relación entre los intentos de crear un nuevo cine en México y los problemas de identidad, ya que trata de varios aspectos de la identidad nacional, una temática que tampoco es ajena a la película que obtuvo la segunda plaza, a saber, *En este pueblo no hay ladrones*, de Alberto Isaac (Paranaguá 1997: 39). Mucho más tarde, en un comentario que se encuentra en la edición de la película en DVD, Ripstein confesó que le había dado vergüenza hacer un filme comercial, mientras que otros jóvenes directores, como Alberto Isaac, se dedicaban a experimentos estéticos vanguardistas (*Tiempo de morir*, 00:26:14 ss.)[10]. Sin embargo, en México, la transformación del campo cultural del cine no se hizo de una manera tan radical como en Francia. El cambio, como lo ha recordado a justo título Emilio García Riera en su *Historia documental del cine mexicano*, no se hizo mediante un "ataque frontal y ciego a las estructuras de producción sino por

[10] Las cifras indican el tiempo real de la película en edición DVD.

métodos indirectos" (García Riera 1969: 155). Pero, para un análisis del funcionamiento de la imagi-nación, *Tiempo de morir* puede ser más interesante que las películas experimentales del concurso, porque justamente por carecer de esta libertad completa característica del cine experimental está más implicada en las obligaciones del cine nacional, lo que permite estudiar la problemática de identidad y sus soluciones estéticas de una manera más nítida.

El género del western

La implicación con cuestiones de identidad nacional aparece claramente en el género impuesto a Arturo Ripstein por el productor de su primera película, que no es otro que su propio padre, Alfredo Ripstein júnior. En principio, el joven Arturo, había escrito su propio guión:

> Yo estaba escribiendo un guión por mi cuenta, en la época en donde todos éramos un poco Antonioni y un poco Chabrol. Era una película de vaqueros, o casi vaqueros, de una familia que se llamaba los Trueba. Los nombres de estos personajes de *Tiempo de morir* eran míos, excepto Juan Sáyago. [...]Lo que pasó es que yo había armado al principio una historia contemporánea. Los Trueba manejaban unos jeeps más o menos destartalados. Era una historia que pasaba, digamos, en los cincuenta, para darle un poco de pasado (Ripstein 1988: 27, 33).

El intento de hacer una película a base de un guión de su mano y la mención de los nombres de Antonioni y Chabrol indican claramente que Ripstein concibe su primera película como perteneciente al movimiento del cine de autores[11]. Incluso si al fin y al cabo el joven director propuso un guión que García Márquez había escrito para el primer concurso[12], y si este guión fue cambiado

---

[11] En otra entrevista reveló el papel de precursor que había tenido para él la Nouvelle Vague y afirmó que su guión, que había confiado a García Márquez, era una especie de plagio de Antonioni-Godard-Truffaut que había provocado la risa del escritor (Eder 1989: 13).

[12] También en este punto se nota la diferencia entre la Nouvelle Vague y el Nuevo Cine Mexicano. Mientras que en un artículo famoso con el título "Une certaine tendance du cinéma français", que parece como un manifiesto de la Nouvelle Vague, François Truffaut fustigaba a algunos autores de guiones como Aurenche y Dubost (Truffaut 1987: 211-229), los autores latinoamericanos como García Márquez, Juan Rulfo, José Emilio Pacheco o Carlos Fuentes mantenían relaciones de trabajo amistosas con los directores del concurso y con el Nuevo Cine Mexicano de los 60 (Paranaguá 1997: 39). Esta relación estrecha se nota también en la película misma, porque en una escena Ripstein muestra a García Márquez como extra, sentado al pie de un monumento. Lo hace de la misma manera en la que los directores de la Nouvelle Vague se inscribían a sí mismos en sus películas (véase *Tiempo de morir* [00:08:08]; véase imagen 1). La inscripción de Emilio García Riera (00:23:44) se puede

después por los productores (véase más abajo), esto no impide la pertenencia de la película de Ripstein a este movimiento más amplio que constituye el nuevo cine mexicano de los años 60[13]. Sin embargo, su padre, Alfredo Ripstein júnior, quien quería ofrecer la ocasión a su hijo de hacer su película, quiso, sin embargo, que ésta tuviera un éxito económico, ya que los *chile-western*, como se llamaba despectivamente a estas adaptaciones latinoamericanas del género norteamericano, solían obtener un cierto éxito económico al lado de los géneros más integrados en la tradición mexicana como el melodrama, la comedia y la comedia ranchera (Paranaguá 1997: 40)[14].

Que los géneros cinematográficos son también asuntos de identidad nacional se muestra cuando tenemos en cuenta que el título *El Charro* del guión original escrito por Gabriel García Márquez se refirió claramente a la llamada charrería, otro género típicamente nacional que solía poner en escena la ganadería criolla (Paranaguá 1997: 41). Así, en vez de una película de autor o una película de género genuinamente mexicano como la charrería, la primera película de Arturo Ripstein debería, por consiguiente, ser un *western*, género típicamente americano, con los rasgos característicos de este género fílmico: la división maniquea de los personajes, la construcción teleológica de la historia, una forma de contar que enfrenta al individuo heroico con la masa de cobar-

---

también interpretar como una referencia al movimiento del Nuevo Cine, pero Ripstein confía también un papel de extra a su padre (00:09:00) y rinde de esta manera homenaje al productor de la película, lo que no es tan conforme con una política de autores y es también ilustrativo de la actitud poco conflictiva de los jóvenes directores respecto al sistema de producción en vigor. Juan Rulfo participaba también en el guión y se ocupó de la redacción de los diálogos (Eder 1989: 14). El guión de García Márquez, que inicialmente llevaba por título *El Charro*, fue finalmente publicado en 1966 con el título de *Tiempo de morir* en la *Revista de Bellas Artes* nº. 9.

[13] Emilio García Riera constata que este movimiento se impuso en su idea más central, es decir, que el director tiene la responsabilidad sobre la película: "Lo más importante de todo es que se confirmó, como la nueva generación de críticos lo afirma con insistencia, que la responsabilidad, en último término, recae sobre el director y sólo sobre él" (García Riera 1969: 156).

[14] La ironía de la historia es que, según lo que Ripstein dice en el libro de entrevistas con Emilio García Riera, su padre había escogido el género del *western* porque "[u]na película de vaqueros tenía en ese momento un mercado en Alemania que permitía, si salía muy muy mal, salvarla gracias al disfraz; podía venderse como una película de cowboys. Curiosamente, la película no se vendió en Alemania entonces, y, irónicamente, hace unos cuantos meses se vendió, finalmente, para Alemania, con un precio mucho mayor del que nunca Alameda Films había tenido como oferta. Es la película más cara vendida por Alameda Films recientemente a Alemania" (Ripstein 1988: 32). Por consiguiente, es la película del autor Ripstein la que permitió vender la (falsa) película de género en Alemania, pero muchos años más tarde.

des, una técnica cinematográfica que opone el hombre en planos detallados al paisaje mostrado en planos anchos, un montaje que sirve para contrastar los buenos y los malos... En suma, recursos muy apropiados para la consecución de unos objetivos determinados: la instauración de una sensación estética y de una ideología del *go west* tan apreciada en Estados Unidos, vencedores en los conflictos que los enfrentaron a su vecino del sur[15]. Además, la elección del género típicamente norteamericano no es gratuita o aleatoria, sino que está íntimamente relacionada con cuestiones de identidad mexicana, ya que, como es consabido, el *western* norteamericano había reservado un papel típico para el mexicano, el papel tradicional del *greaser*, es decir, del bandido feo y malo, mal afeitado y sucio, que manipulaba el cuchillo con una rapidez amenazante en combates sucios (Reyes 1987: 58)[16]. Así, la apuesta de Arturo Ripstein era triple: hacer su primera película sin gran experiencia, una película que tendría que ser muy suya y orientada al cine de autor, e imponer su visión personal mediante el diálogo fructífero con un modelo impuesto que ya traía consigo toda una imagología de la identidad mexicana.

Subversión del argumento y desmitificación del héroe

Después de haber cambiado de título (de *El charro* a *Tiempo de morir*) y de género (de charrería a *western*), *Tiempo de morir* cuenta la historia de Juan Sáyago, un antiguo criador de caballos que regresa a su pueblo después de haber pasado 18 años en la cárcel por haber matado a Raúl Trueba en un duelo provocado por este último.

---

[15] Véase también Coyne (1997).

[16] Por supuesto, había también otros papeles para los mexicanos en los *western* norteamericanos: aparte del *greaser*, el *western* conoce también el papel del campesino pobre, en general la víctima predilecta del *greaser*, y naturalmente, y aquí las cuestiones de género literario corresponden a problemas de género sexual, la señorita fogosa (Woll 1980: 9 s.; Schmidt-Welle 2011: 125-128).

Imagen 1: *Tiempo de morir* 00:08:08

En su pueblo le esperan Pedro y Julián, los hijos de Raúl, que quieren vengar a su padre. En un principio, Juan reacciona con tranquilidad estoica a las permanentes provocaciones y humillaciones de Julián, porque quiere rehacer su vida con Mariana, su único amor, pero al final se resigna y acepta el duelo, en el que mata a Julián en el mismo lugar en el que mató a su padre. Ante el rechazo de batirse también contra el hermano menor de Julián, Juan es asesinado por la espalda por Pedro.

El resumen ya muestra que el argumento se desvía bastante del modelo del *western*. Mientras que el *western* es el género del hombre que toma las riendas de su destino, el falso *western* de Ripstein presenta el retorno de una historia antigua que el hombre no puede cambiar. El pasado parece dominar las acciones, la estructura teleológica del *western* orientado hacia el futuro, la conquista del tiempo y del espacio parece haberse sustituido por un espacio cerrado y un tiempo circular que encarcela a los personajes.

En cuanto al héroe, Ripstein parece jugar con la imagen que tenía el mexicano en los *westerns* norteamericanos de los años 50. Al salir de la cárcel se nos presenta a Juan Sáyago como un criminal sucio, andando en harapos y con una barba de dos días. Sólo faltarían el sombrero y la embriaguez para corresponder perfectamente a la imagen clásica del mexicano de servicio en el *western*.

Imagen 2: *Tiempo de morir* 00:02:32

Sin embargo, el héroe de *Tiempo de morir* se desvía tanto de la iconografía tradicional de los vaqueros norteamericanos como de sus oponentes mexicanos. Esto empieza ya con el hecho de que, excepto en las secuencias finales de la película, Juan, a pesar de ser un jinete excelente, no tiene caballo ni pistola. De hecho, el héroe, o más bien antihéroe, es constantemente insultado, atacado y humillado, un verdadero mártir, sin, por lo tanto, reaccionar como se esperaría de un vaquero. De manera que Ripstein hace descender a su héroe no solamente de su caballo, sino también de su pedestal iconográfico para mostrarlo en una situación de inferioridad permanente respecto a Julián, a quien puede ver solamente en contrapicado.

Imagen 3: *Tiempo de morir* 00:29:39

La tendencia está clara: la concepción del personaje de Sáyago y la técnica de los planos contribuyen a una verdadera desmitificación del héroe del *western*. Además de mostrarnos a un vaquero bastante viejo ya, Ripstein le dota de unas gafas, seña infalible de la debilidad y de la vejez. Y como si esto no fuera suficiente, no son las armas lo que le fascina, sino los relojes. Ripstein repite esta escena antiheróica por excelencia como un *leitmotiv*: muy a menudo, Juan saca lentamente primero sus gafas y después su reloj de bolsillo para mirarlo con admiración, esto sucede también cuando a su lado su amigo Casildo juega a la ruleta rusa con su pistola.

Imagen 4: *Tiempo de morir* 00:11:39

Para colmo de esta desmitificación, el héroe se convierte en verdadero amo de casa, porque, durante su encuentro con Mariana, Juan incluso se dedica a hacer punto, un trabajo considerado típicamente femenino[17].

[17] Sergio de la Mora interpreta esta escena como un ejemplo de la actitud iconoclasta de Ripstein y su intento de esquivar las imágenes clásicas de los sexos. Además, insiste en el carácter destructivo de la actitud machista de los personajes masculinos preocupados por cuestiones del honor (Mora 2006: 106).

Imagen 5: *Tiempo de morir* 00:58:39

Difícilmente se podría ir más lejos en la destrucción sistemática de la iconografía clásica del vaquero como encarnación mítica de la masculinidad, conectando de esta manera la problemática del género cinematográfico con el género sexual, sirviéndose del segundo para subvertir el primero. La destrucción del género fílmico se realiza mediante una subversión del género de la masculinidad: *Gender Trouble is Nation Trouble.*

De esta manera, Arturo Ripstein logra transformar lo que fue inicialmente una imposición por parte de los productores, sobre todo de su padre, en una estrategia estética eficaz. En vez de ser una simple desventaja, el género del *western* norteamericano se convierte en una ventajosa posibilidad estética para desmitificar tanto la iconografía del vaquero norteamericano como la del mexicano típico que solía hacer aparición como bandido sucio en estas películas. Formulado en términos prestados de la teoría de la hipertextualidad según Gérard Genette, Ripstein concibe su película como hipertexto que se sirve del *western* norteamericano como hipotexto con el objetivo de agregarse a él de una manera subversiva e irónica para liberar las imágenes de la mexicanidad tanto de las proyecciones negativas del mexicano criminal de servicio como del vaquero heroico[18]. La recuperación de la identidad pasa por una distorsión sistemática de los temas, acciones y personajes de las proyecciones norteamericanas.

Sin embargo, la subversión de Ripstein no concierne solamente a los personajes y al argumento y no se mantiene en una postura esencialmente negativa, sino que desarrolla su propia estética en una relación agonal con las estéticas del *western* norteamericano y también del cine mexicano nacional.

Personajes estatuarios

En efecto, al mismo tiempo que rechaza obviamente el modelo del *western* norteamericano y a la par sus copias mexicanas, el filme se distancia también del modelo de lo que era, en la famosa década de oro, el cine nacional por antonomasia, o sea, el cine de Emilio Fernández, un director que podía decir de sí mismo sin encontrar protestas "El cine mexicano soy yo" (Tuñón 1988: 75). Esta posición particular de *Tiempo de morir* se nota ya cuando miramos de cerca el estilo de actuación. Pues, al contrario, por ejemplo, de la Nouvelle Vague, que destaca por una dirección libre de los actores, dejándoles la espontaneidad de la expresión para introducir la contingencia de la improvisación y de esta manera la autenticidad del momento efímero en el cine (Douchet 1998; Marie 2005), Ripstein impone a sus actores principales, Marga López y Jorge Martínez de Hoyos en los papeles de Mariana y Juan, una mímica muy reducida. Esta técnica les confiere una rigidez estática muy lejos de toda improvisación, transformándoles en verdaderas estatuas de mármol de sí mismos, como si fueran imágenes congeladas en la película misma.

---

[18] La noción propuesta por Gérard Genette puede, efectivamente, prestarse a confusión, ya que en la teoría de los medios significa generalmente un texto en formato electrónico que contiene los llamados enlaces que remiten el lector a otros textos (Landow 1997). En la terminología de Genette, el hipertexto es un texto que se agrega a otro texto definido como su hipotexto de una forma que no corresponde al comentario (Genette 1992: 13). El hipertexto puede tomar diferentes posturas con respecto al hipotexto y pueden corresponder a subgéneros diferentes como, por ejemplo, el pastiche o la parodia (Genette 1992: 41).

Imagen 6: *Tiempo de morir* 00:13:43

Esta forma de dirección de los actores corresponde al estilo de actuación preferido de Emilio Fernández, que solía imponer a sus actores una actitud estatuaria, acompañada de una mímica y gesticulación reducidas.

Imagen 7: Emilio Fernández. *La perla*

De esta manera confería más dignidad a los indios representados en la pantalla, figuras emblemáticas y míticas de la nueva identidad nacional, sobre todo, si tenemos en cuenta otra particularidad del estilo de Fernández: las tomas en plano contrapicado que hacían aparecer a los indios como estatuas sobrehumanas vistas desde abajo.

Imagen 8: Emilio Fernández. *La perla*

Sin embargo, en *Tiempo de morir*, Ripstein surte un efecto completamente diferente con esta técnica, porque en el contexto del argumento la reducción mímica muestra que Juan y Mariana, después de tantos años de separación, son incapaces de comunicar sus sentimientos[19]. La carencia de expresividad mímica muestra que están como subyugados a un pasado que ha enterrado toda espontaneidad de expresión bajo 18 años de incomunicación.

De esta manera, Ripstein deconstruye tanto los heteroestereotipos de los *westerns* norteamericanos como las imágenes estetizantes de Fernández y su operador, Figueroa, tan características de los intentos de crear un cine nacional basado en la idea del indio como mito de los orígenes de la nación mexicana (Monsiváis 1976: 306). La diferencia no puede ser más grande. Mientras que la misma técnica de actuación indica, en el cine de la década dorada, un pasado mítico de los orígenes de México que les confiere un origen y una identidad nacional digna, en Ripstein sugiere más bien la incapacidad de los personajes de liberarse de un pasado que pesa como una amenaza sobre ellos. Al mismo tiempo, los planos

[19] En su entrevista con Emilio García Riera, Arturo Ripstein ha evocado esta frialdad del primer encuentro entre los antiguos amantes explicándolo en parte con la timidez de un joven e inexperimentado director (Ripstein 1988: 31). Sin embargo, a pesar de este motivo personal el estilo estatuario de la actuación tiene un significado objetivo e independiente de esta falta de experiencia en la película.

largos sobre personajes cuyas caras están desprovistas de mímica expresiva y que mantienen una postura estatuaria suprimen de los cuerpos un significado bien determinado y deja al espectador la libertad de la interpretación.

Espacio vacío y larga duración

Una preocupación parecida por vaciar la pantalla se nota en la presentación del espacio. Ya la primera secuencia de la película nos muestra un paisaje árido y desolado, en el que Juan Sáyago parece perderse.

Imagen 9: *Tiempo de morir* 00:01:43

Más significantes aún son los planos que muestran una ciudad despoblada y casi desierta. Las calles vacías y las casas deshabitadas refuerzan la impresión de desolación y también del carácter anacrónico del lugar[20]. Ahora bien,

[20] En la entrevista ya mencionada, Ripstein insiste repetidas veces en este carácter particular del pueblo: "Éste es un pueblo prácticamente deshabitado, está habitado sólo por un comisario, un farmacéutico y dos pretensos vengadores de su honor, una mujer que espera y un hombre que de repente aparece, y unos cuantos pobladores más que siempre se están yendo" (Ripstein 1988: 34).

tal como vacía el espacio de personajes, Ripstein desinfla el tiempo de acciones. De hecho, excepto las provocaciones de Julián, el duelo final y algunas tentativas emprendidas para impedir el duelo, casi no hay acontecimientos en la película. Este rasgo produce una impresión temporal paradójica, porque el tiempo narrativo de la acción del *western* es rápido y crea un suspense dirigido hacia el final. En un comentario, Ripstein habla también de esta estructura algo contradictoria de esta película que se expande entre la urgencia de la acción y el tiempo lento de la duración:

> La historia se desarrolla en tres o cuatro días, no pasa más que eso. Todos tienen una urgencia de terminar con el asunto que fueron a hacer: Juan Sáyago, de instalar nuevamente la casa semiderruida, en la que en algún momento vivió con su madre, y de reanudar su relación con Mariana Sampedro, los hijos de Trueba, de acabar con la vida de este hombre, y han esperado durante 8 años para lograrlo. No obstante, los invade un ritmo rural, un ritmo rural determinado por un diálogo extraño que detiene toda la acción de la ansiedad (Ripstein 1988: 34).

Por cierto, esta estructura temporal es también debida al argumento general que relata los intentos de evitar un duelo inminente entre Juan y Julián, ya que el guión de García Márquez contiene una tensión entre, por un lado, el tiempo de la acción dirigida hacia un porvenir abierto y un tiempo ya clausurado de un pasado que se va a repetir, una estructura que el autor colombiano utilizaría años después para su relato *Crónica de una muerte anunciada* (1981). Sin embargo, también en el caso de un argumento determinado por la tentativas de impedir un peligro inminente, deberíamos por lo menos encontrar un suspense específico de este tipo de películas como es el caso, por ejemplo, del *western High Noon* de Fred Zinnemann (EE. UU., 1952). No obstante, esta forma particular de participación que se suele encontrar en el *western* o en el *film noir* o *thriller* nunca se establece en *Tiempo de morir*. En cambio, Ripstein parece dedicarse enteramente a representar escenas de la vida cotidiana con toda su banalidad y trivialidad, exactamente al contrario del tiempo de la acción tan caro al *western*. En este sentido, la escena en la que Mariana y Juan hacen punto es emblemática. Por cierto, para ellos esto es al mismo tiempo una utopía, porque juegan a ser el matrimonio que nunca han sido y nunca serán. Así, Juan le dice claramente a un amigo: "Mi desquite no es con ellos [es decir con los hijos de Raúl, el hombre al que ha matado, J. M.], sino con 18 años perdidos" (*Tiempo de morir* 00:11:39). Además, el tiempo lento se explica también por la actitud del personaje principal, Juan Sáyago, un hombre que ha pasado 18 años en la cárcel y que se ha acostumbrado a disponer de todo su tiempo como lo explica Ripstein mismo:

> En ese momento encontré que ver a un personaje en esa situación, haciendo muy pausadamente las cosas que ha hecho durante 18 años en la cárcel, o sea, repitiendo sus mismas rutinas, producía una cierta tensión dentro del ánimo del personaje, y, necesariamente, también en el ánimo del espectador. Ahora, el ejemplo, desde la óptica del cine de la hegemonía, que es el que ha determinado cómo tiene que hacerse el cine del mundo, eso siempre fue visto como cine lento y gélido (Ripstein 1988: 37).

Pero Ripstein va más lejos de esta probabilización y desarrolla una estética del vacío en la dimensión temporal, en este sentido un poco parecida a las preocupaciones de Antonioni[21]. Así, cuando vemos varias veces a Juan cómo saca sus gafas del estuche, las pone lentamente, saca después su reloj de su bolsa, para ver qué hora es, y al verle reparar con paciencia su reloj, presenciamos una actitud que no le caracteriza únicamente a él, sino a la película entera, que parece estar obsesionada por el paso del tiempo. En varias escenas se observa el reloj de pie en la casa de Mariana. Ripstein pone de relieve esta importancia con planos sobre el péndulo

Imagen 10: *Tiempo de morir* 00:15:40

[21] De hecho Ripstein menciona explícitamente a Antonioni para explicar sus motivos para optar por esta estética del tiempo lento que contradice un poco la rapidez de la acción en el *western* (Ripstein 1988: 27, 37).

y también por un primer plano acústico sobre el tictac del reloj, respectivamente por el aumento del sonido, que parece cubrir los otros ruidos de la casa. Aquí se produce un desfase entre, por un lado, el punto de vista o de la perspectiva de la cámara —llamado el punto de la "ocularización" en la terminología propuesta por François Jost— y el punto de la "auricularización" por el otro (Gaudreault/Jost 1990: 131). Además de romper con la ilusión cinematográfica, esta discrepancia entre imagen y sonido sirve para plasmar la obsesión con este tiempo rápido y amenazante que es característico para Juan. De esta manera, la escena codifica también una focalización interna que permite al espectador participar a las sensaciones de los personajes. También en la mitad de la película, en la secuencia en la que Mariana saca la antigua pistola de Juan de su bolsa, la banda sonora presenta en un primer plano acústico el tictac del reloj. Como el primer plano acústico no corresponde del todo con los planos de la banda-imagen, el reloj nunca podría ser escuchado de una manera tan fuerte en la habitación donde se encuentra Mariana en este momento; el sonido del tictac significa también el curso inexorable del tiempo mismo, sobre todo porque el ritmo del reloj se acelera y aumenta su volumen cuando Mariana saca el revólver de la bolsa. Esta secuencia constituye una puesta en abismo del tratamiento del tiempo por Ripstein, ya que éste se despega de la historia para llegar a ser una forma visible y tangible que, finalmente, se transforma en algo independiente en sí, en la obsesión principal de Juan y de la película entera.

Una estética de la imagen-tiempo

No obstante, el tiempo no funciona solamente en el nivel simbólico como obsesión de los personajes, lo que se explicaría por el tema del "tiempo de morir". En realidad, y esto es un efecto contrario a la lógica dramática sugerido por el título muy próximo al *western*, la película conforma una noción del tiempo muy diferente de la teleología clásica del *western*. Gracias a la reducción de la acción ya mencionada, la película pasa —según la terminología de Gilles Deleuze— de la "imagen-movimiento", que representa una acción como movimiento en el espacio, a la "imagen-tiempo", que representa el curso del tiempo mismo (Deleuze 1985: 54). Con esta insistencia en el tiempo cotidiano y desprovisto de acciones, *Tiempo de morir* se inscribe en la continuidad del tiempo, exactamente en el polo opuesto del *western*, que obedece meramente a una estética de la imagen-movimiento y de la imagen-acción. Esta estética del tiempo se ve reforzada todavía por la particularidad quizás más llamativa del estilo de Ripstein en esta película: su preferencia por el plano-secuencia[22]. En vez de descomponer la continuidad de una secuencia en una serie de planos acoplados por el montaje, como es el caso en el *western*, pero también en Emilio Fernández, mueve la cámara en panorámicas y travelín bastante largos, a veces filmados cámara en mano (imágenes 11a, 11b, 11c).

Imagen 11a

[22] También para esta técnica, Ripstein ha confesado la influencia de la teoría y el cine vanguardistas que dominaban en los años 60: "[...] lo que yo pretendía era hacer shots largos, planos largos, siguiendo una teoría de cine que tenía muy bien resuelta en ese momento" (Ripstein 1988: 36).

Imagen 11b

Imagen 11c

Así, en la escena del primer encuentro con Juan, Marga López atraviesa varias habitaciones seguida siempre por la cámara sin que la continuidad del plano sea interrumpida por un solo corte, lo que, además de constituir un logro técnico para un debutante en el cine y la belleza estética propia del plano-secuencia, este procedimiento produce la impresión de continuidad de un tiempo y de un espacio en los que el espectador está incluido y en el que participa. La cámara en mano refuerza la impresión del espectador de formar parte de la acción. Y la descomposición del espacio en varios planos opone el efecto de la profundidad de campo que permite al espectador descubrir él mismo el espacio como, por ejemplo, en la escena en la que Juan se encuentra en la taberna del pueblo[23].

Imagen 12: *Tiempo de morir* 00:09:18

[23] De hecho, Ripstein afirma que no ha utilizado las lentes necesarias para dar una profundidad del campo real. Sin embargo, el efecto de la profundidad de campo es resultado de la elección sistemática de los planos largos: "Yo pretendía resolver las secuencias en planos largos, no en planos cortos; no buscaba un corte breve de escenas" (Ripstein 1988: 36).

La tendencia de todas estas técnicas consiste en romper con un cine de la ilusión cinematográfica y de lo simbólico para desarrollar un cine de lo real que pueda aprovechar la capacidad específica del cine de registrar automáticamente la realidad sin pasarla por el filtro del sentido o del significado, un cine que permite captar algún momento auténtico de la realidad[24]. En la entrevista ya citada, Ripstein advierte que esta opción estética, que se debe también a la influencia de la vertiente neorrealista de los nuevos cines europeos de los 60, servía para la desmitificación del cine tradicional. En su respuesta, Ripstein se acerca mucho a la teoría que André Bazin, el gran inspirador de la Nouvelle Vague, ha desarrollado en su célebre artículo "L'Évolution du langage cinematographique" (Bazin 1993: 63-80).

> Vaya, la idea era el cine de la realidad, el cine más cercano a una experiencia inmediata. Era el cine que perseguía a los personajes, captándolos en sus momentos de descuido. La cámara en mano ilustraba esa idea; yo no sé si realmente era muy correcta, pero era una idea común en ese momento. Técnicamente se le había quitado el tripié a la cámara. Las cámaras se habían vuelto más pequeñas, más móviles, se podían cargar con la mano, cosa que no pasaba antes, y entonces se encontró que se podía corretear a los personajes, capturarlos sorpresivamente, y esto daba la impresión de hacer un cine que se parecía más a la vida. Había una especie de necesidad de desalienación en ese momento, nos preocupábamos mucho por hacer un cine que desmitificara una serie de situaciones [...] (Ripstein 1988: 33; los subrayados son míos, J. M.).

Sin embargo, además de desmitificar el cine clásico, las técnicas mencionadas se inscriben también en la problemática de la identidad nacional esbozada más arriba.

El tiempo del nacer

¿Qué puede bien significar la estética particular centrada en la continuidad del momento presente en el contexto de la historia del cine y de la problemática nacional? En el contexto de la historia del cine *Tiempo de morir* ocupa una posición bastante ambigua: por un lado, la película funciona como un cine de lo simbólico y de lo imaginario, incluso si es de manera negativa. Estamos lejos de las actitudes iconoclastas de la Nouvelle Vague, que introdujo la contingencia, la espontaneidad y la autenticidad de lo real en el cine. No obstante, gracias a la reducción de la acción, la predilección por la profundidad del campo y la

---

[24] Es claro que esta tendencia contradice un poco la otra que acabamos de analizar, es decir, la configuración simbólica de un cierto significado por las imágenes como era el caso del simbolismo de los relojes ya mencionado.

continuidad del plano-secuencia, en suma, gracias a su estética de la imagen-tiempo, Ripstein logra introducir en su película la duración de una realidad más allá de lo simbólico. Esta estética de la duración y de lo real le permite también desarrollar una tercera vía entre, por un lado, la construcción teleológica y orientada hacia el futuro de la "nación como narración" que es típica del cine norteamericano, es decir, un cine que busca la identidad de la nación en un futuro mejor dedicado a la *pursuit of happiness*, y, por el otro, la temporalidad arqueológica del cine mexicano de la década dorada, que busca la identidad nacional en un mítico origen indio que servía como base de la identidad mestiza. Gracias a la estética de la duración, del plano-secuencia y de la imagen-tiempo, Ripstein puede rechazar a la vez el fundamento teleológico orientado hacia el futuro del *western* norteamericano y la orientación arqueológica y orientada hacia un pasado mítico del cine indigenista. De hecho, al mismo tiempo que Juan comprende que no puede sustraerse a este pasado histórico que es también su futuro, porque se ve forzado a repetirlo, él descubre que es la duración del momento presente, el tiempo de lo real, del momento vivido —y no el tiempo de lo simbólico o imaginario— lo que le permite recuperar el tiempo perdido en el pasado y realizar su identidad fuera de las proyecciones e imposiciones de sus enemigos y amigos. Asimismo, la película descubre el momento en su duración larga como posibilidad de evitar una copia del modelo del *western* y, al mismo tiempo, una vuelta a los modelos del cine de identidad mexicana inspirado en el mito del indigenismo.

Bibliografía

ANDERSON, Benedict [1983] (1991): *Imaginied Communities: Reflections on the Origin and Spread of Nationalism*. London: Verso.

AYALA BLANCO, Jorge [1974] (1986): *La búsqueda del cine mexicano: 1968-1972)*. México: Posada.

— (1993): *La aventura del cine mexicano: en la época de oro y después*. México: Grijalbo.

BAZIN, André (1993): *Qu'est-ce que le cinéma?* Paris: Cerf.

COYNE, Michael (1997): *The Crowded Prairie: American National Identity in the Hollywood Western*. London/New York: Tauris.

DELEUZE, Gilles (1985): *Cinéma 2: L'Image-Temps*. Paris: Minuit.

DOREMUS, Anne T. (2001): *Culture, Politics, and Nacional Identity in Mexican Literature and Film: 1929-1952*. New York *et al.*: Lang.

DOUCHET, Jean (1998): *Nouvelle Vague*. Paris: Hazan.

EDER, Klaus *et al.* (eds.) (1989): *Arturo Ripstein: Texte und Materialien zu Werkschau Arturo Ripstein*. München: Filmfest München.

GARCÍA MÁRQUEZ, Gabriel (1966): "Tiempo de morir". En: *Revista de Bellas Artes*, nº. 9, mayo-junio, pp. 21-59.

GARCÍA RIERA, Emilio/MACOTELA, Fernando (1984): *La guía del cine mexicano: De la pantalla grande a la televisión*. México: Patria.

GARCÍA RIERA, Fernando (1969): *Historia documental del cine mexicano. Tomo IX: 1964*. Guadalajara: Universidad de Guadalajara.

— (1970): *Historia documental del cine mexicano. Tomo II: 1941-1944*. Guadalajara: Universidad de Guadalajara.

— (1971): *Historia documental del cine mexicano. Tomo III: 1945-1948*. Guadalajara: Universidad de Guadalajara.

GAUDREAULT, Andre/JOST, François (1990): *Cinéma et récit II. Le Récit cinématographique*. Paris: Nathan.

GELLNER, Ernest [1983] (1989): *Nations and Nationalism*. Ithaca: Cornell University Press.

GENETTE, Gérard (1992): *Palimpsestes. La Littérature au second degré*. Paris: Seuil.

HERSHFIELD, Joanne (1999): "Race and Ethnicity in the Classical Cinema". En: Hershfield, Joanne/Maciel, David R. (eds.): *Mexico's Cinema. A Century of Film and Fimmakers*. Wilmington: Scholarly Resources, pp. 81-100.

KING, John (1991): *Magical Reels: A History of Cinema in Latin America*. London: Verso.

KING, Linda (1994): *Roots of Identity: Language and Literacy in México*. Stanford: Stanford University Press.

KITTLER, Friedrich (1986): *Grammophon. Film. Typewriter*. Berlin: Brinkmann & Bose.

KNIGHT, Alan (1990): "Racism, Revolution, and Indigenismo: Mexico 1920-1940", En: Graham, Richard (ed.): *The Idea of Race in Latin America, 1870-1940*. Austin: University of Texas Press.

KRACAUER, Siegfried (1985): *Theorie des Films: die Errettung der äußeren Wirklichkeit*. Frankfurt: Suhrkamp.

LACAN, Jacques [1949] (1981): "Le stade du miroir comme formateur de la fonction du Je telle que'elle nous est révélée dans l'expérience psychoanalytique". En: *Ecrits I*. Paris: Editions du Seuil (Coll. Points), pp. 89-97.

LANDOW, George P. (1997): *Hypertext 2.0: The Convergence of Contemporary Critical Theory and. Technology*. Baltimore: Johns Hopkins University Press.

MARIE, Michel (2005): *La Nouvelle Vague*. Paris: Armand Colin.

MECKE, Jochen (2004): "Escenas de identidad: Construcciones interculturales e intermediales de una comunidad imaginaria en el cine mexicano". En: Berg, Walter Bruno (ed.), *Imágenes en vuelo, textos en fuga. Identidad y alteridad en el contexto de los géneros y los medios de comunicación*. Frankfurt/Madrid: Iberoamericana/Vervuert, pp. 277-308.

MONSIVÁIS, Carlos (1976): "Notas sobre la cultura mexicana en el siglo XX". En: *Historia general de México*, Vol. IV. México: El Colegio de México, pp. 303-476.

— (1992): "Mythologies". En: *Sous la direction de Paranaguá, Paulo Antonio: Le Cinéma méxicain*. Paris: Centre Pompidou, pp. 143-153.

MONTALVO, Enrique (1985): *El nacionalismo contra la nación*. México: Grijalbo.

MORA, Carl J. (1982): *Mexican Cinema: Reflections of a Society 1896-1988*. Berkeley: University of California Press.

MORA, Sergio de la (2006): *Cinemachismo: Masculinities and Sexuality in Mexican Film*. Austin: University of Texas Press.

PARANAGUÁ, Paulo Antonio (1997): *Arturo Ripstein*. Madrid: Cátedra.

PARRA, Max (1996): "El nacionalismo y el mito de 'Lo Mexicano' en Octavio Paz y José Revueltas". En: *Confluencia: Revista hispánica de cultura y literatura* 12,1, pp. 28-37.

PÉREZ MONTFORT, Ricardo (1994): "Indigenismo, hispanismo y panamericanismo en la cultura popular mexicana de 1920 a 1940". En: Blancarte Roberto (ed.): *Cultura e identidad nacional*. Consejo Nacional para la Cultura y las Artes, pp. 343-383.

RAMÍREZ BERG, Charles (1995): "The Cinematic Invention of México: The Poetics and Politics of the Fernández-Figueroa-Style". En: Noriega Charles A./ Ricci Steven (eds.): *The Mexican Cinema Project*. Los Angeles: UCLA Film and Television Archive, pp. 13-24.

RENAN, Ernest [1882] (1987): *¿Qué es una nación? Cartas a Strauss*. Estudio preliminar de Blas Guerrero. Madrid: Alianza.

REYES, Aurelio de los (1987): *Medio siglo del cine mexicano (1896-1947)*. México: Trillas.

RIPSTEIN, Arturo (2007): *Tiempo de morir* [México 1965]. Alameda Films, DVD; Distribución México, Guadalupe: Séptimo arte.

— (1988): *Arturo Ripstein habla de su cine con Emilio García Riera*. Guadalajara: Universidad de Guadalajara.

SCHMIDT-WELLE, Friedhelm (2011): *Mexiko als Metapher*. Berlin: edition tranvia.

SMITH, Anthony D. (2000): *The Nation in History: Historiographical Debates About Ethnicity and Nationalism*. Hanover: Brandeis University Press.

SOMMER, Doris (1991): *Foundational Fictions. The National Romances of Latin America*. Berkeley *et al.*: University of California Press.

STEINBECK, John [1947] (2000): *The Pearl. With drawings by José Clemente Orozco*. London: Pinguin Books.

TRUFFAUT, François (1987): *Le plaisir des yeux*. Paris: Flammarion.

TUÑÓN, Julia (1988): *En su propio espejo. Entrevista con Emilio 'El Indio' Fernández*. México: UNAM (Colección Correspondencia).

WOLL, Allen L. (1980): *The Latin Image in American Film*. Los Angeles: University of California.

Visualizaciones del deseo homosexual en *El lugar sin límites* de Arturo Ripstein

Dieter Ingenschay
(Humboldt-Universität Berlin)

Introducción: el film y su contexto específico

Con las 37 películas que ha dirigido desde 1970 hasta hoy, entre ellas *El naufragio de la calle Providencia* (1971), *El lugar sin límites* (1977), *La seducción* (1980), *Carnaval de Sodoma* (2006), a Arturo Ripstein se le considera como uno de los más importantes directores del cine latinoamericano de las últimas décadas. Se ha centrado, según Catherine Grant, "casi exclusivamente en la adaptación de obras literarias famosas de escritores de aquel continente" (2002: 253). Entre ellas destacan sus versiones fílmicas de 'grandes' novelas latinoamericanas: *El coronel no tiene quién le escriba*, basada en la famosa obra de García Márquez, con la actuación encantadora de Marisa Paredes; *El otro*, adaptación de la novela *El impostor* de Silvina Ocampo; y de *El lugar sin límites*, versión cinematográfica de la novela homónima del novelista chileno José Donoso (de 1966). Tanto la novela como la película son ejemplos tempranos de tematización de formas del deseo homosexual de manera explícita y crítica.

La transposición de la obra donosiana a la pantalla nos lleva, antes de todo, a tres aspectos específicos en relación con el texto literario de base y a su autor: 1. Algunos críticos consideran a Donoso como un "escritor fílmico" y esta obra suya como "novela-film", como lo indica el título de un artículo de Claudia Cabezón Doty (2008: 91-106). Contra esta perspectiva quisiera destacar las diferencias 'esenciales' entre la narrativa y la visualización cinemática. 2. La transposición práctica de la novela al film se hizo gracias a un guión de Manuel Puig quien, sin embargo, retiró, antes del estreno, su nombre de los títulos de crédito. Catherine Grant, un poco harta de la clásica pregunta hermeutizante alrededor de la transposición de la novela en la película (*novel into film*), propone mirar el triángulo creativo de Donoso-Puig-Ripstein (y además de otros escritores mexicanos como José Emilio Pacheco). Pero en el momento de la publicación de su artículo, en 2002, no tenía acceso al manuscrito del guión de Puig. Sin embargo, éste llegó después a manos de José Amícola, de forma que disponemos de informaciones muy precisas en relación a la realización del final de la película que, de hecho, no sigue el guión de Puig (Amícola 2006: 21-36).

Se puede suponer que el trato del tema tabuizado de la homosexualidad es el motivo decisivo de este cambio; tendremos que volver a esta cuestión. 3. Suponiendo que fuese así, no carece de interés que la temática de la homosexualidad (vivida, esta vez, por el mismo Donoso) llegó a desencadenar una discusión intensa al nivel biográfico y receptivo que se dio a conocer en Chile como el 'caso Donoso', consecuencia de una publicación del crítico estadounidense Julio Ortega (en el periódico *La Tercera de Chile*) sobre los 'papeles de Donoso' ("Donoso papers"). Entre aquellos papeles, que el mismo Donoso había vendido a la Universidad de Iowa en 1996, poco tiempo antes de su muerte, y que sigue custodiándolos, aparece un cuento que, con el lirismo característico de cierta literarización de un deseo supuestamente prohibido, juntamente con una correspondencia reveladora de Donoso con un joven nombrado José Miguel, testimonios que Julio Ortega describe con evidencias hermenéuticas, como la eclosión de un deseo homoerótico (Nater 2006: 123-140). Ante la imposibilidad de refutar esta interpretación con argumentos firmes, parte del público chileno calificó la publicación como sensacionalista. El cineasta Silvio Caiozzi, por ejemplo, con quien Donoso había colaborado intensamente, planteó (en el periódico *La Cuarta* del 7 de junio de 2003): "Es una vergüenza que los chilenos se preocupen por la supuesta homosexualidad de un gran escritor"[1]. Caiozzi tiene toda la razón: la sexualidad de un autor carece de interés, pero el choque general de esta constatación y la consecuente chismografía dentro de una sociedad y muchos de sus intelectuales sí que me parecen reveladores, tanto más que se repitió, años después, con la publicación de las cartas en parte 'lésbicamente amorosas' de Gabriela Mistral a Doris Dana. En mi interpretación de la película de Ripstein, ésta me sirve también para argumentar contra los intentos masivos de achicar el tema homosexual en Donoso o —peor aún— de condenarlo.

El lugar sin límites, el sexto largometraje de Ripstein, se estrenó en el 1977 con cierto éxito que hoy en día parece más bien histórico; se otorgó un Ariel de Oro al director y el Premio Especial del Jurado del Festival de San Sebastián. Actúan Roberto Cobo en el papel de La Manuela, Ana Martín como La Japonesita y Gonzalo Vega como Pancho Vega. Grant explica los detalles de la relación de Ripstein con el Nuevo Cine Mexicano (Cazals, Leduc, Fons, Hermosillo...) y Natalia Taccetta apunta el hecho de que Ripstein logró "imponer" *su El lugar sin límites* "en medio de la estandarización" del cine mexicano iniciado por el presidente López Portillo y su recorte de los medios financieros del Banco Cinematográfico (2013).

[1] Cit. en Nater (2006).

La "historia"

La historia, en breves palabras, es la de Manuel González, "La Manuela", un travesti que llega un día al prostíbulo de El Olivo, una modesta aldea donde lo recibe La Japonesa, dueña del establecimiento. Cuando el pueblo elige senador al cacique regional don Alejo, éste organiza la fiesta en el bar del burdel. En un momento dado, don Alejo y La Japonesa conciertan una apuesta muy particular: apuestan que La Japonesa logrará (o no) seducir a La Manuela y que los dos brindaran a don Alejo y a los hombres un acto sexual. Ansiosa de tener su propia casa y un hogar fijo en su vida tan poco estable —siendo la casa, propiedad del cacique, el objeto de la apuesta—, La Japonesa convence a La Manuela para hacer un esfuerzo, y lo logran. Una vez terminada esta parte de la historia (que se muestra en un *flash-back*), y de vuelta al nivel temporal principal, es decir, unos veinte años más tarde, La Manuela sigue viviendo en la casa del burdel con las demás ocupantes. Falleció La Japonesa, pero con La Manuela vive ahora La Japonesita, una hija que les había nacido de aquella noche de la apuesta.

Entre los chavales del pueblo destaca Pancho Vega, un chico listo y fuerte que se fue a la ciudad como pequeño empresario, propietario de un camión rojo comprado con un crédito de don Alejo. Hoy está casado, y su cuñado Octavio le obliga a devolver a don Alejo el dinero prestado. Liberados de la deuda, los dos van al burdel, donde Pancho liga con La Japonesita hasta que pregunta por La Manuela, su padre. Aunque, al inicio, La Manuela prefiere esconderse (por el miedo y a la vez la atracción que siente hacia Pancho), vence su temor, aparece en la casa, vestida de rojo al estilo de una bailarina de flamenco, y empieza un baile erótico. Al final, invita a Pancho a participar en su baile. Cuando La Manuela se pone a seducir a Pancho con un largo e intenso beso, éste, avergonzado, se da cuenta de la ofensa a su virilidad que implica la situación, sobre todo ante su machista cuñado. Mientras La Manuela sale huyendo, los dos hombres la persiguen con el camión, la encuentran en un rincón abandonado y la matan; los dos asesinos huyen, mientras que don Alejo piensa en informar a la policía.

¿Novela fílmica, película narrativa?

Claudia Cabezón despliega las múltiples colaboraciones de Donoso con cineastas como el mencionado Silvio Caiozzi y la influencia de Antonioni en textos tan cercanos a técnicas cinematográficas como *El jardín de al lado* o *La desesperanza*. Advierte, además, que la latinoamericanística de hoy día "no puede seguir con esta posición purista y binarista (discurso literario vs. discurso fílmico) y, simplemente, desentenderse de la clara interacción entre la literatura y el cine", sino que tiene que tener en cuenta "la aparición de una 'escritura fílmica' y una 'cinematografía literaria'" (Cabezón Doty 2008: 92). ¿Quién no estaría de acuerdo con esta constatación?, pero a la vez tengo que prevenir de la existencia de 'falsos amigos' en este contexto. Gracias a su estructura dialogada, la famosa novela de Manuel Puig *El beso de la mujer araña* fue considerado como texto cinematográfico, pero, de hecho, no lo es en absoluto. Tampoco el texto donosiano corresponde de manera alguna a las exigencias de un guión, al contrario, carece de indicaciones descriptivas y trabaja con los principios de la evocación y de la connotación (en vez de la denotación explícita). La piedra de toque de la 'representación' del *gender trouble*, de la perturbación de géneros que pone en marcha, es el lenguaje altamente literario en el que se juega con la expresión gramatical de las identidades sexuales. En la película, La Manuela también puede hablar de sí misma en la forma gramatical femenina, aunque La Japonesita la llame 'padre', pero no se puede encontrar un equivalente cinematográfico de las ambivalencias lingüísticas (y otras). El carácter 'unívoco' de la imagen filmada impide la transposición de pasajes clave como el siguiente (donde la pelea final y el siguiente homicidio aparecen como un sacrificio colectivo):

> Octavio, o quizás fuera Pancho el primero, azotándolo con los puños... tal vez no fueron ellos sino otros hombres que penetraron la mora y lo encontraron y se lanzaron sobre él y lo patearon y le pegaron y lo retorcieron, jadeando sobre él, los cuerpos calientes retorciéndose sobre la Manuela que ya no podía gritar, los cuerpos pesados, rígidos, los tres una sola masa viscosa retorciéndose como un animal fantástico de tres cabezas y múltiples extremidades heridas e hirientes, unidos los tres por el vómito y el calor y el dolor allí en el pasto, buscando quién es el culpable, castigándolo, castigándola, castigándose deleitados hasta en el fondo de la confusión dolorosa, el cuerpo endeble de la Manuela que ya no resiste, quiebra bajo el peso, yo no puede ni aullar de dolor, bocas calientes, manos calientes, cuerpos babientos y duros hiriendo el suyo y que ríen y que insultan y que buscan romper y quebrar y destrozar y reconocer ese monstruo de tres cuerpos retorciéndose, hasta que ya no queda nada y la Manuela apenas ve, apenas oye, apenas siente, ve, no, no ve, y ellos se escabullen a través de la mora y queda ella sola junto al río que la separa de las viñas donde don Alejo espera benevolente (Donoso 1987: 132).

Con su tono patético, sus repeticiones, incluso sus rimas interiores, el texto juega virtuosamente el teclado de un idioma poético, cerca del poema en prosa, y también abstracto que se exime por completo de la transposición en imágenes cinematográficas. "Language has lost its grammar, genders have lost their grammar", comenta Ben Sifuentes Jáuregui (1997: 44-64) con referencia al uso especial de las formas femeninas que sólo en parte se pueden transferir al medio fílmico. La película, por su parte, desarrolla redes propias (tanto denotativas como connotativas) para dotar a su producto de una estética visual de la que

el medio escrito no puede disponer. Un ejemplo muy simple, pero llamativo en este sentido es el empleo de colores en la visualización de la película. En comparación con la descripción del camión de Pancho en la novela ("Que tuviera cuidado porque su camión andaba por ahí, su camión ñato, colorado, con doble llanta en las ruedas traseras"), la visualización renuncia a ciertos detalles, pero entrega el objeto en la forma directa, cruda, inequívoca y concreta de una imagen dominada por la masa intensamente roja y amenazante del auto.

El carácter llamativo del color rojo se intensifica durante el film para formar un *leitmotiv* central. Pocos minutos después del primer plano del camión rojo, cuando Pancho aparece por primera vez, viste una camiseta roja. En la próxima escena, en el dormitorio de La Manuela y su hija, se nota un vestido rojo en una percha, y cuando se levanta, La Manuela se pone su pantalón rojo, después de un primer plano de su cara, poniéndose su *rouge* en los labios. Una de las tareas centrales de La Manuela parece ser arreglar este vestido rojo que Pancho había destrozado con sus "manotas", el mismo vestido que atrae la atención al final del film, en la escena del baile español —según Amícola un momento culminante de la película— en la que los movimientos de la falda del vestido rojo realizan los bamboleos de la capa del torero —el 'baile español' cita una imagen muy precisa y prototípicamente española del combate taurino—.

Natalia Taccetta interpreta la importancia del color rojo como un "condimento melodramático" y lo compara en esta perspectiva con la música "hiperemotiva" (2013: 5) del film ("Falsaria", "Cartas marcadas", "Perfume de gardenia", "Mambo nº. 5" y, al final, la decisiva "Leyenda del beso"). Melodramáticos o no, el uso de sonido e imagen son recursos de una estética compleja que acompaña la preparación de la catástrofe.

Diferente al color rojo del vestido del "baile del beso", el cual La Manuela lleva durante su primera actuación, recién llegado a El Olivo, cuando baila delante de don Alejo, es un vestido negro, aunque también de tipo españolizado, decorado solamente con una rosa roja. Durante el *flash-back* (del que este baile forma parte), el negro como color significante de la seducción reaparece por lo menos dos veces más: cuando La Manuela, caída en el lago, se quita la ropa —volveré a esta escena—, aparece semidesnuda con un liguero negro que deja sus nalgas descubiertas. Y en el acto de la seducción de La Manuela, La Japonesa también está en corpiño y bragas negras. Así, la película construye redes isotópicas significativas más allá de lo que el texto menciona. (Elegí a propósito ejemplos aparentemente banales, obvios para sustituir los conceptos de una novela fílmica y una película narrativa por el enfoque especial de los procedimientos propios a ambos medios.)

La sexualidad y su *performance*

La película renuncia a la voz de un narrador y despliega su historia únicamente a través de los polílogos de los personajes (y las imágenes), una tarea particular para Manuel Puig, encomendado con la creación del guión en septiembre de 1976. Ripstein había conocido a Puig, según la "crónica de una adaptación" de Catherine Grant, en los círculos intelectuales de México, D. F., donde el joven autor argentino residió a mediados de los años 60. Grant supone que, con Puig, Ripstein quería ganar una voz auténticamente homosexual para esta película. Pero la cooperación no resultó exitosa y, al final, Ripstein hace un balance negativo: "Fue muy desagradable trabajar con Puig"[2].

Suzanne Jill Levine comenta el conflicto a base de algunas entrevistas a Puig y de lo que él le había contado, que, al inicio, el autor argentino tuvo dudas sobre la realización del guión por Ripstein, pero vio que al final La Manuela tenía la dimensión humana que Donoso le había dado[3]. Cuando José Amícola tuvo la posibilidad de leer el manuscrito, que está en manos de los herederos de Puig, pudo confirmar las especulaciones alrededor del motivo por el cual Puig retiró su nombre de los títulos de crédito. Puig propuso que al final los perros del cacique don Alejo despedazaran a los asesinos machos del protagonista 'maricón'[4], mientras que en la versión realizada, los dos asesinos suben a su camión y se van. Así, Puig quería que se penalizara el crimen homófobo, el asesinato cruel de un homosexual/travesti 'afeminado'. En cuanto al motivo de Ripstein para eliminar la acción de los perros, Amícola supone que previó el proceso de censura y prefirió un fin menos sórdido.

Tanto la novela como la película podemos situarlas en el contexto del incipiente movimiento de liberación (homo) sexual. La novela (de 1966) es anterior al movimiento estudiantil de 1968, anterior también al famoso "motín de Stonewall" (Stonewall Riot), y anterior a la *Historia de la sexualidad* de Michel Foucault. Ésta es contemporánea a la película (de 1977), que, por su parte, es anterior a la posición crítica más apta para el análisis de la 'perturbación genérica' decisiva del protagonista tal y como la encontramos en los escritos de Judith Butler. En su libro *Gender Trouble* (1990) y algunas publicaciones siguientes, despliega la diferencia entre sexo y género (*sex* y *gender*) y su tesis de la construcción de los géneros y, por ende, de su carácter performativo.

La referencia a Butler se impone porque, de hecho, La Manuela parece anticipar el grueso de las ideas de la crítica norteamericana. La Manuela representa la femineidad particular de su ambiente y la *performa* con maquillaje, vestidos

[2] Cf. Suzanne Jill Levine, en Grant (2002: 258).

[3] Levine, cit. en Grant (2002: 256).

[4] folio 7 del manuscrito, en Amícola (2006: 29).

llamativos y el uso obstinado de la forma gramaticalmente femenina cuando habla de sí misma. Mientras Molina (en *El beso de la mujer araña* de Puig) logra seducir al hombre macho, a La Manuela la seduce, en la primera escena clave, la mujer, La Japonesa. En la escena de la realización del acto sexual, diferentes aspectos llaman la atención (tanto en la novela como en la película). En primer lugar, la constelación de las respectivas personas y sus deseos. En el acto sexual entre La Japonesa y La Manuela, la mujer 'genética' toma el papel activo y se encuentra 'encima de él'; se insinúa que es ella quien se introduce su pene. Detrás de la feminidad encarnada por La Manuela quedan las evidencias de la atribución masculina dentro de un sistema binario y heteronormativo. Su hija, La Japonesita, con la que vive durante años, es la única persona que cae en apóstrofes 'masculinos', llamándole 'padre' a La Manuela. Pero, para completar la dimensión de la perturbación de géneros, La Manuela dispone de ciertos aspectos no tan femeninos como otras figuras travestis de la ficción; por ejemplo, tiene pelo en el pecho, músculos más bien viriles y no utiliza una de las llamativas pelucas que suelen decorar a los travestis del *demi-monde* homosexualizado latinoamericano.

El autor y crítico cubano Servero Sarduy dedicó un análisis lacaniano a la constelación particular del deseo implícita en esta escena de la novela (1969). Sarduy comenta que La Japonesa desea a un hombre que —por su parte— quiere ser mujer y que por esto tiene que pretender asumir un papel masculino que no le conviene para lograrlo. La Manuela se compromete con La Japonesa cuando ésta actúa de hombre en la posición 'superior' y se solidariza con su estado de mujer a la vez. Pero con Lacan (para quien no hay un acto sexual entre hombre y mujer, sino sexo fálico o castrado —véanse seminarios XVII y XX—), podríamos postular que a pesar de su identidad, a pesar de su comportamiento, La Manuela 'tiene falo'.

Uno de los pasajes que aluden al 'poder masculino' de La Manuela gana una función clave en la versión fílmica. Cuando, al inicio del *flash back*, antes de la apuesta de don Alejo, La Manuela acompaña a los hombres que van paseándose, borrachos, por el pueblo, los chavales empujan a La Manuela, que cae al agua. Al salir, tiene que quitarse la ropa, y los chicos descubren el tamaño impresionante del miembro de La Manuela, de Manuel González:

> Uno de los hombres trató de mear a La Manuela, que pudo esquivar el arco de la orina. Don Alejo le dio un empujón, y el hombre, maldiciendo, cayó en el agua, donde se unió durante un instante con los bailes de La Manuela. Cuando por fin les dieron la mano para que ambos subieran a la orilla todos se asombraron ante la anatomía de La Manuela.
> —¡Qué burro...!
> —Mira que está bien armado...

—Psstt, si éste no parece maricón.
—Que no te vean las mujeres, que se van a enamorar.
La Manuela, tiritando, contestó con una carcajada.
—Si este aparato no me sirve nada más que para hacer pipí (Donoso 1987; 80 s.).

Sifuentes Jáuregui nota que La Manuela se impone como varón gracias al tamaño de su pene[5], de forma que la misma Manuela contribuye a la confirmación de un sistema machista heteronormativo. Sifuentes destaca que La Japonesa, al inicio de la larga escena de seducción (o violación, según algunos), cuchichea frases como "somos amigas", se 'solidariza' con La Manuela, pintando el acto siguiente además de un carácter lésbico. En su interpretación de la novela, la intensa escena de seducción ("La escena de sexo entre la Japonesa Grande y la Manuela es una de las más eróticas y explícitas de la literatura latinoamericana"[6]), se refleja en la (per)versión particular de los hombres heterosexuales que les miran, en su voyeurismo. La película, sin embargo, muestra sólo a don Alejo, bajando la cabeza y yéndose —aparentemente ha visto lo que no quería creer—. Sifuentes acusa al grueso de la literatura crítica de un empleo imprudente del término 'homosexual', ya que La Manuela es, para él, un travesti, y —consciente de las investigaciones sobre el travestismo de Marjorie Garber— subraya que esto no debe significar 'homosexual'.

Aunque cada denominación de comportamientos sexuales conlleva el peligro de esencialismos, podemos definir el deseo que acompaña e incita las acciones de La Manuela como un deseo dirigido a varones, así que me permito llamarlo un deseo homosexual. Sin embargo, la advertencia de Sifuentes me parece pertinente cuando se piensa en interpretaciones esencialistas que se infiltran hasta en algunos artículos interesantes, como el de Gustavo Subero sobre la fobia fílmica del travestismo en el Nuevo Cine Latinoamericano, cuando plantea que un deseo homosexual conlleva automáticamente el deseo de travestirse:

> Ripstein parece sugerir que debido a que La Manuela es gay, su deseo de travestirse (incluso esporádicamente) viene naturalmente como parte de su homosexualidad, y que el hecho que la gente que lo rodea y que se refieren a él como si fuera una mujer [...] responde a la feminidad intrínseca que es adjudicada a hombres con un deseo homosexual[7].

---

[5] "[La Manuela has his] coming out as a man [...] certified by [...] the size of the transvestite's large penis" (Sifuentes Jáuregui 1987: 45; traducción mía, D. I.).

[6] "The sex scene between la Japonesa Grande and la Manuela is one of the most erotic and explicit in Latin American Literature" (Sifuentes Jáuregui 1997: 50; traducción mía, D. I.).

[7] "Ripstein seems to suggest that because La Manuela is gay, his desire to crossdress (even sporadically) comes only naturally as part of his homosexuality, and that the fact that

La novela, como el film, definen la relación de los géneros, en el sentido de Foucault, como relación de poder, y reflejan tanto la superioridad 'masculina' de La Manuela como su victimización, asociada a la falta de masculinidad: por su posición de 'administrador oficial de los placeres' de los hombres del pueblo, estos "hombres de cejas gruesas y voces gruesas", como reza el texto de la novela, le tienen miedo a él, pero sobre todo él les tiene miedo a ellos, en concreto a Pancho y Octavio. Sin duda, La Manuela del texto donosiano encarna el *gender trouble* en el sentido de Butler, porque desvela la relatividad de la construcción binaria del género, cuando por ejemplo dice "que por tener la voz ronca y pelo en el pecho no tienen derecho a insultarla a una". Así, el travestismo de La Manuela es portador de su posición de 'loca latina', modelo que se impondrá en gran parte de la cultura/subcultura homosexual de Latinoamérica, rechazando con el término anglófono 'gay' a la vez el 'imperialismo cultural' de los modelos norteamericanos de una homosexualidad virilizada (Murray 1995: 297 y 318).

A lo largo de la película, tanto como de la novela, se desarrolla todo un sistema de infracción de modelos esencialistas tradicionales. La Japonesa insiste en pagar a La Manuela por aquel acto sexual tan teatral, lo que implica una inversión significante, dado que normalmente los hombres le pagan a la prostituta, mientras que aquí la puta le paga al varón por un acto falso (con consecuencias tan verdaderas como la trasposición de la casa y el nacimiento de La Japonesita). A la falta de autoconfianza de Molina en *El beso de la mujer araña*, quien se deja explotar por la dirección de la cárcel, se opone el orgullo de La Manuela, cuando a don Alejo le afirma: "maricón seré pero degenerado no" (Donoso 1987: 73). Desde la perspectiva de hoy en día, La Manuela casi aparece como modelo del orgullo gay, cuando, a sus 60 años, reflexiona: "Vieja estaría, pero iba a morir con las plumas puestas".

Homofobia, represión y emancipación

La Manuela —padre y maricón a la vez, dueño de su casa y marginalizado social— es obviamente un ser híbrido. Cuando se pone a camelar a Pancho, el éxito incipiente se vuelve en ironía trágica, porque el machismo de Pancho esconde más bien su estado de homosexual reprimido. Podríamos considerar a Pancho como otro ejemplo de la 'perturbación de géneros', porque el macho fuerte y mujeriego (a quien se atribuyen en repetidas veces metáforas animales) jugó de niño con muñecas (con Mónica, la hija de don Alejo), y admite —contra

---

the people around him regard and address him as if he were a woman [...] responds to the intrinsic feminity that is attached to male same-sex desire" (Subero 2008: 163; traducción mía, D. I.).

su voluntad, por supuesto— sus deseos secretos cuando afirma a su cuñado "a las dos me las voy a montar bien montadas, a La Japonesita y al maricón del papá". Parece, pues, en términos sicoanalíticos, un homosexual reprimido, y La Manuela es la persona que despierta su deseo homosexual escondido. Una intervención del cuñado, figura típicamente homosocial (en el sentido de Kosofky Sedgwick), no sólo pone el dedo en la llaga cuando pregunta: "Ya pues compadre, no sea maricón usted también", sino que revela a la vez la vulnerabilidad del rol machista. Sus palabras muestran que el beso en la boca le parece más grave que la realización del acto sexual en el rol activo ("Una cosa es andar de farra y revolverla, pero otra cosa es que me vengái a besar la cara", Donoso 1987: 130), elemento típico del imaginario sexual 'clásico' latinoamericano que considera como homosexual sólo al hombre pasivo (sobre la problemática, véase Almaguer 1993). De pasada este modelo también se revela absurdo. En la situación de la amenaza mortal por parte de los desenfrenados homófobos, La Manuela de la novela recuerda su antigua identidad que se junta al reconocimiento de la homofobia y sus consecuencias: "No era La Manuela. Era Manuel González Astica. Él. Y porque era él le iban a hacer daño y Manuel González Astica sintió terror" (Donoso 1987: 130). Aparentemente, esta toma de conciencia no aparece en el film.

El juego de seducción y su abrupto cambio ganan una fuerza particularmente convincente en la película de Ripstein. El medio visual parece idóneo para atribuir un papel creciente a la dinámica de la interacción entre Pancho y a Manuela: "Si Donoso sugiere, como al pasar, el episodio del beso robado como intento de seducción del 'marica' llamado 'la Manuela', en el guión esa situación se transforma en una prueba antiesencialista clave de todo el texto", constata José Amícola (2006: 26). De hecho, Pancho no logra evitar el beso, y esto le lleva a la posición socialmente imposible de un hombre que desea a otro varón. Así, al final, Pancho resulta verdugo y —hasta cierto punto— víctima a la vez. Es víctima de sociedades tan machistas como la chilena y la mexicana y otras muchas más de aquella época. La transferencia de la acción de Chile a México implica, para Subero, un nuevo contexto más machista aún, lo que me parece carecer de consistencia argumentativa. En su 'análisis estilístico' de la película, Natalia Taccetta comenta que "La Manuela muere por los golpes que no son sólo los de Pancho —que le pega porque no puede desearlo— sino que son los golpes que le ha propinado la sociedad reduciéndolo a una atracción de circo de la que todos pueden servirse" (2013: 6). En una óptica más detallada, vemos a) que, de hecho, Pancho desea sexualmente de una forma incontrolable a aquella persona, aunque la sociedad lo prohíba, y b) que el rechazo y la marginalización del maricón es el de Pancho y Octavio, representantes de una parte de la sociedad, pero de ninguno de los demás personajes. El crimen, en este caso, sería consecuencia de la distorsión síquica de Pancho, homosexual mal reprimido, y de su cuñado violento, Octavio. En la perspectiva de la ancha representación de personas homosexuales en el cine latinoamericano[8], existen muchas interpretaciones que siguen el camino abierto por Ripstein; podríamos constatar que el protagonismo de la loca, del maricón afeminado se vuelve un rasgo típicamente latinoamericano que además tiene la ventaja de permitir diferenciarse del mundo angloamericano con sus modelos de una homosexualidad 'híperviril'. El rechazo de la misma noción inglesa de 'gay' entre artistas homosexuales mexicanos o la identidad 'latina' de la loca del frente en *Tengo miedo, torero* del chileno Lemebel serían pruebas posteriores, elementos de una verdadera tradición latinoamericana que empieza con Donoso/Ripstein. Teniendo en cuenta este desarrollo, se comprende difícilmente a un crítico como Miguel Ángel Nater, cuando califica la historia de la película de Ripstein como "homosexualidad grotesca" y describe a La Manuela como "un travestido viejo, enfermo y cobarde [...] una especie de esperpento que encarna las fobias de la marginalidad" (Nater 2006: 126). Peor aún parece el juicio de Fernando Moreno Turner, quien señala que "se trata de la conciencia de un ser pervertido, de un homosexual —expresión de una humanidad deformada— la que se encargó [...] de entregar la visión del mundo" (1985: 81). Nater, por lo menos, intenta esconder su homofobia implícita detrás de una vuelta histórico-cultural menos homófoba dentro de su pinche argumentación: "Sin embargo, la sensibilidad [...] no se limita a la condena del homosexual, sino a la representación artística como expresión de la crisis de la modernidad y de su visión apocalíptica" (2006: 128).

La lucidez de la historia como documento de la época pre-Stonewall ha llamado la atención de la crítica, pero no en su debida medida. A la luz de los estudios de género de nuestros días, tanto Donoso como Ripstein nos han dejado una obra no solamente estéticamente lograda e históricamente importante, sino reveladora de la constructividad de identidades genéricas y de la tensión sicológica entre homofobia y deseo homosexual. Sergio de la Mora muestra la profundidad sicológica de este travesti y lo trata en el contexto del género del "cine de fichera", de aquellas películas populares (inaugurado por *Bellas de noche. Las ficheras* en 1974, por su parte heredera del "cine de rumberas" de los años 50-60). Alude a la función ideológica de las estereotipizaciones homosexuales y describe su empleo en contextos diferentes (De la Mora 1992: 83-104) para permitir la conclusión que en Latinoamérica, mucho más que en EE. UU. o Europa, el travesti puede ser una figura positiva. En Ripstein y Donoso es, a la vez, una figura subversiva en tres planos, explica Subero, en el plano de la sexualidad (por ser homosexual), en el plano del *gender* (por ser *femaler*), y de su profesión (como prostituta). Dudo que la última atribución sea correcta,

---

[8] cf. Russo, Vito (1987), Foster (2004) y Mira (2008).

y su potencial subversivo lo desarrolla, para mí, en la seducción casi lograda del macho del pueblo. Al macho como homosexual reprimido no le queda otra solución que el acto violento para salvar su masculinidad, para mantener su trauma. De esta forma, el personaje verdaderamente trágico de la película no es La Manuela, sino Pancho, y el film prepara su papel trágico en algunas escenas de verdadera desesperación, como cuando siente vergüenza de que La Japonesita lo haya visto llorar. Donde la novela trabaja con alusiones verbales (al juego de niño de Pancho con la hija de don Alejo), el film pone el diálogo y el masivo poder de la imagen.

Bibliografía

ALMAGUER, Tomás (1993): "Chicano men: A cartography of Homosexual Identity and Behavior". En: Abelove, Henry *et al.* (eds.): *The Gay and Lesbian Studies Reader.* New York: Routledge, pp. 255-272.

AMÍCOLA, José (2006): "Hell has no limits. De Donoso a Puig". En: Ingenschay, Dieter (ed.): *Desde aceras opuestas. Literatura/cultura gay y lesbiana en Latinoamérica.* Madrid/Frankfurt: Iberoamericana/Vervuert, pp. 21-36.

CABEZÓN DOTY, Claudia (2008): "Los bordes permeables: del cine a la literatura. La 'novela-film' *El lugar sin límites* de José Donoso". En: *Taller de Letras*, vol. 42, pp. 91-106.

DE LA MORA, Sergio (1992): "Fascinating Machismo: Toward an Unmasking of Heterosexual Masculinity in A. Ripstein's *El lugar sin límites*". En: *Journal of Film and Video* 3/4, otoño, vol. 44, nº. 3/4, pp. 83-104.

DONOSO, José (1987): *El lugar sin límites*, Barcelona: Seix Barral.

FOSTER, David W. (2004): *Queer Issues in contemporary Latin American Cinema.* Austin: Texas University Press.

GRANT, Catherine (2002): "La función de 'los autores': la adaptación cinematográfica transnacional de El lugar sin límites". En: *Revista Iberoamericana*, vol. 68, nº. 199, pp. 253-268.

MIRA, Alberto (2008): *Miradas insumisas. Gays y lesbianas en el cine.* Barcelona/Madrid: Egales.

MORENO TURNER, Fernando (1985): "La inversión como norma: A propósito de *El lugar sin límites*". En: Cornejo Polar, Antonio (ed.): *José Donoso: la desintegración de un mundo.* Buenos Aires: Fernando García Cambeiro, pp. 73-100.

MURRAY, Stephen O. (1995): "Stigma Transformation and Reflexication in the International Diffusion of 'Gay'". En: Leap, William L. (ed.): *Beyond the Lavender Lexicon. Authenticity, Imagination and Appropriation in Lesbian and Gay Languages.* New York: Gordon & Breach Publishers, pp. 297-318.

NATER, Miguel Ángel (2006): "José Donoso o el eros de la homofobia". En: *Revista Chilena de Literatura*, vol. 68, pp. 123-140, disponible en <www.revistas.uchile.d/index.php/RCL/article/ViewArticle/1484/11385> (3 de diciembre, 2011).

RUSSO, Vito (1987): *The Celluloid Closet. Homosexuality in the movies*, New York: Harper & Row.

SARDUY, Severo (1969): *Escrito sobre un cuerpo*. Buenos Aires: Sudamericana.

SIFUENTES JÁUREGUI, Ben (1997): "Gender without limits: Transvestism and subjetivity in *El lugar sin límites*". En: Balderston, D. y Guy, D. J.: *Sex and sexuality in Latin America*. New York: New York University Press, p. 44-64. [Versión castellana (1998): "El género sin límites. Travestismo y subjetividad en 'El lugar sin límites'. En: Sifuentes Jáuregui, Ben/Balderston D. Guy. (eds.): *Sexo y sexualidades en América Latina*. Buenos Aires: Paidós.]

SINFIELD, Alan (1998): "Effeminacy and Reproduction in different Cultures". En: íd.: *Gay and After*. London: Serpent's Tail, pp. 45-79.

SUBERO, Gustavo (2008): "Fear of the trannies. Filmic phobia of transvestism in the New Latin American Cinema". En: *Latin American Research Review*, vol. 43, nº. 2, pp. 159-179.

TACCETTA, Natalia: "El lugar sin límites, de Arturo Ripstein". En: *Revista Solo Cortos*, <http://www.solocortos.com/RevistasSCIndiceXnroYCat.aspx?NroRevista=7&IDCategoriaNota=23> (4/7/2013).

Filmografía

El lugar sin límites (*Hell has no Limits*), México 1977, dirección Arturo Ripstein, con Roberto Cobo (La Manuela), Gonzalo Vega (Pancho) y Ana Martín (La Japonesita).

Reed. La Revolución Mexicana en celuloide

Sven Pötting
(Universität zu Köln)

> "¿Hay una historia? [...] Se planteó un solo problema: ¿Cómo narrar los hechos reales?
> (Ricardo Piglia: *Respiración artificial*)

Las relaciones entre el cine y la historia fueron evidentes casi desde los comienzos de la actividad cinematográfica. Los géneros histórico y épico mostraron —comenzando con la película *La presa di Roma* (Filoteo Alberini I 1905)— que el cine tenía la capacidad de entretener mientras transmitía ideas y consolidaba relatos con gran potencial en la transmisión de identidad. Pero, aunque la industria cinematográfica acogió a la historia desde tan temprano, tuvieron que pasar muchos años hasta que las películas fueran utilizadas como fuentes en investigaciones académicas. Las dificultades se centraron en el escaso grado de verosimilitud que los académicos adjudicaban a las narraciones cinematográficas. El gran impulsor del acercamiento entre la historiología y la sociología por un lado y el cine por otro, fue Marc Ferro (integrante de la escuela historiográfica de los Annales), cuyos estudios seguirían el sendero trazado por el teórico alemán Siegfried Kracauer. Ferro fue uno de los primeros analistas que consideraron el cine como una fuente de documentación útil para la investigación y la enseñanza de la historia, debido a sus enormes posibilidades de expresión y a sus capacidades para mostrar y connotar determinados aspectos de la vida cotidiana: estereotipos, mentalidades, poder simbólico, relaciones sociales y de género. Según la hipótesis que expone Ferro en su libro *Cinéma et histoire*, el cine, y no sólo el documental, sino particularmente el de ficción, siempre tiene un valor como documento histórico (Ferro 1976). Pero hay que diferenciar entre la realidad y la representación. El cine no abre una ventana al pasado, sino más bien a su representación. Nos ofrece una visión que relata más la época en que se está realizando la cinta que lo que vemos realmente a través de la imagen.

En este sentido, el cine no refleja la realidad, sino que la revela, a veces de forma indirecta, superando e incluso traicionando la voluntad de sus autores. Así, Ferro propone, por ejemplo, estudiar el campo social que produce y que reciben los filmes y las formas en que se reproducen las representaciones cinematográficas en las sociedades.

Paralelamente surgieron en Gran Bretaña y en países centroeuropeos otros teóricos como Pierre Sorlin o Robert A. Rosenstone que consolidarían lo que se ha llamado *cinematic contextual history*. Pierre Sorlin propone en su libro *Sociología del cine* una metodología para el acercamiento a la fuente cinematográfica como herramienta de trabajo del investigador que pretende hacer historia social (1985). El autor parte de la estructura del lenguaje cinematográfico y sus diferentes niveles y campos, para ubicarlos dentro de una categoría sociológica y examinar el film como un producto cultural susceptible de ser historizado. La hipótesis de Sorlin es que, aunque las películas se refieran a temas históricos ocurridos anteriormente, los directores eligen aquellos eventos que tienen conexión con las circunstancias contemporáneas en las que están inmersos. El cine de una época determinada está sumergido en una ideología, entendida como las preocupaciones, las tendencias y las aspiraciones de este tiempo, y es a partir de ella que un film o un conjunto de los mismos nos pueden dar luces sobre una sociedad específica.

A diferencia del enfoque de Ferro y Sorlin, que analizan el contexto de enunciación del mensaje fílmico y los componentes culturales de una sociedad y una época, Robert A. Rosenstone está interesado en cómo el medio audiovisual, sujeto a las reglas dramáticas y de ficción, muestra el pasado. Su propuesta es que el cine histórico no debe ser visto en términos de cómo se le compara con la historia escrita, sino como una forma de relatar el pasado con sus propias reglas de representación. Un film ofrece otras versiones de los hechos y puede hacernos reflexionar sobre los mismos. Para Rosenstone, el cine es también una 'escritura de la historia', no reemplaza a la historia como disciplina, ni la complementa: es colindante con ella, está en puja con otra multiplicidad de discursos que buscan dar sentido a los acontecimientos históricos, como los que emergen de la academia, el Estado, los partidos políticos, los medios de comunicación, la escuela, la Iglesia, entre otros actores sociales productores de ideología.

Los relatos sobre la Revolución Mexicana incluyen una serie de hechos, con diversas versiones sobre los sucesos. Algunos hechos son suprimidos; otros, simplificados o manipulados. Hay una narración, una 'historia oficial' que brinda una versión inexacta (pero no exenta de coherencia) que se superpone sobre los 'hechos reales' que es reproducida de generación en generación. Esta historia oficial, como afirma John Mraz, ha moldeado en México en gran medida la representación imaginaria de la Revolución en la cultura popular, en las artes y en la imaginación mexicanas (1997: 93-119). El medio cinematográfico no resulta una excepción y en varias décadas solamente pocas veces ha conseguido escapar a la versión oficialista de la Revolución. Esta versión de los sucesos ha sido elaborada, divulgada e institucionalizada como identidad posrevolucionaria en las primeras décadas de un gobierno constitucional que se autoproclamaba continuador y heredero legítimo de los ideales revolucionarios. Este oficialismo ha logrado construir a su medida la imagen de una lucha unitaria, coherente, y continuada protagonizada por una sucesión de héroes revolucionarios que se alzan contra los abusos e injusticias del antiguo régimen. Es decir, se trata de una narrativa integradora, con la que el pueblo entero se pueda identificar positivamente y pueda destacar y celebrar los símbolos del momento histórico: la Revolución, los revolucionarios y sus héroes populares. Esta narrativa forma un mito político que permite las condiciones para que surja 'una comunidad imaginada' y la idea de una nación (Anderson 1983).

La teoría semiológica de Roland Barthes estipula que una de las características esenciales del mito es la de deformar la realidad. El mito, dice Barthes, no niega las cosas, no oculta nada; no es esa su función, sino la de "purificar" y deformar sus contenidos (1994). Enfatizando la oposición de historia y naturaleza, Barthes afirma que el mensaje que proyecta el lenguaje mitológico evapora la visión histórica y crítica, y que la intención del mito es que el receptor lo acepte sin cuestionarlo. Asimismo, Barthes asegura que el mito es creado para implantar y promover la ideología de la clase dominante en cualquier fase histórica, un sujeto de manipulación.

La Revolución asume el carácter de un mito fundamental en la historia contemporánea del país, un mito fundador del México moderno. Este mito se constituye en una forma de la consciencia social que permitió durante un siglo la hegemonía y el consenso de los gobiernos que apelaron su origen revolucionario. Tanto el origen histórico prestigioso, como la imagen de futuro ofrecida por estos gobiernos forman parte de una concepción mítica de la Revolución. Esto, sustentado en la idea de un proceso revolucionario unitario que logró refundar el orden social y político sobre nuevos principios, aun cuando esa tarea pudiera extenderse en el futuro para perfeccionar este programa. El mito político sirve como fuente de legitimidad de las acciones gubernamentales y constituye una explicación del porqué dicho orden es así y no de otra manera. La historia que narra este mito, otorga sentido a la estructuración jerárquica del país.

El cine mexicano fue y parcialmente sigue siendo un medio transmisor del *pathos* y de la glorificación oficialista de los acontecimientos por medio de los gobiernos posrevolucionarios. "Like the Mexican novel of the revolution, the Mexican cinema has participated in the task of institutionalizing the revolution" (Mistron 1983: 3). El cine —así lo parece— se apoya a menudo en fórmulas fijas que se vacían de especificidad política e histórica y que trivializan las causas de la revuelta. Hay algunas constantes —en mayor o menor grado— en la representación de la Revolución Mexicana: la Revolución aparece como escenario, un telón de fondo pintoresco y azaroso para representar historias de amor, de aventuras o problemas existenciales. En muchas películas el tema se trata además con una mirada folklorizante. Hay héroes de bronce y villanos con maldad de caricatura, Los 'buenos' son —con pocas variaciones— reconocidos como héroes por la historiografía oficial (por ejemplo, las figuras de Francisco "Pancho" Villa y Emiliano Zapata). Las representaciones estereotipan a sus héroes y destacan el papel de sus protagonistas. Las diferencias ideológicas no aparecen como tales, sino que se manifiestan como moralistas. La Revolución se muestra como algo omnipotente e inevitable y no como parte de un proceso social y/o político (Tuñón 2010: 209-235).

En otras palabras: el resultado es una visión idealizada que caracteriza las representaciones imaginarias de la Revolución Mexicana. Esta visión ignora la complejidad de un proceso sangriento que estuvo marcado en realidad por los conflictos y luchas entre facciones internas, traiciones, inconsistencias y contradicciones.

Resulta significativo que en la primera década posrevolucionaria pocas cintas toquen el tema. Mientras la industria cinematográfica de los Estados Unidos ya había producido más de cien películas sobre los sucesos, la Revolución aparece en obras ficcionales mexicanas solamente de manera indirecta, a través de sus efectos (las paredes con señales de metralla, calles desoldadas, etcétera).

La visita del cineasta soviético Sergej M. Eisenstein fue un gran impulso para el ambiente cultural de la época por la relación estrecha que estableció con artistas e intelectuales. Su 'sinfonía fílmica' en que trabajó entre 1930 y 1932, *¡Qué viva México!* (1930-1932), además, es la primera obra que formula una amplia interpretación de la historia del país, hasta intenta explicar las causas de las luchas armadas revolucionarias. Aunque el film quedó inconcluso, se convirtió en una obra arquetipo para el cine mexicano por muchos años, en particular debido a su estilo visual.

A partir de la década de los años 30, con el desarrollo de la industria cinematográfica, la Revolución se convirtió en un punto de referencia de mucha importancia para el cine ficcional mexicano. En la filmografía de obras que tienen la lucha armada iniciada en 1910 como contexto, destacan dos cintas de los años 30. Son dos películas del director Fernando de Fuentes, *El compadre Mendoza* (1933) y *Vámonos con Pancho Villa* (1935). Estas cintas se distinguen de las ya mencionadas representaciones simplificadas; sorprenden por su complejidad, su escepticismo y por su ambivalencia. Por un lado se enfatiza el valor de los hombres que participaron en la Revolución, por otro lado las películas oponen y contrastan el oportunismo de la clase burguesa con el idealismo de nobles revolucionarios zapatistas. También muestran que dentro de las filas revolucionarias participaron elementos corruptos y malos. Este espíritu crítico puede explicarse en parte por la relativa libertad del gobierno de Lázaro Cárdenas, y por el hecho de que en esta época no se había aún consolidado e institucionalizado totalmente la 'versión oficial' de la Revolución, como presumen diferentes críticos (Mraz 1997: 93-119). Si *El compadre Mendoza* dramatiza la división y el conflicto entre las diferentes facciones revolucionarias y critica la alianza de los carrancistas con la burguesía, *Vámonos con Pancho Villa* explora la carismática figura de Francisco "Pancho" Villa, conocido como "el Centauro del Norte".

Teniendo todo para hacerse mito, Villa también fue "descubierto" por el cine de Hollywood ya durante la Revolución. Villa parecía disfrutar su rol como estrella: cumpliendo con un contracto establecido con la Mutual Film Corporation, por ejemplo, retrasó el ataque final a Ojinaga en 1914 hasta que hubiera luz apropiada para filmar para un proyecto (documental y de ficción) con el nombre *The Life of General Villa* (Christy Cabanne, 1914). Póstumo, el líder revolucionario aparece en las pantallas del cine mexicano y de Hollywood como personaje deslumbrante. De todos los caudillos que produjo la Revolución Mexicana, Pancho Villa quedó convertido —especialmente en el cine mexicano— en la figura más legendaria de una lucha por la justicia social. Entre 1935 y 2009, ya como protagonista o personaje secundario, Villa ha sido representado en alrededor de 35 largometrajes. En el cine mexicano se encuentra la tendencia de trivializar y romantizar la figura de Villa, convirtiéndolo en una "figura histórica con vocación de estatua ecuestre" (García Riera 1984: 68), un "héroe de cartón piedra que oscila entre su papel de Don Juan, Robin Hood o Rey Salomón" (Mistron 1983: 4). Al otro lado, el cine de Hollywood tiende, con pocas excepciones, a presentarlo como una versión estereotipada del 'bandido mexicano'. Un rasgo brutal atribuye Sergej M. Eisenstein a Pancho Villa. En una breve nota escribe el director soviético (quien se dejó inspirar para su propia película *¡Qué viva México!* por el libro de John Reed) en un tono lacónico:

> John Reed recorrió México. Le seguía también Ambroise Bierce [...] Bierce escribía para su periódico sobre las crueldades de Pancho. La correspondencia cayó en manos de Pancho. La correspondencia no llegó a su destino. Y Bierce... desapareció para siempre de la vista de sus lectores. Existe la idea de que los huesos de Bierce, en algún lugar, marcan la huella de las campañas de Villa (Eisenstein 1988: 344-345).

En *Vámonos con Pancho Villa*, Fernando de Fuentes consigue una visión compleja que une estas diferentes imágenes y anuda los extremos de su carácter: Villa tiene presencia carismática, es un prototipo de masculinidad, protector y justiciero, pero también es caprichoso, sin escrúpulos e intransigente. Es un héroe revolucionario que oscila 'entre civilización y barbarie'.

Pero más interesante que la interpretación de la figura de Villa en esta producción es, sin embargo, la manera en que el director De Fuentes muestra a los soldados que siguieron a su carismático líder. Son unos hombres cuyas virtudes principales son la lealtad y la camaradería. Villa apela en el campo de batalla constantemente a su "hombría" para empujarles a arriesgarse en actos peligrosos. Los soldados convierten la hombría y el desdén a la muerte en los valores centrales de los revolucionarios, a tal punto que insultan a sus enemigos como "señoritas". Los protagonistas principales mueren, uno después del otro, porque exaltan la demostración de su machismo y la apariencia de su heroísmo. Cada muerte es más absurda que la anterior. De esta manera, De Fuentes desmitifica la glorificación de tales valores. Al mismo tiempo, presenta los años de la Revolución de una manera más realista que la mayor parte del cine mexicano. No encontramos una representación de los acontecimientos y un retrato complejo de la figura de Villa equiparable hasta que Paul Leduc filma en el año 1970 —en cierto sentido— una 'contra historia' de la historia oficial: *Reed: México insurgente*. El film está basado en la crónica de la Revolución del periodista y poeta norteamericano John Reed (1887-1920) (Reed 1969).

En 1913 el *Metropolitan Magazine* de Nueva York ofreció a John Reed la corresponsalía en México para cubrir con fuentes de primera mano todo lo que acontecía en el escenario del conflicto del país vecino. Esto fue algo nuevo: "Commentary on Mexico was a kind of pioneering venture [...] their first experience with a revolutionary movement outside the more familiar territory of North America and Europe" (Britton 1995: 13). Reed aceptó y cruzó la frontera. Su plan como periodista constaba de tres objetivos: el primero era reportar la vida y obra de Pancho Villa; el segundo, entrevistar a Carranza, y el tercero, entrevistar a Emiliano Zapata. Pronto se vio inmerso en la Revolución Mexicana, cabalgando junto con Pancho Villa (apenas cruzó palabra con Carranza y nunca pudo conocer a Zapata). Reed escribió una variedad de artículos para diferentes periódicos en los Estados Unidos y diferentes notas que en conjunto le servirían después para redactar su célebre libro *Insurgent Mexico*, cuya edición original fue escrita en 1914. El historiador Robert A. Rosenstone, quien había trabajado como asesor y coguionista para la película *Reds* (Warren Beatty, EE. UU. 1982), una narración ficcional sobre los últimos años de la vida del periodista, denomina *Insurgent Mexico* "a book for the eye, a vast panorama like one of the great murals of the Mexican painters, full of color, motion and the life-death struggle of a people" (Rosenstone 1975: 157).

Villa interesa a Reed como fenómeno revolucionario luchando por los marginados. Villa fue un bandolero campesino,

> su nombre se hizo famoso como bandido, que todos los robos de trenes asaltos, y asesinatos del norte de México eran atribuidos a Villa [...] no obstante, creció un inmenso acervo de leyendas populares, entre los peones en la hacienda los Álamos, reunió una pequeña banda y cayó sobre la casa grande, la cual saqueó, distribuyendo los frutos del pillaje entre gente pobre [...]. Su arrojo y bravura románticos son el

tópico de innumerables poemas [...]. Era conocido en todas partes como el amigo de los pobres. Fue una especie de Robin Hood mexicano (Reed 1969: 94-95).

Pero Reed parece no colocarse en la posición del intelectual comprometido con la Revolución que mitifica al sujeto sobredimensionándolo. Se aparta del estereotipo de una moral intachable y prefiere ahondar en la dimensión humana de Villa con todas sus contradicciones. En sus retratos Villa aparece también como un ser primitivo, o mejor, un animal salvaje. Es insubordinado, anárquico, desconfiado, levantisco, un guerrero intuitivo y brutal que encarna la esperanza igual que la venganza. Nadie se atreve a poner en duda sus órdenes: Villa está presentado como el héroe de mil caras y personalidades.

La adaptación fílmica, *Reed: México insurgente*, se concentra básicamente en la experiencia del periodista norteamericano en el contexto de la Revolución Mexicana, desarrollada en la parte norte del país. La película de Leduc está situada en los meses de la insurgencia revolucionaria que pretendía derrocar a Victoriano Huerta. El crítico Dillys Powell escribió: "*Reed: México insurgente* describes the Mexican Revolution as Reed saw it, and I must say it is a startlingly persuasive view. Or perhaps, startling is the wrong word, for the film is deliberately low-key, the violence merely suggested, the setting arid, undramatic" (Powell 1974).

La película está compuesta en cinco partes y comienza con un prólogo que introduce al protagonista, John Reed. La cámara descubre a Reed en una multitud de gente cruzando la frontera entre los Estados Unidos y México; lo sigue, lo pierde y lo vuelve a encontrar, como por casualidad. Una voz en *off* presenta al protagonista con pocas palabras, introduce al personaje, cuenta su historia personal, sus datos biográficos y su escasa experiencia política y profesional. La segunda parte muestra la estadía de Reed con el Estado Mayor del general Urbina y sus tropas. Muestra la Revolución en su interior. Este episodio está narrado en tono lento y muestra la rutina cotidiana, el tiempo de espera antes de las batallas. Mientras esperan, Reed interroga a los soldados sobre sus planes, sueños y aspiraciones.

Existe en esta película también el discurso sobre "la hombría". Muchas narrativas fílmicas de este género pusieron y siguen poniendo énfasis en construir la imagen del hombre-macho como parte del proyecto de nación. Julio Jiménez Rueda habla de una "literatura viril" al referirse a la literatura de la Revolución (Monsiváis 1981: 1449). Existe lo mismo en el cine: la imagen viril del México posrevolucionario, encarnada en el charro, una imagen que circula ampliamente no solamente en películas, sino también en las artes gráficas, la música popular y la literatura. En la gran parte de las producciones, los hombres aparecen como valientes, heroicos, leales y comprometidos con sus causas. Pero igual como De Fuentes lo hace en *Vámonos con Pancho Villa*, Leduc desmitifica los valores de la hombría. A los soldados los presenta como fanfarrones antes y después de la batalla. Enfatizan su propia hombría en cuentos, anécdotas, chistes y en sus canciones. Pero durante las batallas no actúan heroicamente. En la narración de la película, las luchas quedan en *off*, solamente se ve la fuga de las tropas. Los soldados no mueren de manera visible para el espectador, sino que simplemente desaparecen. Los compañeros no lloran la muerte de los fallecidos, porque la muerte siempre está presente entre ellos. "Si me han de matar mañana que me maten de una vez", dice la letra de una canción muy famosa de esta época: "Life was worth little at that time. So many people died in battle, so many were executed, that living another day wasn't very important", escribe otro corresponsal de la Revolución (Vallejo 1967: 13). Los soldados simples no son villanos, tampoco son héroes. Son cobardes sin ser hombres indignos: son "compadres".

Las tropas aceptan también a Reed como su compadre, aunque es "gringo". En este género el gringo representa normalmente al personaje en quien no se debe confiar. Al comienzo los hombres de Urbina le acusan de ser "huertista", un enemigo. Pero Reed (protagonizado por Claudio Obregón) se convierte poco a poco en un mexicano. Cambia la forma de vestirse, de hablar y de comportarse. Está imitando a los demás, hasta que es parte de los revolucionarios. Es "el gringo más macho que hay", como dice un soldado con todo respeto.

Después de una batalla perdida, Reed deja las tropas del general Urbina y se une a Pancho Villa y sus soldados. Pero antes parte hacia la capital para entrevistar a Carranza. Un *intermezzo* de la película muestra este encuentro. Mientras Reed espera la entrevista, las tomas de conjunto muestran los despachos oficiales y los procesos burocráticos de la Revolución. El sonido de las máquinas de escribir está siempre presente; también durante la entrevista. Los hombres en traje civil contrastan con los soldados simples. Es un ambiente en que Reed no se siente bien, en el que desconfía. Tampoco confía en Carranza, que es presentado como un aristócrata con un alto sentido de la dignidad y la autoridad, pero también como frío y obstinado. Una de las escenas más críticas de la película es la que muestra cómo, antes de que Carranza lo reciba, Reed queda advertido de que no debe preguntar nada sobre la distribución de tierras, el voto directo en las elecciones o el derecho de los peones al sufragio. Reed sabe que la reforma agraria nunca fue la lucha de Carranza; por este motivo no entiende la lealtad que muestra Villa a "su jefe". En la entrevista, Carranza elude las preguntas críticas de una manera ruda, con una retórica vacía. Comparado con Reed, Villa está presentado (en la cuarta parte de la película) como un personaje humano, aunque contradictorio y complejo. Deborah E. Mistron escribe: "this film refuses to either whitewash or condemn him; instead, *Reed: México insurgente* recreates the historical Villa in all his robust earthiness, candor, humor, and most importantly, his ethical ambiguity" (Mistron 1983: 11). En la cinta de Leduc,

Villa es un personaje sin educación pero con sabiduría práctica. Es un general que respeta al soldado simple y un político honesto, al contrario que Carranza. Obviamente, Reed no solamente tiene simpatía con la causa villista, sino que aprecia más a Villa que a Carranza.

Esta cuarta parte termina con un momento crucial, la 'iniciación' del periodista. Reed logra superar sus propios miedos y articula su conciencia política. Deja la 'objetividad' en aras del compromiso y el activismo político. Y en realidad fue así: los reportajes de Reed, que son una manera de periodismo subjetivo, han tenido un gran impacto. Sus artículos contribuyeron decisivamente a que buena parte de los empresarios, de los generales conservadores y del gobierno de los Estados Unidos apoyara a Villa. Sin embargo, la simpatía que Villa había despertado en algunos círculos estadounidenses se fue diluyendo poco a poco una vez que Reed abandonó el territorio mexicano.

Los críticos escriben sobre la obra de Paul Leduc: "Convincente resultó la película en la recuperación de un modo de ver la revolución a fin a la iconografía de la época retratada y tan realista como inusitado, al grado de alcanzar una estremecedora calidad documental a la vez que una dramatización" (García Riera 1998: 258).

¿De qué resulta esta mencionada "calidad documental"?

En la década de los 60 del siglo pasado emergieron nuevas formas de cine documental, entre ellas el *cinema vérité*, el *direct cinema* y el *free cinema*. Principalmente, la primera se exploraba en Francia, la segunda en Estados Unidos y la tercera en Inglaterra. Es común relacionar estas propuestas documentales como consecuencia directa de los avances tecnológicos, particularmente la aparición en el mercado de las cámaras de 16 mm portátiles, e importantes progresos en los dispositivos de registro de audio, que permitían a los realizadores una mayor movilidad, un rodaje sin preparaciones elaboradas y con una ética periodística de observación y sin intervención. La meta del *cinema vérité* era, según las palabras del director Jean Rouch, miembro del Centro Nacional de Investigaciones Sociológicas de París "apresar la vida misma, captarla con todos sus imprevistos, con su extraordinaria riqueza de invención" (Velleggia 2012: 124).

La influencia narrativa de Rouch ha sido notable y no sólo en antropología, ni siquiera en el ámbito más circunscrito del cine etnográfico (por ejemplo, con frecuencia se le reconoce un papel inspirador en el Nouvelle Vague francés).

También Leduc recure al *cinema vérité*. Imita el realismo del reportaje así como las pretensiones de objetividad y neutralidad de este género. También trabaja con una cámara portátil de 16 mm y tiende al encuadre móvil, especialmente al *travelling*. Su preferencia por las tomas largas imponen en la película un ritmo lento que consigue simular una apariencia de tiempo real. Leduc trabaja con montajes "antiguos", recurre a "cierres en iris" (*iris wipes*) para cambiar planos o escenas. Se trata de una técnica que fue muy popular en la industria del cine de las primeras décadas. Leduc alude a las obras de los pioneros de la cinematografía mexicana de esta época durante la que ocurrieron los sucesos de la Revolución Mexicana.

Estos cineastas de principios de siglo, como los hermanos Alva, Enrique Rosas o Salvador Toscano grabaron "vistas" e "impresiones" (documentales) del país. Fueron incorporados a los contingentes de fotógrafos y periodistas que acompañaban a diferentes actores políticos para dar cuenta de los más destacados eventos políticos que vivía el país.

El color sepia de las imágenes de *Reed: México insurgente* alude a viejas fotografías, a *historias gráficas* de la época. Se trata de una película "antiépica", como escribe Zuzana M. Pick: "In the waiting period that precedes and follows the battle, the mise en scene [sic!] emphasizes the dilapidated buildings and arid landscape rather than characters and action, and the desert of Durango" (Pick 2000: 13). No hay una progresión dramática convencional, lo que hay es una narración fragmentada. La discontinuidad temporal, espacial y narrativa entre las tomas contribuyen a dar una impresión fragmentada que imita el estilo de las crónicas, escritas por John Reed para el periódico.

Todo en la película acentúa la impresión de tono realista y contribuye a la sensación de que se trata de un documental: la puesta en escena, el uso de escenarios reales, la falta de una banda sonora, es decir, la ausencia de música no diegética, y también una narración limitada que se focaliza en la experiencia de su protagonista. La técnica semidocumental proporciona, según las observaciones de Charles Ramírez-Berg, un sentido de inmediatez: "La revolución retratada por Leduc (uno es tentado a decir 'captura' porque parece desarrollarse espontáneamente ante los ojos del espectador) es una idealizada lucha campesina compuesta igualmente por inocencia, caos, violencia y tedio" (1992: 203-204). La cámara registra los infortunios, la miseria y las víctimas de la Revolución. Después del cierre del lente de la cámara la narración pasa a la siguiente unidad fílmica. Se trata de escenas, anécdotas: viñetas de la Revolución. La fragmentación nunca permita la mitificación de los sucesos. Al contrario, dan la impresión de que los acontecimientos revolucionarios son muy complejos y contradictorios.

En su ya mencionado texto, Zuzana M. Pick subsume la película de Laduc a la tradición de las obras del grabador, pintor y caricaturista José Guadalupe Posada (1852-1913) (2000: 13). Gran parte de la obra de Posada refiere a las vivencias del pueblo pobre, con sus penas y carencias. Muchas de sus estampas protestan contra los abusos de los patrones, policías y autoridades de todo tipo, algunas hablan sobre caudillos y sucesos revolucionarios.

En la época posrevolucionaria, artistas alrededor de Diego Rivera ven en Posada un modelo a seguir. Un artista que surge del pueblo y retrata las miserias y andanzas del pueblo. Rivera exalta a Posada como un "precursor" de la Revolución Mexicana y escribe:

> En México han existido siempre dos corrientes de producción de arte verdaderamente distintas, una de valores positivos y otra de calidades negativas, simiesca y colonial, que tiene como base la imitación de modelos extranjeros para proveer a la demanda de una burguesía incapaz [...]. La otra corriente, la positiva, ha sido obra del pueblo, y engloba el total de la producción, pura y rica, de lo que se ha dado en llamar "arte popular". Esta corriente comprende también la obra de los artistas que han llegado a personalizarse, pero que han vivido, sentido, trabajado expresando la aspiración de las masas [...] (Rivera s. a.).

Obviamente, según la interpretación de Rivera, Posada pertenece a la segunda corriente. Pick no expone detalles, pero es muy probable que establezca la comparación entre Reed/Leduc y Posada siguiendo la interpretación de Rivera, para quien Posada forma el paradigma del artista comprometido con la causa revolucionaria.

La película muestra la experiencia de Reed en México y describe la transformación de un observador que no niega su gran simpatía por los revolucionarios mexicanos en un activista político. En una escena clave para entender la evolución personal de Reed, el protagonista tiene una extensa conversación con su amigo Longino, un soldado de las tropas de general Urbina. En una charla de borrachera discuten sobre sus miedos. Para Longino el valor y el miedo son dos caras de la misma moneda: "el que no tenía miedo no era macho, el chiste estaba en aguantarse el miedo". Para Reed, la cobardía no es el miedo a las balas, sino el miedo de comprometerse. Se siente como cobarde. Como periodista escribe "solamente" sobre peligros ajenos. Pero Reed comienza a cuestionar su papel como mero informador y se replantea la necesidad de participar activamente. En una escena final inventada —es decir: no existe en el libro de John Reed— participa al lado de los revolucionarios en un saqueo. La imagen congela el momento en el que el reportero rompe un escaparate para robar una cámara.

Se trata de una escena muy simbólica. Rosenstone comenta: "Clearly, it is the director's attempt to create a visual metaphor that expresses Reed's commitment to the revolution, as well as foreshadowing future actions which would not transfer well to the screen" (2006: 100). El crítico José de la Colina describe la escena como metáfora: "the moment signifies that something has been broken, has been opened" (De la Colina 1972).

La película *Reed: México insurgente* fue rodada en un ambiente de cambio. Había una transformación significativa, no solamente dentro de la narración de la película, sino también en la industria cinematográfica de México. La presidencia de Luis Echeverría Álvarez (1970-1976) daba un impulso revitalizador al cine nacional que permitió que la cinematografía terminara de hundirse en su comercialización y burocratización. Aunque el Estado siguió interviniendo directamente en las producciones, el sexenio echeverrista fue un marco benéfico para la renovación estética del cine mexicano. La política cultural abrió las puertas a nuevos realizadores. Con una serie de medidas, entre ellas una importante renovación de la infraestructura de la industria cinematográfica, así como la apertura de una escuela de cine y de la Cineteca Nacional, se creaba un ambiente en que una serie de directores emergentes pudieron realizar sus óperas primas. La meta de la nueva política cultural consistía en "impulsar la superación artística del cine mexicano". Pero también el presidente intentó llevar al país a una reconciliación tras la fractura en el tejido social que significó la terrible masacre del 2 de octubre de 1968 en la Ciudad de México. Ese día, el ejército asesinó a cientos de personas en la Plaza de Tlatelolco (Aguayo 2010). El gobierno desarrolló una política de apertura democrática que tenía dos propósitos fundamentales: el primero, que la población olvidara el oscuro papel del presidente como secretario de gobernación en el sexenio anterior, y también dar un espacio para todas las corrientes intelectuales y artísticas disidentes en el sistema político mexicano. La nueva política cultural permitió la crítica sin que efectivamente se llevara a cabo una completa y real apertura. Pero, no obstante, estos cambios lograron que diversos intelectuales y artistas trabajaran en colaboración con el sistema estatal. Para el cine mexicano esta política de "apertura" significó una transformación radical. Daniel Maciel comenta: "a second Golden Age seemed possible" (García Riera 1998: 120).

No surgió otra época de oro, pero el historiador Emiliano García Riera sugiere que la creación fílmica patrocinada por el gobierno echeverrista superaba en calidad a la producida en las décadas anteriores:

> [C]ulminó en 1976 la que quizá sea la mejor época del cine mexicano. Nunca antes habían accedido tantos y tan bien preparados directores de la industria del cine, ni se había disfrutado de mayor libertad en la realización de un cine de ideas avanzadas. [...] Por primera vez en la historia del cine mexicano no fueron sus personajes característicos al [sic!] macho admirable, la madre inmarcesible, el padre inobjetable, el joven regañable, es sacerdote canonizable, la "pecadora" tan sublimable como sermoneable (García Riera 1998: 295).

Entre los directores que comenzaron su carrera en los años 70, hay que nombrar a Paul Leduc, Arturo Ripstein, Jaime Humberto Hermosillo, Felipe Cazals, Jorge Fons, por mencionar sólo algunos.

¿Cuáles son las temáticas del "Nuevo Cine Mexicano"? Echeverría invitó a los directores a producir filmes sobre "los héroes de México, sobre la Revolución Mexicana, sobre los grandes temas sociales; películas de profunda crítica social, en donde se analicen, con gran sentido artístico, los problemas de México" (Mistron 1984: 50). Según esta norma, algunos jóvenes directores lograron producir obras con un fuerte contenido histórico, político y social durante los años 70. En ellas se enfoca la problemática revolucionaria de una forma polifacética, combinando diversos géneros, estilos y fases históricas. Incluso adoptaba perspectivas contrarrevolucionarias. En varios filmes se puede percibir una visión caótica y desconcertante de la Revolución donde la crítica va dirigida a cualquier sector revolucionario. Otras películas intentan rescatar la imagen sublime del movimiento, pero denunciando analíticamente sus fallas y contradicciones. Y en varios se puede analizar una destrucción completa de la simbología mitológica de la Revolución.

La película *Reed: México insurgente* marcaba el comienzo de esta etapa fascinante del cine mexicano. Zuzana M. Pick afirma:

> *Reed: Insurgent Mexico* is intended for young audiences, mainly the left-wing activists radicalized in the student movement. It is an invitation extended by one of their peers — Leduc was then twenty-eight years old — to gain access to the multiple stories hidden behind official history. Above all, the journalist is a catalyst that enables a whole new generation to rediscover what drove Mexico's youth to take part in a struggle for social justice, to endure the hardships and disappointments of a protracted war (2010: 184).

Ana López escribe sobre la estética semidocumental de la película: "this strategy generate[s] new modes of consciousness for the spectatator [...] and sets up a dialectical relationship between identification and distance" (López 1990: 409). La combinación de elementos del cine ficcional y de elementos asociadas con el cine documental se pueden encontrar en la misma época en varias películas del así llamado "Nuevo Cine Latinoamericano", entre ellos en *Los inundados* (Fernando Birri, Argentina 1962), *Memorias del subdesarrollo* (Tomás Gutiérrez Alea, Cuba 1968) y *El chacal del Nahueltoro* (Miguel Littín, Chile 1969). ¿Qué es el Nuevo Cine Latinoamericano?

Para contestar la pregunta, hay que parafrasear: en los años 60, surgió una alternativa innovadora frente a la dominación del modelo cinematográfico que consistía en la imitación del cine industrial/cine espectáculo de Hollywood. Este movimiento, llamado Nuevo Cine Latinoamericano, se manifestaba a través de películas que buscaban rearticular los modos de producción y exhibición del cine, además de innovar el lenguaje cinematográfico. Jóvenes directores planteaban un cine político que abordaba las cuestiones sociales urgentes del momento y que rompió radicalmente la pasividad del espectador. Este Nuevo Cine Latinoamericano se desarrolló en dos fases sucesivas. La primera fue una fase militante en los años 60, cuando muchos cineastas vieron su trabajo como parte integral de un proyecto de liberación política, social y cultural. La segunda fase, neobarroca, predominaba en los años 70 y 80. Durante esta segunda fase muchos de los mismos cineastas que habían sido militantes en la década anterior, reconceptualizaron su trabajo: su meta era desarrollar el equivalente cinematográfico de un discurso político pluralista identificado con una emergente sociedad civil y opuesto al autoritarismo y monologismo de los regímenes represivos de la región. El Nuevo Cine Latinoamericano pasó a denominarse en su internacionalización el Tercer Cine, en una formulación ampliada para incluir el cine de otras regiones del "Tercer Mundo". Películas claves de la fase del Tercer Cine o Nuevo Cine Latinoamericano son (además de las cintas ya mencionadas): *Deus e o diabo na terra do sol* (Glauber Rocha, Brasil 1963), *La hora de los hornos* (Fernando Solanas y Octavio Getino, Argentina 1968), *La batalla de Chile* (Patricio Guzmán, Chile 1973) o *Yawar Mallku* (Jorge Sanjinés y el Grupo Ukamau, Bolivia 1969). Todos abordan temas sociales y políticos, históricos y culturales. John Mraz comenta: "Para los cineastas del *Nuevo cine latinoamericano*, la historia es crucial; Octavio Getino, uno de sus fundadores, declaró que la memoria de nuestros pueblos constituye la columna vertebral de nuestro cine" (2000: 23). Se puede constatar una amplia diversidad de concepciones y estéticas de las producciones, pero predominaba una de tipo documentalista. Como bien ha señalado Zuzana M. Pick, el documental funcionó como testigo de la realidad y como herramienta para analizar y, en principio, transformar esa realidad (1993: 42). Hay que destacar que el Nuevo Cine Latinoamericano se convirtió en el primer movimiento supranacional del "Tercer Mundo". Es cierto que el clima político de los años 60 en América Latina propiciaba un interés político, intelectual y cultural por Latinoamérica como un continente singular, y el intercambio de activistas entre las naciones latinoamericanas, sea por opción personal o sea por razones de un exilio impuesto, fomentó un intercambio de conocimiento cultural. El director argentino Raymundo Gleyzer (1941-1976) viajó en 1970 a México. Durante su estadía realizó en cooperación con cineastas locales como Paul Leduc un documental con el título *México, la revolución congelada* (México/Argentina 1970) (Peña/Vallina 2000: 58). Para Gleyzer, la Revolución Mexicana, nunca fue —en su perspectiva, a diferencia de la Revolución Cubana— realmente una revolución social. En 1970 se caracterizaba el país —según su interpretación— por una burocracia autocrática inamovible, incapaz de cumplir con ninguna de sus promesas revolucionarias. El cineasta detalla en la película muchas dimensiones del fracaso de la revolución en México, comenzando por la autocracia del partido institucional que cometió actos de violencia contra el pueblo para mantenerse en el poder. Para Gleyzer, el modelo mexicano posrevolucionario era una charada, un modelo falso y un ejemplo lamentable de lo que debería ser una revolución social. Un momento central de la película es un viaje al sureste. El equipo filma la mano de obra semiesclava empleada en las haciendas yucatecas, y habla de su vida cotidiana. En una mansión del Paseo Montejo, en Mérida, una hacendada se lamenta del declive de las plantaciones. "Lázaro Cárdenas trajo el mal a Yucatán", dice la oligarca, que "sólo" posee 14 haciendas, de las más de 30 que alguna vez tuvo su familia. "¿Y que tal sus trabajadores?", pregunta Gleyzer en *off*. "Algo flojitos", responde la señora, "ahí les pagamos para que no se mueran de hambre".

A las secuencias finales de la película, Gleyzer incluyó (con el apoyo de Paul Leduc) imágenes y grabaciones de las décadas de 1910 y 1920, así como de 1968 para poder vincular los sucesos en la Plaza de Tlatelolco y los hechos en el momento de producción del film (1970) con el pasado remoto de la revolución a través de un montaje paralelo.

En 1973 Gleyzer fue uno de los fundadores del grupo argentino Cine de la Base. Gleyzer y sus compañeros compartían la visión de plantear un cine político, tanto por su temática como por sus modos de producción. Su cine dejó de ser un mero entretenimiento para convertirse en una arma de contrainformación para promover activamente una verdadera "revolución", ofreciendo una visión crítica y compleja de la Revolución, una que transciende y cuestiona la exaltación mitificadora de la historia oficial y haciendo público, además, un comentario sobre la necesidad del compromiso en la representación. Leduc es el cineasta mexicano de la época más conectado con el movimiento del Nuevo Cine Latinoamericano. Su contacto con Raymundo Gleyzer, quien pagó su activismo con su propia vida —desde el año 1976 es un *desaparecido*—, se refleja en la obra *Reed: México insurgente*. Esta lectura ofrece una nueva interpretación. No es solamente el periodista Reed quien cuestiona su papel como mero informador y se replantea la "necesidad de participar más activamente". Es también el director de la película, Paul Leduc, quien siente la obligación de comprometerse con el activismo. Reed roba una cámara fotográfica para continuar "representando" la Revolución, Leduc usa una cámara fílmica para representar la realidad en el México posmatanza de Tlatelolco.

La idea original para la película *Reed: México insurgente* fue de Paul Leduc, quien —con la colaboración de Emilio Carballido y Juan Tovar— comenzó a esbozar el guión cinematográfico basado en las crónicas de John Reed e inspirado por los recuerdos del tío del director, Renato Leduc, quien había conocido a Reed durante la Revolución. La película, que recibió críticas muy positivas por parte de la prensa nacional e internacional, hoy se considera como la primera y última gran producción del cine independiente mexicano, la cual fue financiada por Salvador López y Ollín y Asociados con un presupuesto muy limitado. Los productores responsables fueron Luis Barranco y Bertha Navarro.

La fotografía estuvo a cargo de Alexis Grivas, Ariel Zúñiga, Luc-Toni Kuhn y Martín Lasalle; mientras que el sonido estuvo a cargo de Ernesto Higuera, Max López, Miguel Ramírez y Antonio Bermúdez, la edición la hizo Salvador Topete. La ambientación la realizaron Luis Jasso y Yolanda Melo. Originalmente fue rodada en blanco y negro en 16 mm, posteriormente fue ampliada a 35 mm con viraje a color sepia.

Los actores principales, como Claudio Obregón, Ernesto Gómez Cruz, Eduardo López Rojas y Juan Ángel Martínez, trabajaron antes en el Teatro Universitario de México o para la televisión. El equipo consistió en su mayor parte en amigos del director.

El realizador, Paul Leduc, nació en la Ciudad de México el 11 de marzo de 1942. Después de haber estudiado arquitectura se dedicó al cine y comenzó una segunda carrera universitaria. Leduc estudió cine documental y etnográfico con Jean Rouch y realización cinematográfica en el Instituto de Altos estudios Cinematográficos (IDHEC) de París. *Reed: México insurgente* es su ópera prima como largometraje. La película fue estrenada en 1972 en la Quincena de Realizadores del Festival de Cannes y premiada el mismo año con el Prix Georges Sadoul a la mejor película extranjera estrenada en Francia en 1972. *Etnocidio: notas sobre el Mezquital*, un documental de tono militante del año 1976, denuncia el fenómeno de aculturación que viven los indígenas otomíes. Con *Frida, naturaleza viva* (1986), un retrato de la pintora Frida Kahlo, el director entró a una fase neobarroca. En 2007 Leduc presentó su película de ficción más reciente, *Cobrador: in god we trust*, sobre el tema de la violencia que azota a las ciudades latinoamericanas en el mundo de la globalización; está basada en cuentos de Rubem Fonseca, escritos en diferentes libros y diferentes momentos. Entre las 25 obras de Paul Leduc (cortometrajes, largometrajes, documentales y películas de ficción), *Reed: México insurgente* sigue siendo la más conocida.

Bibliografía

AGUAYO, Sergio (2010): *Vuelta en U. Guía para entender y reactivar la democracia estancada.* México: Taurus.

ANDERSON, Benedict (1983): *Imagined Communities.* London: Verso.

BARTHES, Roland (1994): *Mitologías.* México: Siglo XXI.

BRITTON, John A. (1995): *Revolution and ideology: Images oft he Mexican Revolution in the United States.* Lexington: Univerity Press of Kentucky.

De la Colina, José (1972): "Crea un Nuevo Cine: 'Reed: México Insurgente'". En: *El Universal*, 29 de marzo.

Eisenstein, Sergej M. (1988): "Librerías." En: *Memorias inmorales, Vol. 1*. México: Siglo XXI.

Ferro, Marc (1976): *Cinéma et Histoire*. Paris: Denoël.

García Riera, Emiliano (1984): *Fernando de Fuentes (1894-1958)*. México: Cinemateca Nacional.

— (1998): *Breve historia del cine mexicano 1897-1997*. México: Ediciones Mapa.

— (1998): *Breve historia del cine mexicano, 1887-1997*. México: Ediciones Mapa.

López, Ana (1990): "At the limits of documentary: Hypertextual Transformation and the new latin american cinema". En: Burton, Julianne (ed.): *The social documentary of Latin America*. Pittsburgh: University of Pittsburgh Press, pp. 403-432.

Mistron, Deborah E. (1983): "The role of Pancho Villa in the mexican and american cinema". En: *Studies in Latin American Popular Culture* 2, pp. 1-13.

— (1984): "Re-evaluating the Revolution: Mexican Cinema of the Echeverría Administration (1970-1976)". En: *Studies in Latin American Popular Culture* 3, pp. 47-56.

Monsiváis, Carlos (1981): "Notas sobre la cultura mexicana en el siglo xx". En: Cosío Villegas, Daniel (ed.): *Historia general de México*. México: Editorial Pax.

Mraz, John (1997): "How real is reel? Fernando de Fuentes's revolutionary trilogy". En: Stock, Ann Marie (ed.): *Framing Latin American Cinema: Contemporary critical perspectives*. Minneapolis: University of Minnesota Press, pp. 93-119.

— (2000): *La revolución es historia. Filmando el pasado en México*. México: Instituto Nacional de Antropología e Historia.

Peña, Fernando Martín/Vallina, Carlos (2000): *El cine quema*. Buenos Aires: De la Flor.

Pick, Zuzana M. (1993): *The New Latin American Cinema: A Continental Project*. Austin: University of Texas Press.

— (2000): "A romance with Mexico: the epic spectacle oft he revolution". En: *Canadian Journal of Film Studies/Revue Canadienne d'Études Cinématographiques* 9, pp. 2-22.

— (2010): *Constructing the Image of the Mexican Revolution*. Austin: University of Texas Press.

Powell, Dillys (1974): "Films". En: *The Saturday Times*, 13 de enero.

Ramírez Berg, Charles (1992): *Cinema of Solitude: A critical study of Mexican Film 1967-1983*. Austin: University of Texas Press.

Reed, John (1969): *México insurgente*. Barcelona: Txalaparta.

Rivera, Diego (s. a.): "José Guadalupe Posada". En: zhttp://www.festivaldepoesiademedellin.org/pub.php/es/Revista/ultimas_ediciones/79/rivera.html> (24.9.2013).

Rosenstone, Robert A. (1975): *Romantic Revolutionary: A biography of John Reed*. New York: Random House.

— (2006): *History on Film / Film on History*. Harlow: Pearson Longman.

Sorlin, Pierre (1985): *Sociología del cine*. México: Fondo de Cultura Económica.

Tuñón, Julia (2010): "La revolución mexicana en celuloide: la trilogía de Fernando de Fuentes como otra construcción de la historia". En Sánchez, Fernando Fabio/García Muñoz, Gerardo (eds.): *La luz y la guerra. El cine de la revolución mexicana*. México: Consejo Nacional para la Cultura y las Artes, pp. 209-235.

VALLEJO, Juan M. (1967): *Corresponsal de guerra. Crónica Ilustrada Revolución Mexicana.* México: Instituto Nacional de Antropología e Historia.

VELLEGGIA, Susana (2012): *La máquina de la mirada.* Buenos Aires: Editorial Altamira.

Filmografía

El compadre Mendoza (Fernando de Fuentes, México 1933).

México, la revolución congelada (Raymundo Gleyzer, México/Argentina 1970-1971).

¡Qué viva México! (Sergej M. Eisenstein, México/URSS 1930-1932).

Reed: México insurgente (Paul Leduc, México 1970-1971).

Vámonos con Pancho Villa (Fernando de Fuentes, México 1935).

Nación y género en el cine feminista mexicano de finales de los 80

Isabel Arredondo
(State University of New York at Plattsburgh)

Este artículo relaciona el concepto de nación con la perspectiva de género, analizando el cine feminista mexicano de finales de los 80. La primera pregunta que necesitamos abordar es: ¿existe una relación entre hacer cine como mujer y representar a la nación? ¿Puede un cine hecho desde una perspectiva de género afectar la manera en la que se entiende la nación? Contestar esta pregunta depende en gran manera de qué entendemos por el concepto de nación. Si por nación entendemos una esencia; es decir, si concebimos la nación como ese algo que hace que todos los mexicanos sean mexicanos, si la nación es la "mexicanidad", entonces llegaremos a la conclusión de que la nación y el género no están relacionados. En ese caso, el cine, hecho por mujeres o por hombres, deberá representar a la nación de igual manera, ya que la nación es una esencia que va más allá de quien la percibe. Por eso, el cine de mujeres no podría afectar la representación de la nación, porque la mexicanidad es un concepto a priori, que está dado de antemano. Por el contrario, si entendemos que la nación es una proyección colectiva y no una esencia, entonces género y nación sí estarían relacionados.

La nación en los estudios de cine

En los estudios de cine mexicano, la gran mayoría de las veces la nación se entiende como una comunidad imaginada. La teoría de la comunidad imaginada, expuesta por Benedict Anderson en su libro *Imagined Communities* (1983), propone que la nación está construida por la gente que se ve a sí misma como parte de la nación. Si eso fuera cierto, si la nación no es una esencia sino una construcción, entonces la experiencia de haber vivido como mujeres sí afectaría la manera en la que se concibe la nación. De la misma manera, el haber tenido la experiencia de haber vivido como hombre también influiría en la conceptualización de la nación. También la experiencia de ser heterosexual o gay crearía imaginarios diferentes.

En el caso concreto de los estudios de género, la nación se ha asociado con la familia. Uno de los estudios más representativos dentro del área latinoamericana ha sido el libro de Doris Sommer titulado *Foundational Fictions: the National Romances of Latin America* (1993). Sommer se basa en Anderson para proponer que las novelas latinoamericanas del siglo XIX intentan resolver los problemas que afectan a la nación a través del matrimonio de los personajes. Por ejemplo, si en un determinado país hay problemas entre las distintas clases sociales que amenazan la unificación de la nación, estos se resolverán, a nivel imaginario, a través del matrimonio entre dos personas de clases sociales diferentes. Si lo que propone Sommer fuera cierto, si el concepto de nación en las novelas del siglo XIX es un imaginario a través del cual se abordan problemas nacionales, entonces podríamos trasladar este tipo de análisis al cine. El análisis de los personajes en las películas hechas por mujeres nos permitiría estudiar qué tipo de nación construyen las directoras mexicanas. Sin embargo, también sería necesario estudiar el contexto sociocultural en el que las directoras hicieron sus películas.

El contexto feminista de finales de los 80

La teoría de Sommer está basada en un contexto histórico específico, de tal manera que se asume que las novelas anteriores a la independencia imaginan la nación de manera distinta a las novelas de un período posterior a la independencia. Por esa razón, al estudiar la relación entre el género y la nación imaginada, también es importante especificar en qué momento histórico se está imaginando la nación desde una perspectiva de género. Obviamente, la nación imaginada por Matilde Landeta en *Lola Casanova* (1948) o por Marcela Fernández Violante en *De todos modos Juan te llamas* (1975) no es la misma que la de María Novaro. La especificidad histórica requiere que se elija entre las diferentes directoras que hicieron cine en México. Por lo tanto, mi pregunta de cómo imaginan la nación las directoras mujeres se refiere estrictamente a las que se graduaron de las escuelas de cine e hicieron sus óperas primas a finales de la década de los 80. Me refiero a la generación de Guita Schifter, María Novaro, Marisa Sistach, Busi Cortés, Eva López-Sánchez y Dana Rotberg. Siguiendo la sugerencia de Sergio de la Mora voy a llamar a estas cineastas, directoras de la tercera ola, no sin antes explicar por qué considero que su cine es feminista.

La idea de que hay un tercer feminismo se tiene hoy, en el siglo XXI. En los años 90, cuando se escribieron historias del cine de mujeres en México como las de Elissa Rashkin, Joan Hersfield, Márgara Millán, Patricia Vega, Patricia Torres San Martín, e incluso mi libro de entrevistas, no estábamos tan seguras. Nuestra duda se debía a que las mismas directoras se habían excluido del feminismo. Desde finales de los 80 y hasta mediados de los 90 el grupo de directoras que se graduó de las escuelas declaró públicamente que su cine no era feminista.

Entre 1989 y 2001 las directoras de la tercera ola individualmente y en diferentes momentos declararon en entrevistas publicadas en periódicos que sus películas no estaban creadas con la intención de ser feministas. La primera en tomar esta posición fue Busi Cortés, quien declaró en 1989, cuando salió *El secreto de Romelia*: "Me choca el cine feminista; el mío es de mujeres" (Espinosa 1989). Dos días después de la declaración de Cortés, las reseñas se referían a su cine como "cine femenino". Por ejemplo, Rubén Hernández titula su reseña de *El secreto de Romelia*, "El cine femenino toma su lugar". Seguidamente, cuando salió *Lola*, la ópera prima de Novaro, los críticos de cine le pusieron la etiqueta de "femenino". Por ejemplo, cuando Tomás Pérez Turrent, escribió su reseña sobre *Lola,* la tituló "'Lola': retrato femenino de una estudiante del CUEC", lo que implica que el crítico de cine no ve la obra como feminista, sino como femenina. Sin embargo, a diferencia de Cortés, durante varios años, Novaro prefirió evitar el término "feminista" en lugar de directamente oponerse a él. Novaro presentó su *Lola* como una película para un público constituido por mujeres. En la entrevista con Patricia Vega, la periodista cita a la directora diciendo que en su película ella buscaba dar "un enfoque actual y supervital que duela y conmueva a las mujeres" (Vega: 1989: 19).

La ópera prima de Sistach, *Los pasos de Ana* (1989), se exhibió en el "Encuentro de Mujeres Cineastas y Videoastas Latinas" organizado por Norma Iglesias y Rosalinda Fregoso en 1990[1]. Las conversaciones que el público tuvo con las cineastas están documentadas en el libro *Miradas de mujer: Encuentro de mujeres videoastas y cineastas chicanas y mexicanas* (1998). Para Sistach, la exhibición de su película en la conferencia de Tijuana marcó su ruptura con el feminismo: "En ese encuentro de Tijuana se pusieron como seis y dijeron que la película era sexista y machista. Además, ¡eran cineastas!" (Arredondo 1996: 5). Ante esta reacción por parte del público, Sistach concluyó: "Si *Los pasos de Ana* es sexista y machista, pues ya no tengo nada que ver [con el feminismo]" (Arredondo, 1996: 5). La separación del feminismo de Dana Rotberg data de 1990[2]. La directora explicó que en el Festival Internacional de Berlín tuvo una expe-

[1] Peter Schumann, uno de los organizadores del Festival de Berlín en 1991, quería que llevar *Los pasos de Ana* (hecha en 16 mm) a una retrospectiva de cine joven mexicano que formaba parte del festival. Sin embargo, como no había copias en 35 mm que se pudieran llevar al festival, Schumann negoció con IMCINE financiar un *transfer* a 35 mm si IMCINE entraba como coproductor en la película. Sistach pudo acabar de editar *Los pasos de Ana* al venderle los derechos de exhibición a México y a Alemania (Vega 1991).

[2] *Intimidad* y *Los pasos de Ana* se exhibieron en la Quinta Muestra de Cine Mexicano de Guadalajara en 1991. Según José Vera, al público le gustó *Intimidad*, ya que tituló su reseña "Júbilo en la premier de *Intimidad*". Además, *Intimidad* ya se había exhibido el año anterior

riencia muy negativa cuando varias personas criticaron a Tere [Lisa Owen, la protagonista de *Intimidad* (1990): "Me acuerdo de que cuando pasaron la película en el Festival de Berlín, se me fueron al cuello todas las feministas alemanas, que son ¡cabronas! Decían que por qué había yo hecho una película en la que los personajes femeninos... Yo decía: 'Carajo, los personajes femeninos en el mundo no los inventé yo. Sí hay mujeres gárgolas, sí hay mujeres que se quieren coger al vecino'. Que no es como debería ser, pues a lo mejor no, pero existe" (Arredondo 2001: 178). Como consecuencia de su experiencia en Berlín, y quizás a causa de ésta, Rotberg se distanció claramente del feminismo. Cuando en 1992 respondió a preguntas relacionadas con su segundo largometraje, *Ángel de Fuego* (*Angel of Fire*, 1991), seleccionado para la Quincena de Realizadores en Cannes, Rotberg declaró abiertamente a los periodistas: "No pretendo mostrar una temática feminista en mis películas" (Quiroz Arroyo 1992).

María Novaro fue la última de las directoras en situarse fuera del feminismo. Los primeros signos de su separación aparecieron en una entrevista que data de 1992, después de haber participado con *Danzón* (1991) en una sesión de preguntas al director en el Festival Internacional de Berlín. En una entrevista que le hizo Robert Ellsworth, Novaro menciona que tuvo un enfrentamiento con una mujer en el público que se autoidentificó como feminista. Según Novaro, a la mujer del público le daba pena Julia (María Rojo), la protagonista de *Danzón*, porque le silbaban los hombres. Novaro le explicó a esta mujer que se trataba de una diferencia cultural: "When men whistle at me on the street, it makes me feel good. That's just the way men and women relate in my country. It's nice to know you can attract such attention" (Ellsworth 1992). La respuesta que le dio la directora muestra que la noción de feminismo que tenía la feminista del público no tenía en cuenta las diferencias culturales. Después del Festival de Berlín, Novaro comenzó a distanciarse del feminismo y esta distancia se hizo más profunda cuando la prensa empezó a referirse a sus películas como feministas. Después del gran éxito en Cannes, el segundo largometraje de Novaro se exhibió en Europa y Norteamérica, y la prensa internacional escribió sobre la película en periódicos y revistas. Títulos de revistas como —"The Feminist Vision of Maria Novaro" (Bald 1991), "A Melodious Variation On Feminist Awareness" (Maslin, 1992) y "Mexican Comedy Danzon Offers Feminist Message With Light Touch" (Benerstein 1992)— muestran que la prensa internacional asociaba el segundo largometraje de Novaro con el feminismo. La insistencia de la prensa extranjera en decir que Novaro era una directora feminista parece haber influido en la prensa nacional, que hasta ese momento había presentado las películas de Novaro como femeninas. A principio de los años 90 la prensa

---

en San Sebastián y Huelva, y la habían llevado al Festival Internacional de Berlín el año anterior, junto con *Lola* y *Los pasos de Ana*.

nacional había usado el término feminista sólo con sentido negativo, como en el titular: "María Novaro es descarada feminista y antimachista" (Leal 1992), mientras que el término "femenino" se empleaba de manera positiva. Sin embargo, ya en 1993, la palabra feminista toma connotaciones positivas, como en el comentario anónimo que refiriéndose al tercer largometraje de Novaro lo calificaba de "profunda visión feminista". La insistencia de la prensa en calificar el cine de Novaro como feminista pudo haber influido en el hecho de que en 1994 Novaro no se adhiriese al feminismo al decir: "No soy una directora feminista" (ANSA 1994: 40).

En general, la prensa tomó una perspectiva étnica y no de género para acercarse a las películas de la directora Guita Schyfter, y por tanto no hay una gran discusión en torno a su posición con respecto al feminismo. Sin embargo, su tercer largometraje, sí toca este tema. En *Las caras de la luna* (2001), una película en varios aspectos autobiográfica, Schyfter recrea los festivales internacionales de cine de mujeres al situar a sus personajes en el Tercer Festival Anual de Cine Latinoamericano. Los personajes principales, cuatro mujeres latinoamericanas y una estadounidense, hacen de jurado en el festival. La estadounidense, Joan (Geraldine Chaplin), es una feminista y teórica de cine, vestida de negro, que actúa como si conociera la realidad latinoamericana. Sin embargo, dentro del marco de la película a Joan se la presenta como alguien que no ha vivido la realidad de América Latina y que por tanto la desconoce. Según *Las caras de la luna*, el conocimiento que de verdad cuenta es el de Julia, la militante uruguaya, que vivió la experiencia de haber pasado muchos años en la cárcel, y el de Josh, la argentina, que perdió a su familia durante la dictadura. Si inferimos la posición de Schyfter con respecto al feminismo de la representación de Joan, concluiremos que las académicas norteamericanas feministas crean teorías inconsecuentes sobre gente que en realidad no entienden, un punto que queda claro con el voto de Joan. Cuando llega la votación, Joan se deja llevar por sus emociones sentimentales y elige el trabajo de su amante, una de las directoras cuyo trabajo compite en el festival. La falta de ética del personaje feminista de Schyfter nos permite elucidar que, como en el caso de Cortés, Novaro, Rotberg y Sistach, Schyfter también se sitúa a sí misma fuera del feminismo.

El que estas directoras se sitúen a sí mismas fuera del feminismo no tiene por qué entenderse como un signo de que su cine no es feminista, sino como una prueba de que desde mediados de los 80 el feminismo entra en una nueva fase. El feminismo de la segunda ola plantea la igualdad de género desde una perspectiva colectiva y asocia lo político a lo público. En cambio, las directoras feministas de la tercera fase están mucho más interesadas en hacer que lo privado sea político. El suyo es un feminismo que politiza lo personal: la maternidad, la sexualidad e incluso las relaciones románticas de pareja. Dicha politización, causó varios puntos de ruptura.

Puntos de fricción

El primer punto de ruptura fue la construcción de personajes femeninos que no fueran heroicos. Al estudiar las discusiones que tuvieron lugar en conferencias, festivales y entrevistas queda claro que la construcción de las mujeres en las narrativas cinematográficas fue uno de los puntos de fricción. La discusión que tuvo lugar respecto al personaje de Lola en la película del mismo nombre ilustra este punto. En *Lola* la protagonista se deprime hasta el punto de que se da cuenta de que ya no puede cuidar a su hija, y deja a ésta al cuidado de su madre. Después de una visita al mar, Lola se recupera un poco, vuelve al D. F., recoge a su hija y comienza a vivir una vida con algo de esperanza. El final de la película no sugiere que Lola haya descubierto cómo superar su situación, sino más bien que se ha recuperado lo suficiente como para seguir en pie. Según Novaro, este final no les gustó a algunas feministas de la segunda ola:

> Ahí está el punto de desacuerdo con alguna sección de la crítica feminista que piensa que el final de *Lola* debería ser de otro modo. Me parece curioso que esta crítica feminista coincida con una parte del público masculino a quien molesta que Lola empiece a llorar y no se pueda controlar (Arredondo 2001: 132).

Novaro señala la aparente incongruencia de que dos tipos de público que normalmente tienen opiniones contrarias, el feminista y los hombres, coincidan en desear que la protagonista se sobreponga. Según la directora, crear un personaje fuerte favorece a hombres y feministas:

> Para un hombre, hubiera sido mucho más fácil ver una película en la que la mujer es abandonada pero se levanta, trabaja y resuelve sus problemas. Si la mujer se levanta, él ya no tiene la culpa ni tiene que plantearse ciertas cosas. Sin embargo, cuando dejas que esa mujer se destruya por el egoísmo de ese cuate [hombre], entonces el hombre se irrita muchísimo. El hacer que Lola razone y se sobreponga al abandono es hacerlo fácil para todos: para las mujeres, porque les da un personaje ejemplar al cual seguir, y para los hombres, porque entonces no tienen que enfrentarse a la disputa (Arredondo 2001: 132).

La directora arguye que la creación de mujeres heroicas puede llevar a una posición que beneficie a los hombres. Esta afirmación demuestra que Novaro cuestiona la posición masculina. Sin embargo, Novaro también se distancia de un sector del feminismo, lo que anuncia una nueva etapa.

El segundo punto de ruptura fue el cuestionamiento de la sexualidad. Las directoras feministas de la tercera ola amplían los temas de interés para el feminismo, planteando la homosexualidad. Este punto de fricción surgió durante la exhibición de *Los pasos de Ana* (1989), y estuvo relacionado con el hecho de que el mejor amigo de Ana, la protagonista, sea un homosexual, Carlos. Según Sistach, en Tijuana las feministas protestaron porque "decían que por qué nunca se ve a Ana rodeada de otras mujeres y que por qué Ana es de ese mundo de hombres sin que ninguna mujer la ayude" (Arredondo 1996: 5). A Sistach le interesaba crear un personaje gay, y no simplemente reproducir la realidad que existía en México. El personaje de Carlos es "una repuesta al cine mexicano", dijo Sistach añadiendo:

> Así como quería hacer un personaje de mujer distinto, uno de los personajes más vapuleados en el cine mexicano, es el homosexual. El homosexual siempre es el que da pie a que se burlen de él, a que lo denigren. Entonces me parecía muy importante presentar un personaje homosexual que fuera visto de otra manera (Arredondo 1996: 5).

Varias décadas después, y cuando los departamentos de estudios de la mujer en los Estados Unidos se han convertido en su mayoría en departamentos de sexualidad y estudios de la mujer o sexualidad y feminismo, no nos cabe la menor duda de que Sistach tomó una posición feminista. Retrospectivamente, podemos decir que en *Los pasos de Ana* Sistach se adelanta al cuestionamiento de la sexualidad. Coincidentemente, otra directora de la tercera ola, Novaro, tiene una preocupación similar. En *Danzón* (1991), la mejor amiga de Julia es Susy (Tito Vasconcelos), un artista gay que tiene su propio *show* en la ciudad de Veracruz.

El tercer punto de fricción del feminismo de la tercera ola es el resultado de politizar lo privado, lo que pasa dentro de casa: la maternidad, las emociones sentimentales de las mujeres. Esta aproximación a los problemas sociales desde una perspectiva del individuo hace que la maternidad, que en el segundo feminismo se llegó a considerar como un acto de complicidad con el patriarcado, se convierta en un foco de atención. Refiriéndose al interés en la maternidad, Novaro explica que había una actitud social muy generalizada que "toma la maternidad como algo natural, que no necesita ser explorada o que no tiene ningún interrogante que plantear" (Arredondo 2001: 129). Frente a esta falta de interés, películas de la tercera ola como *Lola*, se enfocan en la maternidad.

Las emociones de las mujeres, un sentimiento privado, crearon mucha fricción en Tijuana. En la discusión de *Los pasos de Ana* el público criticó el romanticismo de Ana. A la protagonista, que trabaja de asistente de director en un programa de televisión, le encargan investigar la vida y obra de un poeta mexicano ya muerto, Gilberto Owen. Para su investigación, Ana entrevista al gran amor de Owen, Clementina Otero, y lee los poemas que Owen le dedicó a Otero. En *Los pasos de Ana* hay una toma en la que Ana se retrata a sí misma leyéndose los poemas de Owen. Es una escena dominada por la nostalgia que siente Ana al no haber tenido en su vida un amante como Owen. Según Sistach: "Lo que pasa es que Ana es una romántica; ella sí cree en el amor, en el amor ese un poco pasional de las películas... Este es un aspecto que le extraña al público feminista norteamericano y no es una parte que les guste; es una parte que como que les cuesta un poco de trabajo tragar" (Arredondo 1996: 5). El mismo cuestionamiento aparece en el caso de Novaro. La directora explica que las emociones románticas de Lola también fueron atacadas:

> A algunas feministas les molestaba que la crisis de Lola estuviese en función del vacío que siente cuando se queda sin compañero. Yo siento que soy muy sincera, no la estoy juzgando, estoy hablando de lo que he observado en la vida de muchísimas mujeres. El abandono nos causa un problema emocional muy serio y reflexioné sobre ello en la película, muy dolorosamente. Que uno quiera las cosas de otro modo, es posible; yo simplemente lo narré de la manera en que yo lo he vivido y lo he visto a mi alrededor. Yo creo que es muy importante reflexionar y no mitificar ese vacío emocional (Arredondo 2001: 130).

Novaro toma una posición similar a la de los personajes heroicos con respecto al amor romántico: prefiere el "es", al "debería ser". Al mismo tiempo, las palabras de Novaro también reflejan el hecho de que en el tercer feminismo la vida privada de las mujeres, sus emociones, se politizan. El hacer que el vacío emocional que Lola siente le produzca una depresión profunda hace que las relaciones amorosas individuales se cuestionen y que se exija que la sociedad examine las ideas con las que se educa sentimentalmente a las mujeres.

La nación en las películas de la tercera ola

Del análisis de los puntos de fricción entre el segundo y el tercer feminismo puede deducirse que las directoras de la tercera ola se aproximan a los problemas sociales desde la perspectiva del individuo. Ahora, ¿cómo se acercan estas directoras al planteamiento de la nación desde su posición de género? Y más en particular, dado que la nación se ha entendido como una comunidad imaginada en la que la familia desempeña un papel fundamental, ¿qué nos dicen las películas de la tercera ola sobre la gran familia, la nación?

La ausencia del padre, junto con la depresión de las madres, son los aspectos que más llaman la atención al comparar las películas de la tercera ola a las del cine clásico. Como Julian Burton-Carvajal ha demostrado, en el cine clásico el patriarca tiene una importancia decisiva. La historiadora del cine clásico se refiere a estas películas con el término "melodramas del patriarcado", con lo que no sólo se refiere a que estas películas se centran en torno a la figura del patriarca, sino que además establecen el régimen patriarcal (Burton 1997: 227-8). Según Burton-Carvajal, aunque la figura de la madre está omnipresente en las narrativas del cine clásico, no se trata de matriarcados.

A diferencia de los melodramas clásicos, en las películas feministas de la tercera fase, el padre está ausente. Los padres ni están presentes ni hacen de patriarcas, bien sea porque el padre/amante se muere, como en *Ángel de fuego* (Rotberg, 1991); porque se vaya en un *tour* musical, como Omar en *Lola*; porque haya habido un divorcio, como en *Los pasos de Ana*; o porque se haya casado por venganza y haya hecho que su esposa se marche, como en *El secreto de Romelia* (Cortés, 1989).

La ausencia del padre en las narrativas feministas de la tercera ola se puede interpretar de varias maneras. Una sería decir que el patriarcado ha desaparecido, que la sociedad mexicana a partir de los 90 no es una sociedad patriarcal. Tal es el caso de Óscar Robles, quien en *Identidades maternacionales en el cine de María Novaro* (2005) propone que Novaro establece un matriarcado empezando a nivel regional, con *Lola*, pasando a nivel nacional en *Danzón*, para llegar a un nivel internacional con *El jardín de Edén* (1994). Si consideráramos que lo que propone Robles es que las películas de Novaro establecen un matriarcado como una sociedad imaginada, quizás se podría sostener su teoría. Sin embargo, Robles no se refiere tanto a una comunidad imaginada sino a una sociedad real, la mexicana, que según él se está convirtiendo en más progresiva y liberal, y a partir de los 90 da un papel más central a la mujer y a la madre. Obviamente, el papel de la mujer en la sociedad mexicana ha mejorado en 50 años, pero afirmar que se ha convertido en un matriarcado requiere un estudio más bien sociológico.

La aserción de Robles del final del patriarcado me parece demasiado esperanzadora. Es una idea que si bien sería deseable, no coincide con el tono de desesperación que domina muchas de las películas de fines de los 80 y principio de los 90. Por ejemplo, si hubiera terminado el patriarcado; si en realidad se hubiese establecido un matriarcado, ¿no vivirían las mujeres de estas películas un momento de liberación y no de lucha? Un número importante de protagonistas en las películas de estos años se suicida o sufre grandes depresiones. Cecilia en *Dama de noche* (López-Sánchez 1993) se quita la vida porque no ve una manera de salir del mundo en el que se encuentra; Alma en *Ángel de fuego* se quema viva; Lola está tan deprimida que juega con la muerte; Elvira Luz-Cruz, la protagonista del documental del mismo nombre de Rotberg, es una mujer alienada por el sistema jurídico y legal mexicano. ¿Qué interpretación le podemos dar entonces a la desaparición del padre de familia?

La ausencia del padre en las narrativas de la tercera ola está relacionada con el abandono. A nivel imaginario estas narrativas denuncian un abandono, que no es el del *pater familias*, sino más bien el abandono del Estado. El sexenio de Salinas, 1988-1994, que supuso un giro hacia la política neoliberal, trae consigo el abandono del ciudadano, incluyendo las madres. La denuncia de este abandono es quizás más clara en *Lola*, donde hay una crítica directa de la política del PRI. El gobierno no respondió adecuadamente a la crisis económica de mediados de los 80, especialmente en lo relacionado a los problemas causados por el terremoto que tuvo lugar en la Ciudad de México en 1985. La ópera prima de Novaro denuncia que el gobierno protege a los constructores de los edificios, quienes habían empleado materiales de inferior calidad a la requerida por la ley, y abandona a los ciudadanos, quienes se quedaron sin casa y en muchos casos sin trabajo. Además, la película retrata la doble política del gobierno con respecto a la economía informal[3]. El gobierno hace la vista gorda a un sistema en el que ciudadanos como Lola tienen que subsistir vendiendo en las calles y trabajando en casa, sin ninguna de las ventajas de un trabajo con vacaciones o seguro médico. *Lola* denuncia el que el gobierno no sólo abandone a sus ciudadanos, dejándolos sin los derechos del trabajador, sino que además los meta en la cárcel. Una de las escenas de *Lola*, por ejemplo, muestra la llegada de la policía en camionetas blancas para detener a los vendedores ambulantes compañeros de Lola. Esta escena hace patente el abandono del PRI, un gobierno que no sólo no crea suficientes puestos de trabajo, haciendo que madres como Lola corran el riesgo de que les confisquen la mercancía de la que depende su existencia.

La ausencia del padre es paralela a la falta de responsabilidad del Estado, como patriarca organizador de la vida social. El abandono del Estado como padre imaginario es central en *Elvira Luz Cruz, pena máxima*, película en la que Rotberg denuncia la situación de una madre que vive en un área marginal del D. F. A Luz Cruz, acusada de haber matado a sus cuatro hijos, no se le toma la declaración en el momento en el que la detienen, y se dejan sueltos a dos sospechosos importantes. Además, Rotberg, en una investigación posterior sobre el caso, descubrió no sólo que los hijos de Luz Cruz no habían comido en cuatro días, sino que la acusada había sido víctima de violencia familiar. Con anterioridad al momento del asesinato de los niños el marido de Luz Cruz, un ex policía, la había golpeado dejándola en estado de semiinconsciencia y luego, una vez golpeada, el marido había conseguido meterla en la cárcel (Arredondo 2001: 172). ¿Cómo se explica, se pregunta Rotberg, que el que perpetra la violencia meta en al cárcel a su víctima? Para este acto hay una sola respuesta: el abandono del Estado que se hace presente en la praxis de su sistema legislativo. Las investigaciones hechas sobre la maternidad por académicas estadounidenses desde un punto de vista histórico hacen suponer que el abandono de las narrativas mexicanas de la tercera ola puede estar relacionado con una falta de

[3] Para más detalle sobre la crisis económica, véase John Cross.

interés. El artículo de Alisa Klaus "Depopulation and Race Suicide: Maternalism and Pronatalist Ideologies of France and the United States" (1993) establece una relación entre el estado y los ciudadanos en dos países muy diferentes. Klaus compara la política pronatalista de Francia a mediados del siglo XIX, y el maternalismo y la política de "mejoramiento de la raza" en Estados Unidos a principios del siglo XX. Ambos ejemplos son importantes porque muestran que el Estado se interesa en la maternidad en un momento en el que la nación necesita más ciudadanos para luchar en las guerras, en el caso de Francia, o en el momento en el que se quiere mejorar las condiciones morales y físicas de los ciudadanos, en el caso de los Estados Unidos. Una idea similar surge al leer el libro de Rebeca Plant, *Mom: The Transformation of Motherhood in Modern America* (2010), especialmente en relación a las "madres soldado". Plant menciona que durante la Primera Guerra Mundial se asocia a la madre con el soldado. Ambos se consideran semejantes porque los dos luchan por la patria; la madre, dándole hijos a la nación. Ahora, pasada la temporada de la guerra, la idea de la madre soldado desaparece (Plant 2010: 8). Las propuestas de Klaus y Plant trazan una relación entre la necesidad de los ciudadanos y la importancia que se les da a las madres. ¿Qué interés puede tener en las madres el Estado mexicano a final de la década de los 80, en un momento en el que la nación no necesita ciudadanos para luchar en las guerras? En la situación descrita en las películas de la tercera ola, especialmente en el documental de Dana Rotberg *Elvira Luz Cruz*, más pareciera que al Estado le sobran los ciudadanos. Es precisamente este superávit de ciudadanos el que hace que el Estado no necesite ni una política pronatalista ni maternalista, como en los dos casos analizados por Klaus y Plant[4]. A la política neoliberal de Salinas no le hacen falta ni más madres, ni más ciudadanos. Es este exceso de ciudadanos que se consideran innecesarios el que se refleja en la situación laboral de *Lola* o en los abusos que sufre Elvira Luz Cruz. Volviendo al análisis de las novelas del siglo XIX que propone Sommer, podemos decir que las familias del siglo XIX y del XX son diferentes. Frente a la presencia de un padre responsable que domina en las novelas decimonónicas, en las películas de los 80 el padre está ausente. Esta ausencia, a nivel imaginario, representa una nación rota, en la que el ciudadano y el bien común no son los principios dominantes. Desde un punto de vista feminista, la ausencia del padre es una denuncia del egoísmo masculino a nivel familiar, y del egoísmo del Estado bajo una política neoliberal a nivel nacional.

[4] *Salón México* (Emilio Fernández, 1949) ejemplificaría el caso contrario. Este melodrama clásico expone, por un lado, la ansiedad creada por la Segunda Guerra Mundial y por el otro, un interés en la maternidad. Por ejemplo, la entrada del hijo de la directora del colegio de Beatriz con un uniforme militar sucede casi al mismo tiempo que el discurso en el que Beatriz dice que las madres son héroes porque luchan para que sus hijos sean los mejores.

Bibliografía

ANÓNIMO (1993): "Profunda visión feminista". En: *Novedades*, p. 14.

ANSA (1994): "No soy una directora feminista". En: *El Nacional* 21 de agosto, sección espectáculos, p. 40.

ARREDONDO, Isabel (1996): "Entrevista con Marisa Sistach", sin publicar.

— (2001): *Palabra de Mujer: Historia oral de las directoras de cine mexicanas 1988-1994*. Madrid/Frankfurt: Iberoamericana/Vervuert.

BALD, Margaret (1991): "The Feminist Vision of Maria Novaro". En: *Towards Freedom*, nº octubre-noviembre, p. 22.

BENERSTEIN, Robert (1992): "Mexican Comedy Danzon Offers Feminist Message with Light Touch". En: *Rocky Mountain News*, nº noviembre, p. 6.

BURTON-CARVAJAL, Julianne (1997): "Mexican Melodramas of Patriarchy: Specificity of a Transcultural Form". En: Stock, Ann Marie (ed.): *Framing Latin Merican Cinema: Contemporary Critical Perspectives*. Minneapolis: University of Minnesota Press, pp. 186-234.

CROSS, John C. (1998): *Informal Politics: Street Vendors and the State in Mexico City*. Stanford: Stanford University Press.

DE LA MORA, Sergio (2006): *Cinemachismo: Masculinities and Sexuality in Mexican Film*. Austin: University of Texas Press.

ESPINOSA, Pablo (1989): "Busi Cortés: Me choca el cine feminista; el mío es de mujeres". En: *La Jornada*, 12 de marzo.

HERNÁNDEZ, Rubén (1989): "El cine femenino toma su lugar". En: *El Nacional*, 14 de marzo.

HERSHFIELD, Joanne/MACIEL, David (1999): "Women and Gender Representation in the Contemporary Cinema of Mexico". En: Hershfield, Joanne/Maciel, David: *Mexico's Cinema: A Century of Film and Filmmakers*. Wilmington: Scholarly Resources, pp. 37-48.

IGLESIAS, Norma (coord. y ed.)/FREGOSO, Rosa Linda (coord.) (1998): *Miradas de mujer: encuentro de cineastas y videoastas mexicanas y chicanas*. Tijuana/Davis: El Colegio de la Frontera Norte/Chicana/Latina Research Center, University of California at Davis.

KLAUS, Alisa (1993): "Depopulation and Race Suicide: Maternalism and Pronatalist Ideologies of France and the United States". En: Koven, Seth/Mitchel, Sonia (eds.): *Mothers of the New World: Maternatlist Politics and the Origins of the Welfare States*. New York: Routledge. pp. 188-212.

LEAL, Alejandro (1992): "María Novaro es descarada feminista y antimachista". En: *El Universal*, 4 de octubre.

MASLIN, Janet (1992): "A Melodious Variation on Feminist Awareness". En: *The New York Times*, 25 de septiembre.

MILLÁN, Márgara (1999): *Derivas de un cine femenino. Estudios de género*. México: Programa Universitario de Estudios de Género.

PÉREZ TURRENT, Tomás (1991): "'Lola': retrato femenino de una estudiante del CUEC". En: *El Universal*, 10 de febrero.

Plant, Rebeca Jo (2010): *Mom: The Transformation of Motherhood in Modern America*. Chicago/London: The University of Chicago Press.

Quiroz Arroyo, Macarena (1992): "Inaugurará la película mexicana 'Ángel de fuego' la Quincena de Realizadores". En: *Excélsior*, 30 de abril, pp. 13, 15.

Rashkin, Elissa (2001): *Women Filmmakers in Mexico: The Country of Which We Dream*. Austin: University of Texas Press.

Robles, Óscar (2005): *Identidades maternacionales en el cine de María Novaro*. New York: Peter Lang.

Torres San Martín, Patricia (1998): "La investigación sobre el cine de mujeres en México". En: Burton-Carvajal, Julianne/Torres, Patricia/Miquel, Ángel (eds.): *Horizontes del segundo siglo: Investigación del cine mexicano, latinoamericano y chicano*. Guadalajara/México: Universidad de Guadalajara/IMCINE, pp. 39-44.

Vega, Patricia (1989): "En Lola, quiero desmitificar la maternidad: María Novaro". En: *La Jornada*, 11 de enero, Sección cultural, p. 19.

— (1991): "Concluye en Guadalajara la VI Muestra De Cine Mexicano". En: *La Jornada*, 13 de marzo, Sección cultural, p. 41.

Vera, José (1991): "Júbilo en la premier de Intimidad". En: *El Nacional*, Sección espectáculos, p. 5.

El callejón de los milagros y el nuevo cine mexicano

Friedhelm Schmidt-Welle
(Ibero-Amerikanisches Institut Berlin)

Introducción

El título del presente artículo podría sugerir que la película *El callejón de los milagros*[1] sea algo así como el inicio del llamado "nuevo cine mexicano", pero éste no es el caso. El nuevo cine mexicano se remonta en realidad a algunos intentos de renovación de mediados de los años 60 del siglo pasado, como bien se indica en un volumen especial de la editorial Clío titulado *Nuevo cine mexicano* (García/Coria 1997). En este volumen, la historia del llamado nuevo cine mexicano se divide en dos épocas: "La gran ilusión 1966-1976", y "Volver a empezar 1977-1997". Según este esquema —que termina en 1997 por la fecha de publicación del libro, y que se podría ampliar en su segunda etapa hasta nuestros días—, el nuevo cine, es decir, el contemporáneo al cual se vende bajo esta etiqueta, no sería tan nuevo y comenzaría en 1964 con el lanzamiento de la convocatoria para el "Primer Concurso de Cine Experimental" en México.

Creo que existe un malentendido en esta periodización, malentendido que se produce a partir de la construcción de una historia lineal, regida por cierta lógica interna, del llamado cine de arte. Según ese esquema, el nuevo cine mexicano que se produce a partir de los años 90 del siglo pasado, sería nada más que la consecuencia imprescindible de la estética vanguardista de la época de los 60 o del lenguaje fílmico del llamado cine de autor europeo.

Pero la historia del cine mexicano en realidad no es tan lineal como los autores del volumen mencionado antes lo sugieren. Y con esto no solamente me refiero a los intentos truncados del desarrollo de una cinematografía "auténticamente" mexicana por la falta de infraestructura, voluntad política y las múltiples crisis económicas de México en la segunda mitad del siglo XX. Creo que la construcción de una historia lineal entre la estética vanguardista de los 60 y el nuevo cine mexicano de los 90 tampoco considera los cambios en el lenguaje y las formas cinematográficas en esas décadas.

---

[1] La película, dirigida por Jorge Fons, y con un guión del escritor Vicente Leñero, se basa en la novela *Midaq Alley* del premio Nobel Naguib Mahfuz.

Lo que me parece importante con respecto a *El callejón de los milagros* y su conexión con el nuevo cine mexicano son dos aspectos que en este caso, creo yo, no se pueden ver de manera aislada. Me refiero, primero, al relativo éxito comercial de esa cinta y sus consecuencias para la imagen del nuevo cine mexicano tanto a nivel nacional como internacional, y, segundo, a la estética de las historias que se cruzan. Esa estructura básica de la película se convertirá en una especie de modelo de varios filmes mexicanos posteriores a *El callejón de los milagros*.

El cine mexicano de los años 90: entre la precariedad y el éxito

El cine mexicano de la década de 1990 se caracteriza por una aparente paradoja. A pesar de que la industria del cine nacional se encuentra —una vez más— en una de sus crisis profundas en términos de su producción, infraestructura y difusión[2], se trata precisamente de una de las décadas más fructíferas del cine mexicano (Vargas 2011), lo que se refleja no solamente en la creciente comercialización de algunas de sus películas a nivel internacional[3], sino también en una serie de premios tanto nacionales como internacionales para varios de los filmes que se producen en esta época[4]. Estos éxitos se deben, a mi modo de ver, a la estructura y la estética cinematográficas de las películas en cuestión, tema que voy a tratar más adelante. En el caso de *El callejón de los milagros*, el éxito, además, es una consecuencia de la actuación de Salma Hayek, quien había

[2] Cf., con respecto a la situación económica e histórica de la industria cinematográfica de la última década del siglo XX y la primera del siglo XXI en México en general, García Canclini/Rosas Mantecón/Sánchez Ruiz (2006) y Getino (2005: 266-290).

[3] Entre las películas que se comercializan a nivel internacional en los años 90 se encuentran *Danzón* (1991), de María Novaro, *Como agua para chocolate* (1992), de Alfonso Arau, *La invención de Cronos* (1992), de Guillermo del Toro, *El callejón de los milagros* (1994), de Jorge Fons, y, al final de la década, *Amores perros* (1999), de Alejandro González Iñárritu. En enero de 1994, *Como agua para chocolate* incluso rompió la marca de taquilla para una película en lengua extranjera, 20,5 millones de dólares, en los Estados Unidos (García Riera 1998: 379).

[4] Aparte de que varias películas de los directores mexicanos más importantes de la época recibieron el "Ariel", el máximo premio otorgado por la Academia Mexicana de Artes y Ciencias Cinematográficas, en alguna de sus categorías (García Riera 1998: 381-385), y más allá del "Premio Nacional de las Artes" que se otorgó a Arturo Ripstein en 1997 (García Riera 1998: 380), varios filmes ganan reconocimientos internacionales: *Principio y fin*, de Arturo Ripstein, obtiene el "Primer Premio" en el Festival de San Sebastián (1993); *La invención de Cronos*, de Guillermo del Toro, gana el "Gran Premio de la Semana de la Crítica" en Cannes (1993); *El héroe*, de Carlos Carrera, se merece la "Palma de Oro" para cortometrajes, también en Cannes (1994). *El callejón de los milagros* y *Amores perros* ganan más de veinte premios nacionales e internacionales cada uno, entre ellos el "Ariel" para la mejor película.

protagonizado la telenovela mexicana *Teresa* y, en la misma época, había actuado en algunas películas estadounidenses (Mora 2005: 187).

Pero por el momento, quiero enfatizar algunos aspectos de la situación precaria de la industria del cine mexicano en los años 90. Entre 1989 y 1994, año de la realización de *El callejón de los milagros*, la producción de películas nacionales disminuye de manera dramática año tras año para llegar a sólo 28 filmes en 1994, la cifra más baja desde 1936 (García Riera 1998: 356).

Producción de cine mexicano 1989-1994 (según García Riera 1998: 356)

Año	1989	1990	1991	1992	1993	1994
Películas producidas	92	75	62	58	49	28
Con participación estatal	6	6	14	8	9	3
De Televicine	5	8	8	13	26	19

Estas cifras incluso bajarían más en los años posteriores al rodaje y estreno de *El callejón de los milagros*. No es hasta comienzos del siglo XXI cuando la situación económica de la producción cinematográfica mejora al menos un poco (Getino 2005: 272-273).

Más allá del contexto político del momento y con éste la falta de recursos estatales para la financiación del cine nacional —sobre todo considerando la crisis económica de 1994 y las estrategias neoliberales del régimen de Carlos Salinas de Gortari con respecto a la industria cinematográfica—, fue el desarrollo de esa misma industria la que entraba en crisis, así que la única empresa privada que pudo seguir financiando grandes proyectos fue Televicine, con el respaldo de la cadena televisiva Televisa (García Riera 1998: 356-357), empresa que en 1994 financia 19 de las 28 cintas filmadas. Al mismo tiempo, y este aspecto explica al menos en parte la mejor calidad de algunos filmes en esta situación precaria de la industria cinematográfica mexicana, el IMCINE pasó a pertenecer al CONACULTA, hecho que fortaleció la creación de un cine de autor con apoyo estatal (Getino 2005: 269). Además, aumenta el número de películas cofinanciadas entre Estado, productoras nacionales e internacionales, y empresas de televisión, lo que terminará, entre otras cosas, en la creación del programa IBERMEDIA en 1997, y en una especie de internacionalización del lenguaje fílmico para mercados más amplios. Pero no es hasta fines de los 90 cuando la industria cinematográfica del país comienza a producir más películas después de esa grave crisis. Sin embargo, el hecho de que muchos directores y actores como Salma Hayek, Alfonso Cuarón, Alejandro González Iñárritu, entre otros, deciden trabajar en los Estados Unidos después de sus primeros éxitos en México, indica no solamente su reconocimiento en Hollywood, sino también la persistencia de la crisis económica del cine mexicano de la época (Mora 2005: 251).

En este contexto surge, entonces, lo que se ha llamado "nuevo cine mexicano", tendencia que se ubica dentro de la más amplia del "nuevo cine latinoamericano". Aunque todavía no se ha definido bien esta noción, indica, ante todo, unos cambios en la estética y las estructuras del cine a nivel continental, estética y estructuras que responden a las nuevas tendencias internacionales de las industrias cinematográficas, pero también a un agotamiento de la estética del cine de Hollywood por su previsibilidad, por una parte, y un agotamiento de la estética vanguardista o experimental, por otra (García Riera 1998: 367-370).

Me parece importante señalar que, en ese sentido, el nuevo cine mexicano no es simplemente una segunda fase del cine de autor o del cine experimental de la década de 1960, como lo han sugerido algunos críticos (García/Coria 1997; Maciel 2001). Aunque retoma algunos elementos formales de un cine más sofisticado o de autor, su forma de narrar historias se aleja bastante de las tendencias de las épocas anteriores. Al parecer, el público al que le agrada la estética del nuevo cine mexicano o latinoamericano no se interesa por la estética convencional de Hollywood ni por los experimentos vanguardistas, sino que se declara a favor de un cine de autor (tan en boga en las décadas anteriores en Europa) que, y esa es la diferencia con respecto a la tendencia europea, mantiene las características específicas de la historia del cine en América Latina adaptándose, al mismo tiempo, a ciertos procedimientos del cine internacional, como una camarografía sofisticada, una narración no lineal o la introducción de varias tramas con múltiples protagonistas. Son, por ejemplo, los elementos melodramáticos los que hacen accesible el nuevo cine mexicano para un público nacional acostumbrado al melodrama del clásico cine de la Época de Oro o a las formas melodramáticas de las telenovelas latinoamericanas.

La estética de *El callejón de los milagros* y el nuevo cine mexicano

El callejón de los milagros se inscribe en una serie de películas realizadas en varios países en la década de 1990 en las cuales se hace uso de una combinación de diversas líneas narrativas que conforman la trama, o mejor, el hilo de varias tramas[5]. Este procedimiento, llamado "narrativas en red", se ha convertido

---

[5] Esta estructura de *El callejón de los milagros*, aunque parezca obvia viendo el filme resultante de ella, no estaba planeada desde el comienzo, como afirmó Jorge Fons en una entrevista con Eduardo de la Vega Alfaro (2005: 205-211).

en un elemento común de muchas películas a nivel internacional (Kerr 2010: 38 y 40). En realidad esa estructura fílmica se había realizado mucho antes en cintas como la japonesa *Rojo no Reiken*, de 1921, o en filmes más conocidos como *Grand Hotel* (1932), de Edmund Goulding, y *Rashomon* (1950), de Akira Kurosawa (Kerr 2010: 38). Pero es en los 90 cuando las "narrativas en red" se convierten en una especie de programa estético sofisticado (Deleyto/Del Mar Azcona 2010: 20-21). Desde *Short Cuts*, de Robert Altman, de 1993, una serie de historias conectadas entre sí por la escena inicial del vuelo de un helicóptero y la final del terremoto, hasta *Pulp Fiction*, de Quentin Tarantino (1994); desde *Night on Earth* (1991), de Jim Jarmusch, hasta *Cidade de Deus*, de Fernando Meirelles (2002), existe una tendencia de películas con varias tramas y múltiples protagonistas que, sin embargo, no se convierten en narrativas experimentales, sino que mantienen narrativas muchas veces lineales, tradicionales, por lo general cronológicas en cada uno de los hilos, pero paralelas.

En *El callejón de los milagros*, esta estructura es básica para la narración. La escena inicial de los cuatro hombres jugando al dominó se repite en los dos siguientes capítulos, "Alma" y "Susanita", para indicar que las historias contadas en estos capítulos se desarrollan paralelamente. En el guión original, publicado tres años después de la producción del filme, la película incluso termina con la misma partida de dominó (Leñero 1997: 153), lo que podría indicar que la situación del barrio que se muestra en la misma no cambia nunca, y que las costumbres y tradiciones de este pequeño núcleo o espejo de la sociedad son más fuertes que cualquier intento de cambio social[6].

Cuatro hombres jugando al dominó equivalen a los cuatro capítulos de la película y sus cuatro historias divergentes, aunque la última narración no es paralela, sino que junta las tres primeras contando lo que sucede en la vecindad unos años después de lo que había pasado en los tres primeros capítulos. Pero la última partida de dominó presente en el guión no se realizaba en la película, que termina con la muerte de Abel en los brazos de Alma, es decir, el director Jorge Fons se decidió por un fin más bien melodramático.

A diferencia de otras películas con tramas paralelas, las historias contadas en *El callejón de los milagros* no son independientes —como, por ejemplo, en *Night on Earth* en la que el taxi y la noche son los únicos puntos en común de todos los cuentos—, sino que se conectan entre sí, en parte debido al hecho de que todos los protagonistas comparten el mismo espacio reducido de un barrio popular en el centro histórico de la Ciudad de México y se conocen entre ellos. Más que meras "narrativas en red", la cinta presenta diferentes tramas íntimamente ligadas entre sí mediante el lugar en el cual se lleva a cabo la acción —el

[6] Este final de la película no se realizó, según el mismo Jorge Fons, porque le había parecido demasiado obvio (De la Vega Alfaro 2005: 210-211).

barrio incluso se podría ver como el verdadero protagonista de la cinta que representa una microcosmos de la sociedad mexicana, sus valores y sus conflictos internos (Foster 2002: 46-57)— y mediante las relaciones sociales entre los habitantes de ese barrio. En este contexto me parece significativo que hechos tan importantes para la narración como la migración de Abel o la huida de Chava a los Estados Unidos no se muestren de manera explícita, sino mediatizados por lo que dicen los lugareños sobre sus deseos de irse o su ausencia forzada.

Jorge Fons emplea, además, un método característico para relacionar de manera más estrecha las narrativas internas de la trama global de su película: muestra las mismas escenas en varias ocasiones, pero, a diferencia de la escena inicial repetida de la partida de dominó, siempre filmadas desde ángulos diferentes, lo que refuerza el paralelismo de los capítulos de la cinta. Un típico ejemplo de ese procedimiento son las secuencias 4 a 6 del primer capítulo (min. 7:00-10:05 y Leñero 1997: 22-24), en las cuales se muestra una conversación entre Abel y Chava en un patio con Abel mirando hacia una ventana a la cual se asoma Alma. En la escena 5, la perspectiva cambia al interior del departamento de Alma y su madre doña Cata, concentrándose en la conversación entre doña Cata y Susanita, escena en la cual Alma aparece en el fondo del departamento fuera del foco de la cámara. Estas tomas se relacionan de manera directa con las secuencias 35 a 38 del segundo capítulo, dedicado a la historia de Alma (min. 37:19-37:45 y Leñero 1997: 51). Ahora vemos la conversación entre Abel y Chava en el patio en dos tomas desde la perspectiva de Alma, quien puede ver el encuentro de los dos amigos pero no escuchar lo que se dice. Estas tomas desde diferentes ángulos no solamente implican un cambio de perspectiva a nivel técnico, sino también subjetivo, en el sentido de mostrar los diferentes puntos de vista de los protagonistas. Además, los espectadores, al contrario que Alma, sí conocemos el contenido de la conversación entre los dos jóvenes debido a las secuencias anteriores, lo que causa un efecto de cercanía emocional con la historia o con los protagonistas. Se podrían mencionar más casos de ese procedimiento formal, pero el ya mencionado muestra que las narrativas en red de la cinta de Fons están verdaderamente enredadas y ligadas íntimamente entre sí, es decir, se trata de algo más que de historias paralelas o ligeramente conectadas como en muchas otras películas con "narrativas en red".

La estructura de las historias paralelas de *El callejón de los milagros* se convierte después en una especie de modelo narrativo en varias películas mexicanas del llamado nuevo cine, aunque el modelo no siempre se realice con la misma profundidad y maestría que en el filme de Fons. Se repite la misma estructura básica, pero ésta se emplea de distintas maneras y con diferentes funciones. En la década de 1990 y a comienzos del siglo XXI, se filman varias películas mexicanas o de directores mexicanos que emplean esta estructura. *La mujer del puerto*, de Arturo Ripstein (1992), *El jardín del Edén*, de María Novaro, filmada en el mismo año que *El callejón de los milagros*, *Amores perros*, *21 gramos* y *Babel*, de Alejandro González Iñárritu, del 2000, 2003 y 2006, respectivamente, *Corazones rotos*, de Rafael Montero (2001), *Dos abrazos*, de Enrique Begné (2007), *Al otro lado*, de Gustavo Loza (2004), son sólo algunas de las cintas que comparten este rasgo formal. El caso más emblemático es el de Alejandro González Iñárritu, cuyos primeros tres largometrajes emplean la misma estructura de múltiples historias y protagonistas (De la Mora 2006: 172).

Pero como ya he dicho, los filmes que siguen el modelo de Jorge Fons se distinguen por la manera de emplear esta forma narrativa y por su función para el argumento. Mientras que en *El callejón de los milagros* la escena inicial del dominó funciona a la manera de una introducción repetida para cada una de las historias narradas, en *Dos abrazos*, por ejemplo, la repetición del abrazo funciona como una especie de anticlímax después del punto máximo de tensión, a la manera de una catarsis. En la primera película de González Iñárritu, en cambio, el hecho de que las diferentes historias se juntan en la escena del accidente significa precisamente el punto de clímax de cada una de ellas, y de la película misma. A pesar de las diferencias, la semejanza de las narraciones en estas películas consiste precisamente en el entrecruzamiento de diferentes historias y en la filmación de las mismas escenas desde diferentes ángulos. Por eso, con razón *El callejón de los milagros* se ha visto como modelo para la primera obra de González Iñárritu (Kerr 2010: 38). Después, el procedimiento de las historias paralelas confrontadas entre sí se vuelve tan de moda que en algún momento, González Iñárritu siente la necesidad de liberarse de este método —necesidad reforzada por los conflictos con el guionista de sus tres primeras películas, Guillermo Arriaga, por supuesto—, que es cuando filma *Biutiful* después de los éxitos internacionales de sus primeros tres largometrajes.

Existe otro punto en común entre la película de Fons y las de González Iñárritu, pero también entre estas cintas y muchas otras películas con historias cruzadas: el hecho de que el énfasis en la escena inicial de *El callejón de los milagros*, la partida de dominó, se pone sobre las fichas significa que no son los hombres que mueven las fichas, sino las fichas mismas, los objetos, los que mueven la historia, y con ella el destino. En un mundo capitalista, en el cual todos los objetos se convierten en mercancías, son también las mercancías las que alcanzan un peso tremendo sobre el destino de los protagonistas. Lo mismo pasa en *Amores perros*, donde el cruce de las tres historias se realiza mediante los coches y el accidente, o en *Babel*, donde la bala del Winchester funciona como punto de "contacto" entre las tramas de la cinta. En *El callejón de los milagros*, los objetos (fichas del dominó, cartas del Tarot, coche de lujo, etc.) representan también el destino de los protagonistas.

Pero la influencia de *El callejón de los milagros* sobre el nuevo cine mexicano, o quizá debemos hablar de los paralelos entre esta cinta y otras del cine nuevo, no se limita a cuestiones formales, sino que se extiende al contenido de muchas de las películas con “narrativas en red”. Varias de las películas mencionadas antes se ubican en la gran ciudad, en este caso la Ciudad de México, y cuando no se ubican en ella, tratan el tema de la migración como eje central de la narración, como en *El jardín del Edén* o *Al otro lado*. Incluso en las demás cintas mencionadas, la migración o la vida nómade desempeñan un rol importante. Recordemos, al respecto, que una de las pocas esperanzas de salir de la miseria de la vecindad en *El callejón de los milagros* consiste en la migración a los Estados Unidos, como en el caso de Abel y Chava. En ese sentido, los procesos de globalización económica, pero también la vida social dominada por esos procesos, se reflejan de manera directa en la película de Fons.

Existen más aspectos temáticos que unen *El callejón de los milagros* con otros filmes del nuevo cine mexicano. El más importante, quizá, es la violencia. Es omnipresente en las cintas de los 90 y de comienzos del siglo XXI, y también lo son las relaciones familiares cada vez más difíciles y la sexualidad problemática (Noble 2005: 116-117). En *El callejón de los milagros*, estas dos temáticas están íntimamente ligadas. La violencia funciona como una especie de eje central de todas las historias que se cuentan en la película. Las conversaciones entre Rutilio y su familia, sobre todo con su hijo Chava, dejan ver la violencia inherente en las relaciones entre los miembros de la familia y el comportamiento autoritario o hasta machista del padre. A su vez, Chava reacciona contra ese autoritarismo con una actitud machista que se expresa de la manera más violenta en la escena en la cual mata al amante de su padre en un baño público. Prácticamente todas las relaciones entre hombres y mujeres, y sobre todo las relaciones sexuales, están impregnadas por actos de violencia y por procesos de capitalización. El amor se vende, se convierte en mercancía, y ese no solamente es el caso de Alma —cuyo nombre incluso puede interpretarse como mera ironía considerando el curso que toma su vida—, quien se convierte en prostituta, sino también es válido en otros casos. Güicho, el mesero del bar de Rutilio, se “enamora” de Susanita porque ella lo puede mantener; doña Cata, la madre de Alma, la quiere vender a un vecino relativamente adinerado, y predice el futuro de los vecinos en cuestiones de amor cobrando por las promesas de felicidad.

El nuevo cine mexicano y las representaciones de la nación

Más allá de la influencia de la narrativa y las estructuras formales de *El callejón de los milagros* sobre el nuevo cine mexicano, y más allá de los demás aspectos temáticos y formales ya mencionados, me parece importante destacar cómo esa cinta se inscribe en la historia del cine mexicano y en la construcción o deconstrucción cinematográficas de identidades culturales o políticas.

El callejón de los milagros se inscribe en la historia del cine mexicano en el sentido de emplear la estructura del melodrama que se impone en gran parte de la producción cinematográfica nacional, sobre todo desde el cine de la Época de Oro en adelante. En la cinta, se tratan los temas característicos del melodrama, como son la familia (en el sentido amplio de la palabra, en ese caso), el amor, la represión sexual y las contradicciones internas de las relaciones entre los protagonistas. En *El callejón de los milagros*, también son visibles algunas influencias de la telenovela, género tan exitoso en México, sobre todo con respecto a la construcción de las imágenes.

Debido a estos paralelos estructurales, varios críticos han comparado la película de Fons con la telenovela y con los *soap operas* de la televisión estadounidense sin diferenciar bien los distintos géneros. Son precisamente estas comparaciones las que van acompañadas de reacciones negativas de la crítica profesional tanto en México como en los Estados Unidos. Uno de los críticos más destacados del cine mexicano, Jorge Ayala Blanco, opina que el filme es mediocre y cursi, lo encuentra populista y fiel seguidor del cine de la Época de Oro, en suma, un fracaso total (Ayala Blanco 2001: 51-56). Gustavo García y José Felipe Coria ven la película como un mero "elogio a la prostitución como único camino de mujeres bellas sin recursos, y exaltación de la mediocridad amorosa, económica, la que fuere" (García/Coria 1997: 79).

Aparte de estas críticas desastrosas en México, y a pesar del éxito de taquilla de la película y de su reconocimiento en varios festivales de cine americanos y europeos, la crítica profesional al comienzo no se ocupa mucho del filme de Fons. En una encuesta de la revista *Nexos* que se realizó en 2008 entre directores, actores, camarógrafos, guionistas, críticos y estudiosos, en cambio, se califica como una de las dos mejores películas mexicanas de las últimas tres décadas, junto con *Amores perros* (*Nexos* 2008: 23-27). Es decir, se trata de una de estas películas cuya calidad la crítica profesional no apreció en el momento de su estreno, sino mucho más tarde, cuando se vieron las sutilezas de la misma y la influencia que tenía sobre el nuevo cine mexicano.

Igual que en México, en los Estados Unidos hubo una mala acogida del filme por la crítica profesional. La comparan con una telenovela o incluso con los *soap operas* sin considerar las diferencias formales o la posibilidad de una subversión de la estética de las telenovelas y los *soaps* (Null 1999; Schwartz 2000). Además, concluye Carl Mora, la estructura melodramática parecida a la novela en que se basa la cinta no gustó en los Estados Unidos (Mora 2005: 228-229).

Como hemos visto, los críticos interpretaron la presencia de elementos melodramáticos como una manera de seguir las propuestas ideológicas del cine de la Época de Oro. Pero a mi modo de ver, la función del melodrama en *El callejón de los milagros* difiere bastante de la empleada en el cine de esta época. Mientras que en la Época de Oro, el melodrama muchas veces sirve para reforzar la constitución de la identidad nacional en el sentido de construir una alegoría nacional en la cual el patriotismo y el amor erótico se presentan como dos pasiones íntimamente ligadas, en *El callejón de los milagros* el amor a la patria es inexistente, y el amor erótico es dominado por las relaciones capitalistas y se muestra como mera mercancía. Los cuerpos se venden para beneficiarse de ellos y para poder salir de la miseria económica y de la represión sexual. En este contexto, la escena final de la película es significativa. En el momento de morirse, Abel mantiene la ilusión de una relación romántica e inocente con Alma en el ámbito de una armonía colectiva ficcional de su vecindad evocando ritos del pasado que no coinciden con las nuevas formas de relacionarse con los demás en su barrio:

> ABEL: [...] Y luego nos casamos... ¿Te quieres casar conmigo, Almita? ¿Quieres?
> ALMA: (*Llorando*). Sí, Abel, sí... Sí quiero.
> ABEL: Con tu vestido blanco, Almita, y tu velo de novia... Que nos vean todos los de la vecindad. Que me vean contigo, a tu lado, y que vean que me sonríes y que me quieres de a de veras... Que todos nos vean, Almita, todos... (Leñero 1997: 152)[7].

Si consideramos todo lo que había pasado antes en *El callejón de los milagros*, esta escena solamente se puede percibir como una especie de réquiem irónico a la ideología patriótica de los melodramas tradicionales del cine nacional. Aunque me parecería exagerado hablar de *El callejón de los milagros* como una alegoría nacional, no se puede negar la existencia de problemas a nivel nacional que se representan en el microcosmos de la vecindad del centro de la Ciudad de México. La violencia, la necesidad de la migración a los Estados Unidos, la pobreza son omnipresentes, y quizá no es una casualidad que se muestren con tanta intensidad en una película de 1994, año en que la crisis económica y la política neoliberal del sexenio de Salinas de Gortari culminan no solamente en la ratificación del Tratado de Libre Comercio (TLC o NAFTA, por sus siglas en inglés), sino también en la rebelión zapatista.

En ese contexto, me parece significativo que en esa película, el Estado nacional se caracteriza por su ausencia. No ejerce el monopolio de la violencia, rige la impunidad de los que cometen crímenes. No se sancionan la muerte del amante de Rutilio por parte de Chava ni la de Abel a manos del rufián José Luis; tampoco se denuncian los robos de Güicho en la cantina de Rutilio. Lo último que los habitantes de la vecindad se podrían imaginar es llamar a la policía para solucionar algún conflicto. Pero al mismo tiempo, las relaciones entre ellos se agravan, la armonía y la solidaridad entre los habitantes del barrio se pierden.

[7] Reproduzco la conversación tal como está escrita en el guión. En la película, se cambiaron algunas palabras sin alterar el sentido de la misma (2:20:20-2:20:45).

Aunque el barrio se encuentra en el mero centro de la Ciudad de México, y el centro de poder, es decir, el Palacio Nacional, aparece en la película, esta mención fílmica indica nada más la poca importancia del Estado para los vecinos, porque aparece como mero fondo para una conversación entre Rutilio y su amante con la cual se inicia su relación homosexual —que, además, subvierte la heterosexualidad reinante y los valores del patriarcado en los cuales se basa la sociedad mexicana—. Es decir, el Palacio Nacional no tiene ninguna función política en el filme. En este contexto, no es casual el hecho de que Fons elija los mismos lugares del centro de la Ciudad de México para la representación de un microcosmos de la sociedad mexicana que varias de las películas del cine de la Época de Oro ya habían presentado, pero esta vez desconstruyendo la ideología de los melodramas de los años 40 del siglo XX. A esto se añade la música de fondo de *El callejón de los milagros* que se puede leer como otra referencia irónica a la Época de Oro.

Mientras que el cine de tal período trataba de representar simbólicamente la mexicanidad, la identidad nacional en una sociedad mestiza impregnada por procesos de modernización —a veces de manera nostálgica enfatizando los aspectos rurales de esta identidad, a veces también colocando a sus protagonistas en un contexto urbano en el cual tendrían que aprender los nuevos modos de vida social en la metrópolis—, Jorge Fons presenta un pequeño núcleo de la sociedad en el cual ya no rigen conceptos de identidad homogéneos ni relaciones familiares armoniosas. El cuestionamiento de las relaciones patriarcales en varios niveles (la violencia sin salida de los machistas, las relaciones sexuales no románticas, etc.) representa, entre otras cosas, una crítica del Estado que, bajo la bandera del neoliberalismo representado por el régimen de Salinas de Gortari, bajo el cual se filmó la película, ya no funciona como protector social de sus ciudadanos ni como entidad simbólica de la identidad nacional o la mexicanidad.

Ante la situación de un Estado ausente y una comunidad en crisis que deja de imaginarse a sí misma como un conjunto homogéneo o al menos con intereses comunes, en varias escenas de *El callejón de los milagros* el espectador tiene la impresión de que los silencios que intercalan los protagonistas en sus conversaciones rutinarias dicen más sobre la sociedad que se representa en la película que lo que se dice expresamente en la misma.

Bibliografía

AYALA BLANCO, Jorge (2001): *La fugacidad del cine mexicano*. México: Océano.

DE LA MORA, Sergio (2006): *Cinemachismo. Masculinities and Sexuality in Mexican Film*. Austin: University of Texas Press.

DE LA VEGA ALFARO, Eduardo (2005): *Conversaciones con Jorge Fons*. Guadalajara: Universidad de Guadalajara/Gobierno del Estado de Jalisco, Secretaría de Cultura.

DELEYTO, Celestino/AZCONA, María del Mar (2010): *Alejandro González Iñárritu*. Urbana/Chicago/ Springfield: University of Illinois Press.

FOSTER, David William (2002): *Mexico City in Contemporary Mexican Cinema*. Austin: University of Texas Press.

GARCÍA, Gustavo/CORIA, José Felipe (1997): *Nuevo cine mexicano*. México: Clío.

GARCÍA CANCLINI, Néstor/ROSAS MANTECÓN, Ana/SÁNCHEZ RUIZ, Enrique (coord.) (2006): *Situación actual y perspectivas de la industria cinematográfica en México y en el extranjero*. Guadalajara/México: Universidad de Guadalajara/CONACULTA/IMCINE.

GARCÍA RIERA, Emilio (1998): *Breve historia del cine mexicano. Primer siglo 1897-1997*. Zapopan/México: Mapa/IMCINE/Canal 22/Universidad de Guadalajara.

GETINO, Octavio (2005): *Cine iberoamericano: los desafíos del nuevo siglo*. San José: Veritas/ Fundación del Nuevo Cine Latinoamericano.

KERR, Paul (2010): "*Babel's* Network Narrative: Packaging a Globalized Art Cinema". En: *Transnational Cinemas*, vol. 1, nº. 1, pp. 37-51.

LEÑERO, Vicente (1997): *El callejón de los milagros*. México: El Milagro/IMCINE.

MACIEL, David R. (2001): "El callejón de los milagros: el cine contemporáneo en México 1976-2000". En: García, Gustavo/Maciel, David R. (eds.): *El cine mexicano a través de la crítica*. México/Ciudad Juárez: Dirección General de Actividades Cinematográficas/UNAM/Instituto Mexicano de Cinematografía/Universidad Autónoma de Ciudad Juárez, pp. 299-344.

MORA, Carl J. (2005): *Mexican Cinema. Reflections of a Society, 1896-2004*. Jefferson/London: McFarland & Company.

Nexos 30, (2008), p. 369.

NOBLE, Andrea (2005): *Mexican National Cinema*. London/New York: Routledge.

NULL, Christopher (1999): "Midaq Alley". En: <http://www.filmcritic.com/reviews/1995/midaq-alley/>, (15/5/2012).

SCHWARTZ, Dennis (2000): "Midaq Alley". En: <http://homepages.sover.net/~ozus/midaqalley.htm>, (15/5/2012).

VARGAS, Juan Carlos (2011): "El cine mexicano postindustrial (1997-2002)". En: *Portal del cine y el audiovisual latinoamericano y caribeño*, <http://www.cinelatinoamericano.org/version.aspx?cod=1391>, (15/5/2012).

Filmografía

21 gramos. Estados Unidos 2003. Director: Alejandro González Iñárritu.
Al otro lado. México 2004. Director: Gustavo Loza.
Amores perros. México 2000. Director: Alejandro González Iñárritu.
Babel. Estados Unidos 2006. Director: Alejandro González Iñárritu.
Biutiful. México/España 2010. Director: Alejandro González Iñárritu.
Ciudade de Deus. Brasil 2002. Director: Fernando Meirelles.
Como agua para chocolate. México 1991. Director: Alfonso Arau.
Corazones rotos. México 2001. Director: Rafael Montero.
Danzón. México 1991. Directora: María Novaro.
Dos abrazos. México 2007. Director: Enrique Begné.
El callejón de los milagros. México 1994. Director: Jorge Fons.
El héroe. México 1994. Director: Carlos Carrera.
El jardín del Edén. México 1994. Directora: María Novaro.
La invención de Cronos. México/Estados Unidos 1992. Director: Guillermo del Toro.
La mujer del puerto. México 1992. Director: Arturo Ripstein.
Night on Earth. Estados Unidos 1991. Director: Jim Jarmusch.
Principio y fin. México 1993. Director: Arturo Ripstein.
Pulp Fiction. Estados Unidos 1994. Director: Quentin Tarantino.
Short Cuts. Estados Unidos 1993. Director: Robert Altman.

El universo de las emociones: la reinvención del melodrama en el cine mexicano contemporáneo

Patricia Torres San Martín
(Universidad de Guadalajara)

De la tradición a la ruptura

Dentro del ámbito de la cultura audiovisual contemporánea el melodrama ocupa un lugar fundamental como uno de los componentes básicos de la oferta mediática, gracias a sus nuevas estéticas y resemantización de narrativas. El melodrama y lo melodramático son categorías desde las cuales podemos indagar por qué el imaginario social colectivo mexicano forjó su educación sentimental a partir de este género por varias décadas. Y no solamente porque la melodramatización de la sociedad se vincule con los grandes temas del melodrama nacional (la inocencia rural, la ciudad oscura y peligrosa, el folclore, la nación, la familia, la moral, la pobreza), sino porque tiene un poder muy fuerte de identificación con su público, y porque el melodrama es más que un género cinematográfico, un horizonte estético y político (Martín-Barbero: 1987: 27). Y en virtud de que la materia prima del melodrama son las emociones, conmover los sentimientos, a diferencia de otros géneros cinematográficos que primero producen ideas y luego emociones, el acercamiento y la comprensión del melodrama ha servido también como instrumento para especular sobre una diversidad de temas y subgéneros. Como muestra recordemos que el melodrama nacional instituyó su Época de Oro (1932-1954) gracias a la creación de subgéneros: melodrama ranchero, urbano, prostibulario, arrabalero, familiar, social, y que gracias a ello marcó un precedente mayor en su historia, al monopolizar los géneros fílmicos de otras cinematografías latinoamericanas, especialmente las de Argentina y Brasil, durante los años de la Segunda Guerra Mundial[1].

Para entender las relaciones dialógicas entre lo popular tradicional y lo masivo moderno del género conviene revisar las claves y las miradas del melodrama que, a su vez, construyeron sus componentes formales y sus recursos expresivos. Estas claves y miradas, sustentadas en una matriz genérica, en un desbor-

[1] Para la revisión de este episodio de monopolio y marcación de la incursión de una visión futura continental del cine latinoamericano y análisis del cine nacional de esta época consultar: Ayala Blanco (1979, 1986, 2001), Paranagua (2003) y Ramírez Berg (1992).

damiento de las situaciones límites de la vida, responden a un código moral socialmente aceptado, y también a la díada deseo/falta. Por ello, la riqueza del melodrama reside en los niveles que subyacen bajo su condición emblemática, ya que se refiere a las experiencias cotidianas y nace de sus sufrimientos y alegrías, afianzando a través de la narrativa popular una manera de pensar y ver el mundo.

Sus componentes formales provinieron de los personajes y las estrellas que los interpretaron, y que conformaron a su vez una unidad en el melodrama nacional.

A propósito de estas unidades y sus estrellas de cine, convertidas a la larga en mitos, Carlos Bonfil expresó lo siguiente:

> El público cuenta ya con un prototipo de comicidad urbana: Cantinflas, el "peladito"; una primera pareja romántica: Tito Guízar y Esther Fernández; presencias tutelares que son barricadas contra el vicio y la desintegración familiar: Fernando Soler y Sara García; aprovisionamientos del rencor: Miguel Inclán y el Indio Bedoya; modelos de virilidad y simpatía campiranos: Jorge Negrete y Pedro Infante; un modelo de abnegación femenina: Blanca Estela Pavón, la "Chorreada"; una hembra gorgónica: María Félix, y la femineidad estilizada que es reverberación del cine mudo: Dolores del Río (Bonfil: 1994: 27).

También estos personajes y prototipos fueron de decisiva importancia para una galería de creación; en ellas se concentraron alegorías nacionales que abrieron caminos para entender su relación con el contexto histórico/cultural de la época. Julianne Burton destaca tres figuras dominantes:

> La madre, la prostituta y el patriarca son figuras ejes de la expresión melodramática mexicana. La madre conmueve por su falta de poder, el patriarca impresiona por su exceso del mismo; la prostituta fascina porque al desafiar el poder patriarcal buscándose un espacio social autónomo simultáneamente desafía y refuerza el patriarcado (Burton-Carvajal: 1994: 53).

Pero también, dichos modelos, contestaron la moral admitida constituyendo una intertextualidad fílmica compleja y a veces amenazadora[2], y a su vez conservaron en sus contenidos una intencionalidad moral para construir y ordenar dos de sus más importantes unidades temáticas: la pareja y la familia.

La mayoría de estos componentes y tropos funcionaron muy bien hasta los años 60, década en la que el cine nacional perdió su público de familias y lo recuperó en la televisión, y que si bien, se siguió afirmando un sentimiento y

---

[2] Un ejemplo sería el arquetipo de las *femme fatales* del cine nacional de los años 40. Para mayor información: Torres (2011) y Fernández (2011).

discurso nacionalista, entrada las década de los 80, éste se desdibujó. Y no será sino hasta entrada la década de los 90 cuando podamos apreciar una reconfiguración de la visión de desventura del sitio privilegiado del melodrama por una de madurez. Con ella llegó la reinvención de los géneros cinematográficos, sobre todo uno de los más socorridos, el melodrama familiar y social, llevado a su máxima expresión de realismo mágico por Alfonso Arau en *Como agua para chocolate* (1992), y el melodrama arrabalero de María Novaro, *Danzón* (1991), dos películas que marcaron la atención de un público mexicano mayoritario, que había perdido el interés por su cinematografía. Superada la crisis extrema de los años 1994 a 1998, los motores del aparato de *marketing* y el ingenio de Antonio Serrano, dieron impulso al cine nacional con la comedia urbana *Sexo, pudor y lágrimas* (1999). Estos reposicionamientos dejaron ver en sus tratamientos temáticos y recursos narrativos una renovación, que iba más allá de las claves y las miradas canónicas[3]. Sin embargo, hay que subrayar que estas propuestas, en el fondo, promulgaban un regreso a las familias heterosexuales, a la pareja monogámica, a la familia nuclear. Y ello se puede evidenciar en el tratamiento de futuros modelos de familia que alteraron todavía más la convención. Películas como *Por la libre* (2000) de Juan Carlos de Ilaca, *Y tu mamá también* (2001) de Alfonso Cuarón, *Perfume de violetas. Nadie te oye* (2001) de Maryse Sistach y *De la calle* (2001) de Gerardo Tord mostraban familias formadas por jefaturas de mujeres, o incluso solamente por hijos, o grupos de niños y jóvenes que están unidos sin una familia biológica. En este sentido, el melodrama como lo caracterizó Monsiváis es también: "El desencuentro entre la felicidad y la tragedia, sea de los individuos, de las parejas o de preferencia, de las familias" (Monsiváis: 2004: 99).

Me centraré entonces en las rupturas de los cánones del melodrama convencional, tomando como ejemplos los filmes *El callejón de los milagros* (1995) de Jorge Fons y *Amores perros* (2000) de Alejandro González Iñárritu, ya que considero que en sus narrativas y representaciones se distinguen reposicionamientos frente a la expansión de los rasgos melodramáticos que han modificado los discursos de género, identidad cultural y familia.

En *El callejón de los milagros* y *Amores perros* apreciamos una especie de caos social urbano contemporáneo a través de la metáfora de la familia, y a su vez de sus narrativas que emergen como paradigmas del melodrama mexicano con-

[3] *Como agua para chocolate* inauguró nuevos formatos de producción, distribución y exhibición, permaneció 22 semanas en cartelera en 10 salas de cine. *Danzón* reconquistó a las audiencias de todos los sectores sociales y *Sexo, pudor y lágrimas* fue la más taquillera de la década de los 90: recaudó 115 millones de pesos, 26 semanas en cartelera en 52 salas de cine, y se convirtió en el modelo a seguir de las futuras comedias urbanas. Datos tomados del Anuario Estadístico de Cine Mexicano 2010, <IMCINE www.imcine.gob.mx>.

temporáneo en más de un sentido. Encontramos alegorías a nuevas configuraciones de la familia en un contexto globalizado, y en el que los efectos de la modernidad han corrompido la moral social y han confrontado la ideología patriarcal. Si en los años dorados del melodrama nacional las alegorías de la familia denotaban la unidad nacional, lo que se expresa ahora es que las crisis de la familia nuclear y la ideología patriarcal son una metáfora de la descomposición del tejido social. Y ya no solamente en los sectores populares, sino en todos.

En cuanto a la visión y división tradicional y dominante que conservaba la ideología patriarcal como un sistema monolítico e invariable, lo que impera son nuevas formas de concebir dicho pensamiento. Traspasadas las fronteras de las dicotomías en las que la ideología del patriarcado había ubicado las relaciones de género, los atributos y representaciones ya no son las mismas. A decir de Michael Foucault, esta transición se da porque "Al reivindicar el papel que juega la dimensión espacial de la cultura contemporánea se enfatiza el cambio de prioridad en la percepción humana del tiempo y el espacio" (Foucault: 1999: 50).

El callejón de los milagros, el cuarto largometraje de Jorge Fons[4], sedujo con su estructura narrativa, su cuidadosa puesta en escena y el trabajo coral de sus actores, su apego a la tradición del cine popular de barrio y la transgresión de las identidades de género. La figura del protagonista masculino, don Rutilio (Ernesto Gómez Cruz), cuestionó y amenazó los postulados del "gran patriarca" del cine nacional. No obstante ello, en su momento y recientemente estrenado el film, el crítico de cine Javier González Rubio lo calificó como

> Una muestra excelente y revitalizada de que el melodrama corre por la sangre de los mexicanos. Y no lo decimos peyorativamente, al contrario. No se necesita un gran ejercicio de talento e imaginación para encontrar el hilo conductor que nos lleva de Santa al Callejón, pasando por las realizaciones de los hermanos Rodríguez y Alejandro Galindo (González Rubio: 1995: 22)[5].

---

[4] Jorge Fons (1934, Veracruz) es egresado de la primera generación del Centro Universitario de Estudios Cinematográficos de la UNAM (CUEC), y luego de varios trabajos como asistente de dirección —*Los Caifanes* (1967) de Juan Ibáñez, *La hora de los niños* (1969) de Arturo Ripstein—, debuta como director con la comedia ranchera *El Quelite* (1969), y tiene en su haber los siguientes largometrajes: *Tú, yo, nosotros* (1970), *Los cachorros* (1971), *Fe, esperanza y caridad* (1972), *Los albañiles* (1976), *Rojo amanecer* (1989) y *El atentado* (2010). Hasta la fecha, *El callejón de los milagros* es la película mexicana más premiada (50 reconocimientos nacionales e internacionales).

[5] El crítico se refiere a las intertextualidades con los melodramas *Nosotros los pobres* (1947) de Ismael Rodríguez y *Una familia de tantas* (1948) de Alejandro Galindo, por citar los más populares.

Por su parte, la ópera prima del ahora famoso director Alejandro González Iñárritu, además de que marcó un hito para la industria fílmica que se estaba cayendo nuevamente a finales del siglo XX, significó un repunte del cine de jóvenes, una mirada renovada de la violencia urbana, y una fuerte crítica a la estructura familiar. La película, luego de sus reconocimientos internacionales, se convirtió en un paradigma del cine mexicano contemporáneo, en plataforma de lanzamiento a nivel internacional y en la entrada de una nueva manera de hacer y vender cine en México. Es una pieza rica en matices y en estilos que remite a lo que ha sido el cine urbano en México en las últimas fechas, y que permanecerá como el film mexicano más importante del primer decenio del siglo XXI (Torres 2011: 105)[6].

Las estructuras narrativas de ambos largometrajes guardan conexiones en sus historias no lineales, contadas desde diferentes puntos de vista, pero que sitúan el drama de los personajes protagónicos como eje narrativo. En el relato de Fons, cada historia comienza en la cantina de don Rutilio con una jugada de dominó, y según la ficha "*saco la cacariza*" y la frase célebre del "poeta" es el destino de los personajes en conflicto. La cantina también es el espacio convencional de las comunidades masculinas y el detonante poético del rompimiento del gran patriarca, que al final encontrará en este mismo lugar su redención al verse en su nueva piel de abuelo.

González Iñárritu[7], apegado al guión de Guillermo Arriaga, estructuró su largometraje en torno a tres historias vinculadas por un choque automovilístico; cada una lleva el nombre de las parejas involucradas: "Octavio y Susana", "Daniel y Valeria" y, la última, "El Chivo y Maru". Lo que en suma logra una trama que se construye a partir de las consecuencias de las conductas amorales de los protagonistas. El uso del lenguaje del video clip, vinculado al de una cámara documental, con un proceso de retención de plata para crear contrastes y texturas, rostros nuevos y una potente banda sonora hicieron de esta película

[6] *Amores perros* permaneció en cartelera 16 semanas a nivel nacional en temporada de verano en la que por rigor se estrenan las producciones *hollywoodenses*, con ingresos de 98 millones de pesos y tres millones de espectadores. Otro dato sobresaliente de la película es que se registra como una de las producciones más costosas, 20 millones de pesos, de los cuales la productora Alta Vista Films invirtió un 80% y el resto corrió por cuenta de Zeta Films, la productora de González Iñárritu.

[7] Desde los 23 años, Alejandro González Iñárritu ha estado involucrado con el mundo del espectáculo. En 1990 fue director creativo de Televisa; se formó como director de cine y teatro con Ludwig Margules, y como director de actores en la ciudad de Los Ángeles, California, con Judith Weston. En 1995 dirigió su primer mediometraje para la televisión, *Detrás del dinero*. Tras el éxito de *Amores perros*, González Iñárritu se ha destacado como uno de los directores internacionales más aclamados gracias a sus posteriores películas: *21 gramos* (2003), *Babel* (2006), *Biutiful* (2010).

una apuesta muy novedosa. La Ciudad de México está presente como una imagen relevante, de la cual el cine nacional desde los años 40 había encontrado una manera de fomentar la cristalización de un discurso de modernidad. Pero en este caso las geografías humanas se señalan y se subrayan prioritariamente en sus mundos privados. El propio director asumió que su intención era hacer un experimento antropológico del cual se sentía parte[8].

En ambas películas las premisas de sus discursos y miradas son el desorden y los conflictos morales que ponen en peligro los esquemas de familias disfuncionales. Las transgresiones las vemos en la conformación de las identidades de género, y socialmente hablando, la mayoría de los personajes están adscritos a sectores sociales bajos y medios, expuestos a la violencia urbana y al desempleo, por nombrar los más importantes. Los conflictos de estos melodramas se implantan en nuevas situaciones que inscriben pronunciamientos de denuncia implícita sobre la miseria urbana, y las brutales consecuencias sociales, tales como la migración de México a Estados Unidos en búsqueda de mejores oportunidades, y una crisis de la ideología patriarcal que se refleja en las renovaciones a las construcciones de género.

[8] González Iñárritu, "Geografía perra", en *Uno más uno*, 15 de junio, 2000: 14.

El callejón del patriarca

Jorge Fons dirigió *El callejón de los milagros* en 1995, año en que el cine mexicano reconoció uno de sus más fuertes descalabros a nivel de industria, y se basó el guión en una obra literaria homónima del escritor egipcio Naguib Mahfuz, premio Nobel de literatura en 1988[9].

El escenario principal se ubica en pleno centro de la Ciudad de México, en la Colonia Morelos, y es el espacio dramático donde se entrecruzan las vidas de varios personajes, siendo la principal historia la de los dos amantes que nunca podrán estar juntos; Alma (Salma Hayek), quien se convierte en una cortesana en el burdel de José Luis (Daniel Jiménez Cacho), tras la huida de Abel el

[9] Fons trabajó el guión primero con Juan Tovar, y luego de varios tratamientos y siete meses de trabajo con Vicente Leñero, llegó a la versión final.

peluquero (Bruno Bichir) a Estados Unidos con Chava (Juan Manuel Bernal), el hijo de don Rutilio, en búsqueda de un mejor futuro. A lo largo de este infortunio acompañan su historia otras más, como la del cincuentón don Rutilio (Carlos Gómez Cruz) quien, cansado de su matrimonio con Eusebia (Delia Casanova), descubre su deseo carnal por los jovencitos y no lo esconde. La del anticuario don Fidel (Claudio Obregón), un solterón mayor que desea casarse con la bella Alma. La de doña Cata (María Rojo), madre de Alma, lectora del tarot, cuya mayor ilusión en la vida es ver bien matrimoniada a su joven y bella hija. La de Susanita (Margarita Sanz), la solterona de la vecindad, que vive de sus rentas y descubre el amor gracias a los juegos de Güicho (Luis Felipe Tovar), el empleado de la cantina de don Rutilio.

Margarita Sanz (Susanita) y Juan Manuel Bernal (Chava).

Los valores familiares encuentran una reestructuración que centra su premisa en la fatalidad del patriarca y la desventura de Alma. El detonante de ambos quebrantos se genera con la huida de Chava y Abel. Para sellar la desventura que anticipa el fatal final (la muerte de Abel en brazos de Alma), el director renovó el sentido melodramático de la metáfora folletinesca, no solamente dejando llorar a los hombres, sino ponderando la desdicha del "gran patriarca" con frases crispadas que otorgaron relieve a la desesperación y al derrumbe de la esperanza.

En el primer capítulo, que lleva por nombre Rutilio, el "jerarca villano y transgresor", luego de encontrar su fatalidad al dejarse atrapar por el deseo erótico de Adán/Jimmy (Esteban Soberanes), termina llorando por su único hijo, Chava, quien abandonó el hogar, luego de que éste golpeara a su amante en pleno agasajo bajo la regadera de un baño sauna para hombres. Esta secuencia trágica del baño se anticipa desde la primera en la cantina, luego de los rudos ataques homofóbicos de don Rutilio a su hijo Chava y a Abel frente a todos: "eso parecen putos". El poeta se acerca al patriarca y amigablemente le llama la atención, rematando con la frase: "En este mundo todos somos brutos. Unos más hombres, otros más putos".

Un *close up* del chorro de la regadera llena la pantalla; posteriormente, el plano se abre hasta dejarnos apreciar los dos cuerpos masculinos desnudos, el de don Rutilio y el de Jimmy, quienes sonríen, se abrazan y se cuchichean secretos al oído. En el plano siguiente vemos a Chava abriendo la puerta y la cámara regresa a los cuerpos de los amantes. Chava, iracundo, se dirige a la pareja y comienza a golpear la cabeza de Jimmy contra la pared, mientras en segundo plano escuchamos los gritos quebrados del "patriarca herido". La cámara se acerca cada vez más a la pared hasta detenerse en un río de sangre mientras desciende lentamente sobre la cabeza del joven Jimmy. Se abre el encuadre y entra en cuadro don Rutilio, se arrodilla y abraza el cuerpo tendido de su amante, mientras llora amargamente. Corte y pasamos a un plano medio de una tierna y amorosa escena de un beso entre Abel y Alma. Aquí se vinculan los dos grandes dramas de esta historia cruzada. Ambos amores encontrarán su muerte a partir de este momento. Abel huirá con Chava para posteriormente regresar y encontrarse con la noticia de que Alma ha desaparecido y es una distinguida prostituta. Y el delirio y la pena de don Rutilio acabará, no sin antes haber golpeado a su mujer, y derrumbarse en su sillón al enterarse de que su hijo ha huido a Estados Unidos, con una rabia dolida que sella sus palabras de jefe patriarca: "Mi hijo, mi único hombrecito… hijo de la chingada, cabrón… Mi pobrecito Chava. Mi Chava se fue, vieja se fue. Me dejó solo, hijo de su rechingada madre, asesino, maldita mierda de cabrón, mi hijito, mi hijito… Chava".

El retorno de Chava con su esposa e hijo (cuarto y último capítulo) transforma el carácter recio y macho de don Rutilio, justamente cuando su mujer Eusebia le da en brazos a su nieto, y termina cargándolo en la misma cantina, el mismo espacio en el que se construyó su autoridad moral para ejercer su preferencia sexual sin tomar en cuenta la opinión de sus amigos, la tristeza de su esposa y la de su hijo. En ello también se finca la significación que tiene su homosexualidad y su indiferencia a las normas de la comunidad. Dicha indiferencia se puede traducir como una transgresión mediada por los espacios de poder de su género. La mirada de don Rutilio a su joven amante no se da entre iguales, ni en edad ni en estatus. Don Rutilio es el dueño de la cantina, es el patrón. El poder económico mediatiza la mirada del sujeto hacia su objeto deseado. No estamos hablando de un intento de abrir espacios de libertad o cambios, sino de una manifestación de poder. Así pues, este personaje es el de un patriarca distante de las representaciones convencionales, porque es un tipo contradictorio, que si bien acepta y lucha por su homosexualidad, no deja de ser el marido macho golpeador. Pero en esta complejidad dramática, el jerarca contemporáneo también se vuelca en un personaje extremadamente difícil, pues es un hombre muy trabajador y responsable, simpático, cariñoso, atribulado y llorón.

Ernesto Gómez Cruz (don Rutilio) y Esteban Soberanes (Jimmy).

Lo que también evidenciamos en estas maquinaciones narrativas, propias del melodrama, es que el disparador del problema es externo, y la culpa siempre está ahí, porque los personajes son casi siempre transgresores, porque caen en una falta social, y esto llena de pecado al personaje y hay un destino fatal. Alma sabía que si retornaba al burdel de José Luis, nunca regresaría a su callejón de los Milagros, a don Rutilio no le importaba cortejar a su joven amante frente a los ojos de su hijo y de todo el barrio, pero pagó el precio muy caro. Y ésta será la apuesta de Fons para romper los cánones de los melodramas patriarcales y los prostibularios. Don Rutilio, asume su rol de abuelo y de homosexual, y Alma seguirá siendo la más bella "puta profesional", aunque se haya quedado con el cuerpo inerte de su amante en sus brazos, sin su amor y sin su comunidad familiar.

El siguiente testimonio de Fons da cuenta de un sello autoral en las intenciones de este melodrama:

> Me entusiasmaba que aunque muriera el inocente peluquero, fuera un final amoroso. Siempre trato de que algo te duela, pero te guste, de que haya una ventana abierta por donde entre algo de sol. También me interesaba darle unidad a los personajes femeninos; que Eusebia consuele a Rutilio al final de su historia; Susanita perdone a su marido que también acaba en sus pies; y la niña Alma se transforme en mujer cuando acaba viendo morir a su hombre con alegría porque lo ve morir con una sonrisa (Fons 1995: 19).

Salma Hayek (Alma).

Los perros amores del patriarca ausente

En la película *Amores perros* no existe la figura del padre, está ausente y es reemplazada por la mujer, a pesar de que se tienda por una versión misógina de dicha representación femenina. En el primer episodio, Octavio (Gael García), Ramiro (Marco Pérez) y Susana (Vanessa Bauche) no tienen padre; la madre (Dunia Saldívar) de Susana es alcohólica y la madre (Adriana Barraza) de los muchachos los ha educado siempre sola. Y al final los hijos de Susana también se quedarán sin padre. En el segundo episodio, en el aparente marco de una familia feliz mexicana de estrato alto, Daniel (Álvaro Guerrero) abandona el hogar, y en el último episodio, Maru (Lourdes Echevarría), la hija de "El Chivo" (Emilio Echevarría), ha crecido toda su vida al lado de su madre y cuando ésta muere, será la tía quien la proteja. Esta ausencia de padres, como crisis del patriarcado, a decir de Debora Shaw, puede tener otras explicaciones:

> La ausencia de modelos paternales puede ser usada como una metáfora de la caída del Estado. A pesar del énfasis de lo personal, por encima de lo político, *Amores perros* hace una conexión entre los padres ausentes y un Estado ineficiente (el PRI estaba declinando y perdiendo el poder) (Shaw: 2000: 60).

Emilio Echeverría ("El Chivo").

Al estilo más puro de los melodramas urbanos mexicanos de los años 40, que tenían como norma ponderar la miseria del protagonista y construir una turbonada de mala suerte para luego entonces merecer la gloria, la representación fílmica que se hace de "El Chivo" es un típico ejemplo (Torres: 2011: 120). Así pues, lo vemos primero como el gran perdedor del relato; luego, como el mediador entre el conflicto de dos medios hermanos *yuppies*, para finalmente cumplir su destino, encontrarse con su pasado, su historia personal y su hija. Esta construcción social y dramática del personaje guarda una fuerza mayor de identificación con la audiencia por su dimensión redentora; desde el principio de la película lo vemos como una persona detestable, y termina como alguien digno de amarse. Me voy a referir a dos secuencias claves que están armadas para el cierre de la película, y que llevan en su construcción la intención de hacer explotar las emociones del público. La primera de ellas es cuando "El Chivo" llega a su casa después de cumplir su última misión de redentor de los medio hermanos y se encuentra que "El Cofi" mató a su jauría de perros; éste es un momento muy importante del film porque inicia la metamorfosis del protagonista. En un plano general vemos al ex guerrillero en el traspatio de su guarida parado frente a una hoguera y a un lado "El Cofi"; reventado por la ira y el coraje, le pone la pistola en la cabeza al animal, pero se detiene y procede a hacer su ritual de purificación, prendiendo fuego a los cadáveres de los perros, con "El Cofi" a su lado.

A partir de esta escena, el personaje decide saldar sus cuentas pendientes con la vida; se rasura, se corta el pelo y se viste de traje, y va a buscar a su hija. No sin antes haber hecho una reconstrucción de su vida mediante la selección de imágenes, y quedarse con aquella en la que está como jefe de familia. La misma foto que suplirá a la del padrastro de su hija en el portarretrato que encuentra en el departamento de Maru. Una vez adentro del departamento, "El Chivo" pega su foto para reconstruir la imagen de la sagrada familia que decidió abandonar por sus sueños revolucionarios. Y luego de este gesto le deja a su hija un mensaje en la contestadora:

> Maru, mi amor, te habla Martín tu papá, tu papá de sangre, debes pensar que se trata de una broma absurda después de tanto tiempo. Soy el fantasma que sigue vivo. Cuando te dejé tenías apenas dos años, pero no ha habido un solo momento en que no haya pensado en ti. Quería componer el mundo para después compartirlo contigo. Acabé en la cárcel .Voy a regresar a buscarte, cuando tenga valor para mirarte. Te quiero mucho mijita.

A manera de colofón, la última secuencia nos muestra a "El Chivo" en un plano general caminando de espaldas a la cámara y a su lado "El Cofi", y en el horizonte una panorámica de la ciudad, que vislumbra un horizonte abierto para una nueva vida.

Emilio Echeverría ("El Chivo").

Este final de la película evidencia la redención del personaje protagónico, y narrativamente hablando expone ligas con los otros personajes que dominan el relato (Octavio, Valeria y Daniel), que tienen que sucumbir ante la adversidad de la vida, y son personajes determinados por un ordenamiento moral (Dios, la ley divina, el destino) que gobierna los hechos y sus conductas.

En el código moral de este melodrama urbano no hay diferencia entre Daniel y "El Chivo". El hecho de que el primero dejó a su familia por otra mujer y el segundo por una causa social, no tiene ninguna relevancia frente al abandono mismo. Y el destino de ambos personajes es paralelo: como consecuencia de sus acciones ambos pasan por un purgatorio (el accidente de Valeria o el descenso a la criminalidad) y al final abren la posibilidad de regresar a su familia (Daniel llama por teléfono a su esposa sin atreverse a hablar, el Chivo graba un mensaje a Marú en la contestadora).

A manera de cierre

Siendo las figuras ejes de la expresión melodramática mexicana convencional; la madre, la prostituta y el jefe patriarca, en estos filmes las madres asumen y tienen el poder de sus familias, la prostituta no se redime ni muere y el patriarca impresiona por su falta de poder o por su invisibilidad. Los personajes que desafían el "orden familiar" son Alma, porque huye del poder matriarcal, y Chava, del de patriarca. En *El callejón de los milagros*, doña Cata suspira por un buen futuro para Alma, y es capaz de venderla el mejor postor, como vehículo para escapar de la miseria, y enfrenta la desaparición de Alma sin drama, toda vez que esto significa el ascenso de su hija a una vida de lujos, sin importar mucho el precio de que sea una prostituta de primera clase.

En *Amores perros*, el desplome y la ausencia de los padres es visible, y sin embargo el poder de las madres es poco, y son personajes muy grises en los que predomina la fragilidad y la vulnerabilidad (Torres 2011: 175).

La familia patriarcal como unidad social y política se fractura en ambos trabajos. La triada mexicana, familia, Estado e Iglesia se deshace, y más en *El callejón*, se corrompe. Los conflictos motores dejaron de ser las diferencias sociales, ahora se dimensionan en las tensiones de género, o las identitarias. Doña Cata se reinventa en el papel de "lectora del futuro", especie de bruja; Eusebia explora una reconquista de su marido macho, golpeador y homosexual.

"No desearás la mujer de tu hijo"[10] se traslada a "No desearás al hombre de tu hija, ni al hombre de tu padre". La separación entre padre e hijo en *El callejón de los milagros* es por un hombre, y de un hombre igualmente joven e ingenuo, como el propio hijo. En cambio, la separación de doña Cata y Alma es por un hombre rico y poderoso, como el que la madre ha añorado tanto tiempo.

En *Amores perros* el conflicto de la familia es reemplazada por conflictos entre las parejas (Rodrigo/Susana/Octavio), con relaciones de adulterio o abandono de padres e hijos (Smith 2005: 57). Se da entonces un linaje femenino, confuso, ya que Susana se queda de madre soltera y Maru seguirá viviendo sin saber qué fue de su padre. Aparentemente se podría decir que los hombres salen perdiendo, Rodrigo se muere, Octavio se queda solo y abandonado, Daniel pierde a su familia y "El Chivo" se queda solamente con su perro. En suma, los personajes masculinos protagónicos se presentan como identidades en crisis que buscan una redefinición en tiempos fuertemente cargados de significados simbólicos.

Podemos entonces distinguir que la expansión de los rasgos que definen la enunciación melodramática y al melodrama contemporáneo se han resemantizado mediante nuevos discursos y recursos narrativos y estéticos, que abren una nueva visión de identidades de género. Y que aunque persisten apegos de claves y miradas, el melodrama sigue interpelando a su posible público, y sigue siendo una importante organización mediática, fundamental para comprender la cultura mexicana contemporánea. Esta valoración también nos permite hacer una afirmación que es casi palpable: el melodrama sigue siendo una matriz genérica, y también está en un franco proceso de transformación. Y en esta búsqueda de nuevos contenidos melodramáticos revestidos de artilugios tecnológicos y estéticas para conectarse con las nuevas ofertas *massmediáticas* también es plausible reconocer que en el fondo se siguen reproduciendo y sosteniendo algunos de los discursos de antaño. No con el propósito de crear una mirada retórica, sino porque tal vez los directores contemporáneos encuentran en ello una manera de conservar su pertenencia a una tradición fílmica. Algunas de estas integraciones a los cánones tradicionales del melodrama nacional las ubicamos también en el contexto trasnacional de producción, en las renovaciones de las fórmulas genéricas, en el reconocimiento de la llegada de nuevos públicos y en la astucia de dejar miradas y claves que persistan en el imaginario social a partir del reconocimiento de otros modelos de representación del mundo y nuevos sistemas de valores.

---

[10] Título de uno de los melodramas más populares de la Época de Oro del cine mexicano dirigida por Ismael Rodríguez en 1949 y en los papeles protagónicos de hijo (Pedro Infante) y padre (Fernando Soler).

Ciertamente, los cánones se transforman con lentitud y algunas veces con polémicas, toda vez que siendo el melodrama un modo de representación cultural, es inevitable que también significa una organización mediática para comprender los cambios de las identidades colectivas y las fracturas de la identidad mexicana.

No basta que las miradas fílmicas contemporáneas maquillen con técnica y estética los juicios morales, o bien que se tomen riesgos argumentales para explayar las recomposiciones sociales y culturales y evidenciar que hay poderes ideológicos que se han trastocado. Importa que en sus contenidos se refrenden los poderes de convocatoria para seguir anclados a este "universo de emociones" que es el melodrama.

Bibliografía

AYALA BLANCO, Jorge (1979): *La aventura del cine mexicano*. México: Posada.

— (1986): *La condición del cine mexicano*. México: Posada.

— (2001): *La fugacidad del cine mexicano*. México: Océano.

BURTON-CARVAJAL, Julianne (1994): "La ley del más padre: melodrama paternal, melodrama patriarcal y la especificidad del ejemplo mexicano". En: *Archivos de la Filmoteca de Valencia*, vol. 16, p. 39.

FERNÁNDEZ, Álvaro (2008): "El suspenso del melodrama. Entre modelos narrativos y modelos de conducta". En *Culturales*, vol. 9, nº. 8, pp. 7-52.

FONS, Jorge (1995): "La posibilidad de conmover: Entrevista de Leonardo García Tsao". En: *Dicine*, nº. 62, p. 19.

FOSTER W. David (2002): *Mexico City in contemporary Mexican Cinema*. Austin: University of Texas Press.

FOUCAULT, Michel (1999): *Estética, ética, y hermenéutica. Obras esenciales Vol. III*. Barcelona: Paidós.

GONZÁLEZ RUBIO, Javier (1995): "El Callejón de los Milagros". En: *Dicine*, nº. 62, p. 22.

MARTÍN-BARBERO, Jesús (1987): "Memoria narrativa e industria cultural". En: *Comunicación y Sociedad*, nº. 10, agosto, pp. 25-40.

MELHUUS, Marit/STOLEN, Kristi Anne (1996): *Machos, Mistress and Madonnas; Contesting the Power of Latin American Gender Imagery*. London/New York: Verso.

MONSIVÁIS, Carlos (1992): "Las mitologías del cine Mexicano". En: *Intermedios*, vol. 8, nº. 10, junio, pp. 12-23.

MONSIVÁIS, Carlos/BONFIL, Carlos (1994): *A través del espejo. El cine mexicano y su público*. México: El Milagro.

NOBLE, Andrea (2005): *Mexican National Cinema*. London: Routledge.

PARANAGUA, Pablo (2003): *Tradición y modernidad en el cine de América Latina*. Buenos Aires: Fondo de Cultura Económica.

RAMÍREZ BERG, Charles (1992): *Cinema of Solitude: A critical study of mexican Film, 1967-1983*. Austin: University of Texas Press.

SHAW, Debora (2003): *Contemporary Cinema of Latin America*. New York: Continuum.

Smith, Paul Julian (2003): *Amores perros*. London: British Film Institute.
— (2005): *Amores Perros*. Barcelona: Gedisa.
Torres San Martín, Patricia (2011): *Cine, género y jóvenes. El cine mexicano contemporáneo y su audiencia tapatía*. Guadalajara: Universidad de Guadalajara.
— (2011): "Love Goddesses: angels and demons in Mexican cinema". En: *Studies in Hispanic Cinemas*, vol. 8, nº. 1, pp. 19-35.

Realidad, mito y alegoría de la nación en *Y tu mamá también* (2001)

Christian Wehr
(Universität Würzburg)

Dos películas estrenadas en el año 2001 marcaron el inicio de un nuevo cine mexicano que fusiona temas regionales con la dinámica de la globalización: *Y tu mamá también* de Alfonso Cuarón y *Amores perros* de Alejandro González Iñárritu. Los éxitos internacionales de ambas obras se explican, entre otros motivos, por la adaptación de estructuras formales y genéricas que no existían antes en el cine mexicano. González Inárritu perfecciona un estilo episódico inspirado en las películas de Robert Altman, mientras que Cuarón recurre al género norteamericano de la *road movie*, combinando elementos de la comedia de adolescentes. Este último film cuenta las aventuras de dos jóvenes durante sus vacaciones de verano. La simplicidad de la trama es engañosa, porque esconde una complejidad desconcertante: a través del tema de la adolescencia, Cuarón pone en escena una gran variedad de alusiones latentes a la historia, a la mitología y a la situación política de la nación mexicana (Baer 2004, Lahr-Vivaz 2006).

En el siguiente trabajo, intentaré sistematizar los diferentes niveles semánticos de la película. A tal fin, comenzaré con un breve resumen de la trama que me permitirá analizar en total cuatro aspectos diferenciados. Cada uno de ellos se encuentra relacionado de manera específica con el tema de la nación, es decir, con su mitología, sus estereotipos y su actualidad política. Se trata en particular del carácter iniciático del viaje, de la revisión de los roles de género, de la actualización y transformación de algunos mitos fundacionales, y del sentido alegórico de la trama y de la constelación básica. Los diferentes niveles de sentido convergen en la construcción fílmica de una nación en proceso de transición o, en términos alegóricos, de un país adolescente.

Una *road movie* mexicana

La situación inicial retoma el modelo *hollywoodense* de la comedia de adolescentes. Según el esquema estereotipado del género, vemos a dos jóvenes de 17 o 18 años, originarios del D.F., al comienzo de sus vacaciones de verano. Se trata de Tenoch Iturbide (interpretado por Diego Luna), hijo de un político de alto rango, y su amigo Julio Zapata, representado por Gael García Bernal en su segundo gran papel de cine posterior a *Amores perros*. Julio es de clase media y comparte con su mejor amigo los placeres pubertarios: fuman marihuana, salen a divertirse, se emborrachan en las fiestas y se masturban a dúo.

Cuando sus novias se van de vacaciones a Europa, Julio y Tenoch aprovechan la libertad para buscar aventuras eróticas. Ya la primera oportunidad que tienen es crucial cuando, en una boda familiar, los jóvenes conocen a Luisa Cortés, la esposa del primo de Tenoch. A pesar de ser diez años mayor, los amigos la invitan a acompañarles en un viaje espontáneo hacia la Boca del Cielo, una playa en la bahía de Huatulco, situada en el estado de Oaxaca. Finalmente, Luisa aceptará la invitación por dos motivos: por un lado está harta de la infidelidad notoria de su marido y, por otro, sabe desde hace poco tiempo que tiene un cáncer mortal. Así el trío parte hacia el Sur.

Durante el viaje espontáneo se revelan sucesivamente diversos secretos. Julio confiesa que se acostó con la novia de su mejor amigo, quien, por su parte, también había hecho lo mismo con la novia de Julio. A su vez, se establece entre ellos un triángulo amoroso: Luisa tiene relaciones sexuales con ambos amigos, primero con Tenoch y luego con Julio. La gran crisis mimética —para emplear un término de René Girard (1978, 1982)— culmina en una pelea dramática que Luisa logra, no obstante, controlar. Finalmente, los tres llegan a la Boca del Cielo donde se encontrarán al pescador Jesús Chuy Carranza; los tres pasarán días idílicos con él y su familia.

La última noche del viaje empieza con una cena que está filmada sin cortes, en un plano secuencia de casi ocho minutos. De regreso al hotel, borrachos, los tres tienen un baile erótico; Luisa se va y los amigos comparten su primera y última experiencia gay. Este suceso no será mencionado por ellos nunca más. Por la mañana, empacan mudos y vuelven a la Ciudad de México. Un año después, en el 2000, al tiempo en que el Partido Revolucionario Institucional perdía por primera vez las elecciones en 71 años, Julio se cruza con Tenoch cuando se encontraba de camino al dentista. El film termina con una última conversación donde Tenoch le comenta a Julio que Luisa había muerto de cáncer al mes siguiente del viaje a Oaxaca. Finalmente, una voz en *off* nos añade que los amigos no volvieron a verse nunca más.

Y tu mamá también es una de las primeras *road movies* en la historia del cine mexicano, un género relativamente nuevo de origen norteamericano. Su gran tema es el viaje —en un sentido literal y figurativo a la vez—. La estética cinematográfica muestra claramente la influencia del neorrealismo italiano, con películas que se caracterizan por un estilo documental donde incluso se improvisan diálogos y escenas enteras. Por un lado, en un nivel ético-semántico, el movimiento continuo a través de una topología real se corresponde muchas veces con una narración de experiencias límites. Por otro, la dinámica transgresora y subversiva de la *road movie* (Grob/Klein 2006) revela afinidades con el género de la picaresca.

Considerando todas estas características básicas, *Y tu mamá también* se constituye en un ejemplo destacado. Los protagonistas se sitúan en varias experiencias liminales, es decir, en las oposiciones entre legalidad e ilegalidad, sexualidad 'oficial' y subversiva, clase alta y baja, campo y ciudad, Europa y Centroamérica, política socialista y conservadora, destino cómico y trágico, e incluso entre vida y muerte. La contradicción más evidente es posiblemente la transformación del machismo que caracteriza el comportamiento de los jóvenes en un deseo homosexual que se manifiesta solamente una vez, pero de manera irresistible. Además, la serie de oposiciones fundamentales dan a conocer un paralelismo fundamental: Cuarón construye sutilmente una analogía entre la adolescencia como fase de individuación y la situación inestable y transitoria de la nación. Ontogénesis y filogénesis se corresponden mutuamente[1] (Jung/Pauli 1952).

El viaje como iniciación: utopía y rito de pasaje

El estilo neorrealista y documental de la *road movie* está vinculado de manera sugestiva a toda una serie de subtextos míticos y alegóricos. Como lo señala el romanista Friedrich Wolfzettel en sus estudios sobre la literatura de viaje, este tema arcaico se relaciona, desde la *Odisea*, con significados míticos y, en particular, con ritos de pasaje (Wolfzettel 2003: 11-39). En la trama de *Y tu mamá también* se superponen varios temas iniciáticos. El más evidente es el de la sexualidad: Luisa, la mujer experimentada, cumple el papel de una mediadora que introduce a los jóvenes a la sexualidad adulta.

Otra estructura iniciática se manifiesta en el destino del viaje, la playa llamada Boca del Cielo. Las connotaciones bíblicas del nombre aluden al mito medieval del Paraíso Terrenal y a sus incontables búsquedas (Börner 1984, Grimm 1977). Este *topos* tiene una larga tradición en la literatura latinoamericana: desde los diarios de viaje de Colón y las crónicas de los conquistadores, hasta la novela del siglo XX. Sus connotaciones escatológicas se concretan cuando se nos dice que el pescador de la playa mítica —su trabajo alude al primero de los apóstoles— se llama Jesús Carranza. En esta figura se refleja el doble sentido del viaje, entre realismo documental y teleología bíblica. Por una parte, Carranza es un campesino humilde y, por otra, una figura mesiánica que abre las puertas del paraíso (la Boca del Cielo podría ser igualmente una alusión a la muerte cercana de Luisa). Como en el libro del Génesis, la expulsión coincide

---

[1] En la terminología del psicoanalista suizo C. G. Jung se trata del principio de sincronicidad (*Synchronizität*).

con una escena de seducción: la experiencia homosexual ocurre en la última noche antes de la partida final. De esta manera, el nivel realista y el sentido alegórico convergen al final para disociarse definitivamente. El esquema arquetípico de la búsqueda alcanza su meta, pero la utopía es efímera, se realiza solamente durante algunos días.

Para resumir, se puede constar que el modelo narrativo de la *road movie* y las estructuras iniciáticas del viaje abren un espacio en el cual se relativizan y suspenden los valores tradicionales. Este proceso de desestabilización —incluso liberación— afecta la concepción de la sexualidad así como los contrarios políticos y sociales representados por los protagonistas. Aunque el subtexto escatológico evoca una utopía transitoria, el final nos muestra un regreso a las reglas y normas cotidianas. En este sentido, la película es subversiva y reaccionaria a la vez. Quisiera profundizar esta ambigüedad analizando las escenificaciones del deseo que se manifiestan en una promiscuidad omnipresente.

Transformaciones del deseo: entre el machismo y la homosexualidad

Las relaciones afectivas entre las figuras están dominadas por un deseo edípico. Se trata de un tema recurrente en la literatura, el pensamiento y el cine de México que está casi siempre vinculado a la ausencia traumática del padre: basta pensar en las obras de Octavio Paz y Juan Rulfo o en las películas mexicanas de Luis Buñuel. En *Y tu mamá también*, el padre de Luisa falleció en un accidente de coche; el de Julio desapareció cuando tenía cuatro años y el de Tenoch dedica el tiempo a su carrera política. Desde una perspectiva freudiana o lacaniana, la falta de autoridad paternal genera un deseo que se caracteriza por una relación identificatoria con el otro: la identificación con la madre persiste si no está limitada por el "no" del padre (Freud 1982a, Lacan 1988: 14-247). En este caso, el fantasma de fusión —como deseo de estar en el lugar del otro— genera afectos contradictorios entre el amor y los celos. Según el estudio clásico de Lacan, esta dinámica identificatoria tiene su origen en el estadio del espejo, en la cual el niño reconoce por primera vez su propio reflejo, celebrando la aparición de su imagen con gestos de alegría y éxtasis. En una primera fase, esta autoidentificación crea el fundamento de una relación especular con el propio yo (Lacan 1966a). Durante el narcisismo secundario —para emplear el término de Freud— llega a ser la matriz de relaciones imaginarias e identificatorias con los otros (Freud 1982b, Kittler 1977: 147).

Recurriendo al triángulo en *Y tu mamá también* se ve cómo el narcisismo edípico organiza casi todas las relaciones afectivas, sobre todo la confraternidad entre Julio y Tenoch. Su relación oscila permanentemente entre rivalidad e identificación, sensibilidad latente y machismo extrovertido, agresión y atracción sexual.[2] Por otro lado, cada uno tuvo relaciones sexuales con la novia del otro, tal como Julio y Tenoch se confiesan mutuamente. El quiasmo ilustra perfectamente la estructura mimética del deseo que es, según el aforismo de Lacan, siempre el deseo del otro (Lacan 1966b: 852). La rivalidad edípica determina igualmente la relación de los adolescentes con la española Luisa —una relación que tiene fuertes connotaciones incestuosas—. Este fantasma incestuoso está incluso formulado de manera programática en el título de la película: durante la cena final, Julio cuenta que tuvo sexo con la madre de su mejor amigo Tenoch; la cita "y tu mamá también" es una réplica de esta conversación.

Resumiendo, se puede constar que Luisa cumple un papel sumamente complejo y contradictorio: en primer lugar, es la iniciadora sexual; en segundo, el intocable sustituto de la madre y, en tercer lugar, la heroína trágica condenada a una muerte solitaria. Según la interpretación clásica de Freud, el complejo de Edipo invertido se caracteriza por la identificación con la madre, generando así el deseo homosexual de ser amado por el padre (Freud 1982a). Luisa subraya muy claramente esta conexión cuando dice que los adolescentes se pelean por ella solamente para no hacer el amor entre ellos. De este modo, la ausencia de la ley paternal crea una promiscuidad omnipresente. Los amigos compensan esta falta de normas con su propia ética satírica: crean el manifiesto de los charolastras, como Tenoch y Julio se llaman (más adelante, volveré sobre el significado latente de este título). Se trata del siguiente decálogo pubertario (Cuarón 2001: 30-32):

> No hay honor más grande que ser un charolastra
> Cada quién puede hacer de su culo un papalote
> Pop mata poesía
> Un "toque" al día… la llave de la alegría
> No te tirarás a la vieja de otro charolastra
> Puto el que le vaya a la América
> Que muera la moral y que viva la chaqueta
> Prohibido casarse con una virgen
> Puto el que le vaya a la América (se repite por que es reputo el que le vaya a la América)
> La neta es chida pero inalcanzable
> Pierde la calidad de charolastra aquel que sea tan culero para romper con alguno de los puntos anteriores.

[2] Véase, con respecto al "complejo de intrusión" que oscila entre agresión e identificación, Lacan (1984: 35-49).

Después de la gran pelea, Luisa se queda solamente con los jóvenes a condición de que les imponga sus propias reglas, sustituyendo el manifiesto pubertario por su propio decálogo feminista. Con respecto a la concepción de géneros y de la sexualidad podemos resumir, pues, que Cuarón pone en escena de manera lúdica una redefinición —o por lo menos una subversión— de los estereotipos nacionales: sustituye el machismo por el deseo gay (De la Mora 2006: 174-177) y una ley matriarcal.

Más allá de esto, veremos que estas motivaciones psicológicas crean el fundamento de un juego abierto y ambivalente con los mitos nacionales. Como lo subrayó Alfonso Cuarón, la película muestra por medio de sus protagonistas un país adolescente (Alion 2001: 138).

Los mitos nacionales: constelaciones alegóricas

Las claves para el entendimiento de esta dimensión colectiva y política son los apellidos y nombres (Acevedo-Muñoz 2004, Saldana-Portillo 2005: 762-763). Julio no es solamente de procedencia modesta, sino que se llama Zapata, como el revolucionario mítico. Además, sabemos que su hermana apoya a los rebeldes zapatistas en las batallas sangrientas que tienen lugar en Chiapas. Tenoch, al contrario, es el hijo de un político de alto rango; un representante del PRI que se llama Iturbide, como el líder en las guerras de independencia y posterior emperador que combatió a los ejércitos indígenas entre los años 20 y 30 del siglo XIX. Como el narrador explica, su nombre se debe a una identificación populista y oportunista con las culturas autóctonas: al principio, sus padres querían llamarle Hernán, como el conquistador del siglo XVI.

Si tomamos en serio estos significados figurativos y emblemáticos, la relación entre Tenoch y Julio representa, en un nivel alegórico, el antagonismo de las clases sociales y partidos políticos. Sabemos, por los estudios de Doris Summers, que la alegorización de los discursos políticos tiene una larga tradición en la literatura latinoamericana (1991). Es evidente que Alfonso Cuarón recurre a esta técnica literaria. Vimos que la amistad de los adolescentes está marcada por los extremos de un mimetismo fundamental y una concurrencia violenta a la vez. En esta perspectiva su relación intersubjetiva puede interpretarse como la personificación de la situación política del país entre los años 80 y 90, particularmente en las disputas entre el Partido Revolucionario Institucional y el Frente Democrático Nacional, la coalición de fuerzas políticas mexicanas creada en el año 1989. Este último representa el antecedente inmediato del Partido de la Revolución Democrática, que fue el resultado de la unión de pequeñas fuerzas políticas de izquierda con una corriente disidente del PRI. El Frente Democrático Nacional tuvo entonces sus mismos orígenes en una vertiente del Partido

Revolucionario Institucional: una ambivalencia que se refleja implícitamente en la relación de los jóvenes y en la condición social y política de sus familias.

Con la entrada en escena de Luisa, no obstante, se complican las cosas. En un nivel alegórico se trata de una figura sumamente compleja. La literatura escrita sobre la película la califica varias veces de personificación de la nación-madre. La rivalidad erótica y afectiva de los adolescentes sería entonces la lucha de los partidos por el gobierno del "cuerpo" alegórico de la nación. Más pertinente, sin embargo, me parecen las connotaciones onomásticas de su apellido: Luisa se llama Cortés. Se refiere directamente a la figura del conquistador —y con esto, igualmente, a la Malinche—, que era, como Luisa, una mediadora entre las diferentes culturas y partes de la población mexicana (Acevedo-Muñoz 2004, Saldana-Portillo 2005: 762-763). En esta perspectiva, la iniciación o mediación sexual sería la alegoría de una fusión entre las oposiciones políticas y sociales representadas por Tenoch y Julio (como sabemos, la alegoría mística de la fusión sexual ya se encuentra en el Antiguo Testamento, aunque no profundizaremos nuestro análisis en esa dirección). Cuarón evoca tales significados sin confirmarlos definitivamente. Me parece evidente, sin embargo, que la película vincula sutilmente los niveles psicológicos, míticos y políticos, con el fin de construir una alegoría de la nación a través de los significados alegóricos de los nombres. Cuarón logra maravillosamente evocar esta variedad de sentidos sin sobrecargar el carácter espontáneo e improvisado de la *road movie*.

Síntesis: la nación adolescente

No es éste el lugar para ilustrar de qué manera la película pone en escena las diferentes caras de un México casi nunca visto en el cine. Sería necesario analizar el manejo virtuoso de una cámara documental y subjetiva, la técnica sofisticada de cortes discontinuos o los procedimientos de un montaje inspirado por las innovaciones de la Nouvelle Vague francesa, sobre todo por el cine de Jean-Luc Godard. Tampoco puedo interpretar las funciones de la voz en *off*; es decir, de un narrador omnisciente que comenta regularmente la historia y sus implicaciones políticas.

Todos estos procedimientos complementan y enmarcan la historia en varios sentidos: muestran escenas de violencia, de pobreza, de tensiones sociales, culturales y étnicas, o simplemente instantáneas de la vida cotidiana. Para terminar, pues, quisiera volver a una alegoría clave que resume y sintetiza los diferentes niveles semánticos: se trata de la analogía fundamental entre un país adolescente y la historia de dos jóvenes en la búsqueda de su identidad. Su rivalidad puede entenderse como emblema de una situación política que queda abierta e implícita hasta el fin: solamente en la última escena el narrador explica que el PRI perdió las elecciones por primera vez en 71 años. En este sentido, la adolescencia es la clave figurativa que permite poner en escena un país que se encuentra en una fase de varias transiciones. Observamos en una subversión del deseo y de los papeles de géneros, una utopía brevemente vivida en el lugar mítico-escatológico de la Boca del Cielo, la escenificación de un cambio político. Hay que añadir diversos procesos de transculturación (Rama 1982, Pratt 2008: 1-12): Tenoch había sido educado por una niñera indígena a la que llamó mamá hasta los cuatro años. En este caso, la cultura autóctona llenó el hueco afectivo en el corazón de la intimidad de la clase alta.

Otro efecto transcultural caracteriza el más original de los juegos onomásticos. Se trata del título de los "charolastras" que se dan Julio y Tenoch en su manifiesto de adolescentes. El neologismo es efecto de un malentendido transcultural: los amigos escucharon la canción "Space cowboy" de Steve Miller en la radio, traducido como "charro astral" y, finalmente, deformado en "charolastro". Aquí el criterio de identidad se debe a un malentendido lingüístico que mezcla elementos norteamericanos y mexicanos. La dinámica transnacional está opuesta a regionalismos como el chilango que Tenoch y Julio hablan, un dialecto que crea permanentes problemas de comunicación con la española Luisa.

Para resumir podemos constar que la doble estructura de la trama entre significados literales y alegóricos superpone incesantemente aspectos diferentes y hasta contrarios que forman una imagen profundamente heterogénea y ecléctica de la nación mexicana: entre elementos realistas y míticos, regionales y transnacionales, entre el campo y la ciudad, pasado colonial y política actual, machismo y matriarcado. Podemos referir a cómo el sociólogo constructivista Benedict Anderson define la nación en tanto comunidad imaginada compartiendo las mismas ideas sobre un terreno.[3] Es evidente que Cuarón cita toda una serie de mitos fundacionales que representaban antaño la idea de México. En lugar de dar una visión sintética, sin embargo, pone en escena un país compuesto de diferentes épocas, áreas, clases, culturas e idiomas; en términos de Foucault, un espacio heterotópico y heterocrónico. Pudimos observar, no obstante, que la película no puede interpretarse tampoco como mero acto de destrucción o diseminación de los mitos fundacionales. El México de Cuarón es, en las propias palabras del director, un país adolescente a la búsqueda de su identidad entre fuerzas utópicas y conservadoras; una nación sin autoridad 'paternal', cuyos representantes políticos están ausentes como los padres de los protagonistas.

[3] Anderson (2006).

Bibliografía

ACEVEDO-MUÑOZ, Ernesto (2004): "Sex, Class, and Mexico in Alfonso Cuaron's *Y tu mamá también*". En: *Film and History* 34 (1), pp. 39-48.

ALION, Yves (2001): "*Y tu mamá también*. Entretien avec Alfonso Cuarón". En: *L'Avant-Scene Cinema* (507), pp. 137-140.

ANDERSON, Benedict (2006): *Imagined Communities: Reflections on the Origin and Spread of Nationalism*. London: Verso.

BAER, Hester (2004): "Transnational Cinema and the Mexican State in Alfonso Cuaron's *Y tu mamá también*". En: *South Central Review* 21, pp. 150-168.

BÖRNER, Klaus H. (1984): *Auf der Suche nach dem irdischen Paradies. Zur Ikonographie der geographischen Utopie*. Frankfurt: Wörner.

CUARÓN, Alfonso (2001): *Y tu mamá también* (DVD). Madrid: Producciones Anhela.

FREUD, Sigmund (1982a): "Das Ich du das Es". En: *Studienausgabe III*. Frankfurt: Fischer, pp. 273-330.

— (1982b): "Zur Einführung des Narzißmus". En: *Studienausgabe III*. Frankfurt: Fischer.

GIRARD, René (1978): *Mensonge romantique et vérité romanesque*. Paris: Grasset.

— (1982): *La violence et le sacré*. Paris: Grasset.

GRIMM, Reinhild R. (1977): *Paradisus Coelestis Paradisus Terrestris. Zur Auslegungsgeschichte im Abendland bis um 1200*. München: Fink.

GROB, Norbert/KLEIN, Thomas Klein (2006): *Road Movies*. Mainz: Ventil Verlag KG.

JUNG, Carl Gustav/PAULI, Wolfgang (1952): *Naturerklärung und Psyche*. Zürich: Rascher Verlag.

KITTLER, Friedrich A. (1977): "*Das Phantom unseres Ichs* und die Literaturpsychologie. E.T.A. Hoffmann – Freud – Lacan". En: Kittler, Friedrich A./Turk, Horst: *Urszenen. Literaturwissenschaft als Diskursanalyse und Diskurskritik*. Frankfurt: Suhrkamp, pp. 139-166.

LACAN, Jacques (1966a): "Le stade du miroir comme formateur de la fonction du Je". En: *Écrits*. Paris: Éditions du Seuil, pp. 93-100.

— (1966b): "Du 'Trieb' du Freud y du désir du psychanalyse". En: *Écrits*. Paris: Éditions du Seuil, pp. 851-854.

— (1984/1938): *Les complexes familiaux dans la formation de l'individu. Essai d'analyse d'une fonction en psychologie*. Paris: Navarin.

— (1998): *Les formations de l'inconscient* (= Le Séminaire V). Paris: Éditions du Seuil.

DE LA MORA, Sergio (2006): *Cinemachismo: Masculinity and Sexuality in Mexican Cinema*. Austin: University of Texas Press.

PRATT, Mary Louise (2008): *Imperial Eyes. Travel Writing and Transculturation*. London: Routledge.

RAMA, Ángel (1982): *Transculturación narrativa en América latina*. México: Siglo Veintiuno Editores.

LAHR-VIVAZ, Elena (2006): "Uncomsummated Fictions and Virile Voiceovers: Desire and the Nation in Y tu mamá también". En: *Revista de Estudios Hispanicos - St Louis* 40 (1), pp. 79-102.

SALDANA-PORTILLO, María Josefina (2005): "In the Shadow of NAFTA: *Y tu mamá también* Revisits the National Allegory of Mexican Sovereignty". En: *American Quarterly* 57 (3), pp. 751-778.

SOMMER, Doris (1991): *Foundational Fictions: the National Romances of Latin America.* Berkeley: University of California Press.

WOLFZETTEL, Friedrich (2003): *Reisebericht und mythische Struktur (Aufsätze 1983-2003).* Stuttgart: Steiner.

Historia de un escándalo: anticlericalismo y melodrama en *El crimen del padre Amaro*

Matthias Hausmann
(Universität Wien)

El crimen del padre Amaro causó en el año 2002 uno de los más grandes escándalos que ha visto el cine en México y se convirtió —justamente a causa de este escándalo— en uno de los mayores éxitos de la historia cinematográfica mexicana. Es un éxito específico, como lo prueban algunas cifras: *El laberinto del fauno* (2006) es con distancia el film más exitoso del cine mexicano a nivel mundial con ganancias de aproximadamente 83 millones de dólares, aunque sólo recaudase alrededor de 7 millones dentro de México. En cambio, la película de Carlos Carrera ganó unos 16 millones de dólares en México, mientras que su resultado mundial fue sólo de 27 millones de dólares[1]. Se puede constatar entonces que *El crimen del padre Amaro* tiene un sitio muy especial dentro de la producción cinematográfica mexicana: aunque a nivel mundial el éxito no fuera extremamente fuerte[2], se constituyó dentro de su propio país en la película más taquillera.

Este resultado particular hace ya suponer que el éxito de *El crimen del padre Amaro* en México tiene su origen no tanto en la calidad intrínseca de la película[3], sino más bien en el impacto sobre la sociedad mexicana. Este amplio impacto se notó sobre todo a través de las masivas protestas en contra de la exhibición de la cinta, las cuales habían comenzado incluso antes del estreno de

[1] Para todo lo correspondiente a las ganancias de películas, véase el sitio web de Box Office Mojo, que da información detallada sobre la recaudación de cada película estrenada en los EE. UU., con datos suplementarios sobre sus resultados en otros países (<http://boxofficemojo.com>).

[2] En España ganó unos 1,6 millones de dólares, mientras que en Alemania, sólo unos 130.000 dólares. En otros países latinoamericanos no gozó la película de gran éxito (sólo ganó 190.000 dólares en Chile y apenas 50.000 en Argentina). Es interesante a su vez mencionar, que la película tampoco tuviera éxito en Portugal (Fischer 2003).

[3] Es también interesante que aún no existan muchos artículos científicos que se hayan ocupado de la película de Carlos Carrera. Existen muchas reseñas y sobre todo una gran lista de largos comentarios, algunos de carácter polémico. Sin embargo, no abundan las contribuciones científicas, hecho que tiene su causa quizá en la calidad más bien regular de la película.

la película. Como es sabido, el largometraje de Carlos Carrera está basado en la novela homónima del escritor portugués José Maria Eça de Queiroz, la cual fue publicada por primera vez en 1875 en fascículos en la *Revista Occidental*. Un año después, en 1876, aparece la novela en una primera versión en volumen, siendo la versión definitiva publicada en 1880. Entre estas diferentes versiones hay cambios importantes, los cuales serán presentados más adelante en detalle. Al ser publicada, la novela causó cierta indignación en Portugal, pero ¿porqué una adaptación fílmica causaría unos 130 años después aún más alboroto y en un país lejano? ¿Cómo la adaptación de una novela portuguesa del siglo XIX pudo suscitar tantas protestas en México al comienzo del siglo XXI?

Primero, hay que destacar que el film de Carrera traslada la acción del Portugal del siglo XIX al México de nuestros días, como ya lo muestra la primera indicación al comienzo de la película, la cual presenta el lugar y el tiempo de la acción de la siguiente manera: "Aldama, México, 2002". La transposición del argumento al México contemporáneo fue una de las primeras ideas que tuvo el gran productor Alfredo Ripstein, quien había leído la novela de Queiroz en su juventud y se encargó de dar la iniciativa decisiva para el proyecto (Leñero 2003a: 11). Ripstein produjo el film junto a su compañía, Alameda Films, y escogió a Carlos Carrera como director y a Vicente Leñero como guionista. Este último parecía muy indicado para tal proyecto, pues ya había adaptado varias novelas al cine y, sobre todo, ya había trasladado argumentos novelísticos situados en otros países a México[4].

Dicho sea de paso: Leñero no sólo adaptó la novela de Queiroz en un guión, sino que a su vez transformó el guión en una novela, la cual fue publicada un año tras el estreno de la película. Así, hizo un "ejercicio al revés"[5], que es, primero, un aspecto bastante interesante para estudiar los diferentes pasos de una evolución multimedial. Segundo, esa novela es una ayuda útil para analizar el film, ya que no existen grandes diferencias entre la novela y la película, pues la cinta sigue con bastante fidelidad el guión de Leñero, el cual fue apenas alterado en su "retransformación" en novela[6].

En el prólogo de su versión novelística, Leñero justifica la transposición de la acción de la novela de Queiroz al México de hoy en el film, diciendo que esa

[4] Leñero inició su carrera como guionista en 1972 con una adaptación de una novela. En 1994 escribió el guión de *El callejón de los milagros*, otra adaptación en la cual además se traslada la acción de El Cairo de los años 40 al México de fin del siglo XX (para información sobre esta película, véase el artículo de Friedhelm Schmidt-Welle en el presente volumen).

[5] Así lo describe el propio Leñero: "Es un ejercicio literario al revés. El guión nació como versión libre de una novela, y ahora esta pequeña novela nace como versión libre de este guión" (Leñero 2003a: 13).

[6] Desde luego hay cambios hechos por el director Carlos Carrera, pero la versión final del film se acerca mucho al guión original (Leñero 2003c: 117).

"gran novela denota una innegable vigencia para los lectores de este siglo que empieza sin ver resueltos aún muchos de los pecados de un clero de mentalidad similar a la del clero del diecinueve" (2003a: 11). Esta cita muestra claramente la actitud anticlerical de los productores, quienes intentaron expresar un fuerte mensaje anticlerical en su cinta. Por eso se propusieron no solamente trasladar la trama a México, sino integrar también algunos de los problemas actuales del clero de su país para radicalizar el argumento. Leñero y Carrera añadieron a la acción original dos aspectos altamente conflictivos para la Iglesia contemporánea mexicana: los contextos de las narcolimosnas y de la teología de la liberación, creando así "una actualidad pocas veces vista en la historia de los guiones de novelas llevadas a la pantalla" (González Lara 2007: 641).

La teología de la liberación tiene una importancia particular para Leñero, quien respecto a esto declara: "Introduje el tema inventando al padre Natalio [...] y debo decir que el tratamiento de este personaje, la conformación de su breve y dramática historia, fue lo que más me satisfizo en la escritura del guión" (Leñero 2003c: 123). Sobre todo en sus declaraciones acerca de la teología de la liberación se puede notar una gran decepción sobre la política del papa Juan Pablo II, decepción que se ve reforzada por la falta de investigación seria en casos de recriminaciones contra clérigos a causa de relaciones sexuales con menores. (Leñero 2003c: 121-122). Estos casos de pederastia que se descubrieron justamente por esta época, siendo el más conocido el del padre Maciel, aumentó más aún la fuerza explosiva de la película, la cual se estrenó directamente después de una visita de Juan Pablo II a México.

La actualidad de los temas tratados y el fuerte anticlericalismo de la cinta condujeron a un escándalo sin precedente en la historia del cine mexicano, el cual hoy todavía se encuentra muy presente en la mente de la gente[7]. Primero, organizaciones no eclesiásticas, ante todo el grupo ultraconservador "Pro Vida", atacaron la película y presentaron incluso una solicitud de censura a la Presidencia[8]. Poco después, el alto clero de la Iglesia católica se unió a las protestas y pugnó para evitar la exhibición del film. Dijo uno de sus representantes: "Ojalá que nuestras autoridades muestren capacidad de discernimiento

[7] En entrevistas realizadas a estudiantes de la Universidad de Puebla se pudo comprobar cómo la memoria del escándalo originado por la película sigue viva en los pensamientos de estos jóvenes y cómo el film sigue siendo un tema de controversia. Algunos de los entrevistados narraron que, por ejemplo en sus escuelas, había sido prohibido ver la película. Agradezco mucho a Martina Blindert, estudiante de la Universidad Católica de Eichstätt-Ingolstadt, por su ayuda al facilitarnos estas entrevistas.

[8] Para una sinopsis de la historia del escándalo y de sus protagonistas, véanse los artículos de Mercado (2008: 473-475) y, sobre todo, el de Vertiz (2002), el cual indica claramente las posiciones de los diferentes grupos y de sus representantes más importantes.

y sentido común, y no permitan que esa película se exhiba en público" (Henríquez 2002)[9].

Las protestas condujeron a un resultado absolutamente opuesto al deseado por la derecha ultraconservadora: *El crimen del padre Amaro* no sólo pudo ser exhibida, sino que además la polémica llevó a la distribuidora a aumentar el número de copias. Después del estreno, se mantuvo la película cuatro semanas consecutivas como la más taquillera en los cines del país y se convirtió en el mayor éxito de la historia de los filmes mexicanos dentro del propio país. Así, *El crimen del padre Amaro* fue un éxito extraordinario en México, justamente a causa de estas protestas.

Dos escenas en especial suscitaron protestas particularmente vehementes: la primera es la secuencia en la que Dionisia hace comulgar a una de sus gatas. La otra escena es en la que Amaro hace vestir a Amelia con una prenda santa, diciendo que ella es más bella que la Virgen. Mientras que la primera de estas escenas no tiene mucha relevancia para el argumento, la segunda prepara una de las escenas decisivas. Directamente después del acto sexual con Amelia vestida con la prenda de la Virgen, vemos a Amaro en una conversación con el obispo. Por primera vez, el obispo hace caso a la opinión de Amaro, lo que remarca el ascenso de poder del joven sacerdote. Este ascenso se debe a la carta redactada por Amaro en cumplimiento a las órdenes de su superior, en la que desmiente las acusaciones contra el padre Benito, aunque él sabía muy bien que eran justificadas. Así, Amaro se da cuenta de que para hacer carrera dentro de la Iglesia, tiene que obedecer ciegamente las instrucciones de sus altos representantes. En la conversación que hemos evocado, el obispo subraya el hecho de que ya no quiere más escándalos en lo referente al caso del padre Natalio. Amaro interpreta esta advertencia como algo personal en relación a sus encuentros amorosos con Amelia. La combinación de estas dos escenas consecutivas destaca el hecho de que Amaro sólo podrá ascender en la jerarquía eclesiástica siempre y cuando su relación con Amelia se mantenga en secreto. Es por eso que cuando se da cuenta de que la muchacha está embarazada, la obliga a abortar. Amaro prefiere un aborto, el cual viola todas las reglas del dogma católico y que al final también causará la muerte de la joven, salvando así sus propias aspiraciones.

[9] Otro alto representante del clero, el obispo Inda, declaró que preferiría morir antes que ver esta película (Luley 2003). Todo esto también remarca que muchos de los críticos comenzaron a realizar ciertos intentos de censura antes de que la película hubiera sido estrenada, lo que descalifica su crítica totalmente. Sin embargo, hay que añadir también que hubo voces más razonables y moderadas del lado de la Iglesia católica en México. El reconocido crítico Roger Ebert cita al padre Rafael González, quien declaró que la película era "an honest movie [...,] a wake-up call for the church to review its procedure for selecting and training priests and being closer to the people" (Ebert 2002).

Aquí se ve el crimen del padre Amaro que se nombra ya en el título de la película. El verdadero crimen del protagonista no es el acto sexual con Amelia, quien solamente tiene 16 años, sino su pacto con el poder y su deseo de ascender en la institución eclesial a toda costa. Para no comprometer su posición, Amaro traiciona todos sus ideales e incluso sacrifica la vida de la joven[10]. El guionista subraya que "el problema del padre Amaro no es, al fin de cuentas, un problema sexual. Es un problema político. [Una] unión adúltera con el poder" (Leñero 2003c: 124).

A causa de su obediencia incondicional, el ascenso en la jerarquía de poder de Amaro se da con rapidez, como se muestra al espectador en su tercera conversación con el obispo[11]: éste da a entender que Amaro va a sustituir a Benito, cuyos escándalos han sido públicamente conocidos (y sólo este hecho y no las faltas de Benito en sí determinan la decisión del superior). Además, el obispo da otra orden a Amaro, lo que pone al descubierto de manera particular la unión fatal que el joven sacerdote ha contraído con el poder: ordena a Amaro llevar el acta de excomunión al padre Natalio. Éste es excomulgado a causa de su resistencia contra la política corrupta de la Iglesia, y porque no deja de respaldar a su feligresía de campesinos amenazados por los narcos. Su excomunión sirve también para tapar los negocios que tiene la Iglesia con los narcotraficantes, quienes lavan dinero con donaciones para un hospital que la Iglesia está construyendo; esto significa también que el obispo planea continuar la cooperación con los narcos después de la salida de Natalio[12]. Así, en la figura de este buen sacerdote Natalio se combinan los temas de la teología de la liberación y de las narcolimosnas, temas que añadieron Carrera y Leñero al argumento original.

---

[10] Véase también el comentario de Susan Baker Sotelo que ve aquí un importante paralelismo entre las versiones de Queiroz y Carrera: "Instead of looking to their faith, they [both Amaro characters] look to the power structure when Amelia becomes pregnant" (2009: 254).

[11] El ascenso de Amaro en la jerarquía se muestra de una manera poco sutil en las tres conversaciones que tiene con el obispo. Antes de la primera, Amaro tiene que esperar mucho y durante la conversación el obispo no deja hablar a Amaro. En el segundo encuentro ya no tiene que esperar, sino que es llevado en seguida al obispo que esta vez pide su opinión. Para la tercera conversación ni siquiera tiene que ir a ver al obispo: éste llama a Amaro por teléfono y le dice que ha sido nombrado sucesor de Benito, lo que completa la primera fase del ascenso del joven padre.

[12] Para un análisis más detallado de las relaciones entre narcos e Iglesia en la película y las razones de la excomunión del padre Natalio, véase Rabadán 2002, donde se habla de una verdadera "colaboración narcoclerical" y donde se comenta una de las canciones de la banda sonora, "El corrido del padre Amaro", que muestra claramente la relación entre la Iglesia y el narcotráfico descrita en el film.

El enfrentamiento entre Amaro y Natalio tiene una función clave en el film: Amaro transmite la decisión del obispo de la excomunión para Natalio. A esto responde Natalio que no va a ceder y que se quedará al lado de sus campesinos; dice a Amaro: "Yo elegí este camino. ¿Y tú?" (1:34:18). Aquí se ve que Amaro tiene la posibilidad de elegir, pero el ambicioso joven sacerdote se decide por la mala opción. Esto hace recordar a una novela emblema de la cultura mexicana, *La muerte de Artemio Cruz*, que puede ser utilizada para analizar más a fondo el film. Natalio puede ser visto como uno de los posibles dobles de Amaro. Es el modelo de una de las alternativas para el protagonista. Sin embargo, éste se decide siempre, exactamente como Artemio en la novela de Fuentes, por la opción más conveniente para su carrera, actuando en contra de su conciencia. Amaro traiciona todos sus ideales, y como en el caso de Artemio Cruz, otros tienen que morir para que él pueda alcanzar sus metas. La comparación con la obra de Fuentes parece aún más justificada porque el gran novelista dijo sólo dos años antes del estreno de la película de Carrera: "Anstelle der Tragödie haben wir das Melodram bekommen. Der Unterschied zwischen Tragödie und Melodram besteht [...] darin, dass in der Tragödie beide Seiten Recht haben und im Melodram nur eine Seite Recht hat. Es gibt einen Guten und einen Bösen" (Barloewen 2003: 261)[13]. La cinta de Carrera ilustra perfectamente esta opinión de Fuentes y, sobre todo, la división simplista del bien y del mal, lo que contrasta nítidamente con la novela de Queiroz. Este aspecto será analizado más adelante.

Antes es interesante comparar la figura del buen cura y su destino con la obra original. En la novela portuguesa el padre Ferrão es el único cura con valores positivos y no enfrenta consecuencias negativas. Sin embargo, su doble fílmico Natalio es excomulgado. Esta excomunión refuerza aún más el mensaje anticlerical de la película y subraya la idea de que en la Iglesia sólo los corruptos pueden ascender en la jerarquía de poder. Esto se enfatiza ante todo en el personaje de Amaro, quien sigue sin reservas las ideas del obispo y esconde completamente la relación con Amelia. Esto le asegurará una gran carrera dentro de la Iglesia, lo que remarca la escena final. Allí vemos a Amaro, quien lee la misa de réquiem para Amelia y hace repetir el "Yo confieso" a la feligresía compartiendo así su propia culpa con todos los demás de una manera altamente pérfida. Más importante aún es el hecho de que nadie se oponga a esta misa casi blasfema del sacerdote.

[13] La entrevista se hizo en el verano de 2000 (Barloewen 2003: 253; traducción de la cita: "El melodrama ha sustituido a la tragedia. La diferencia entre tragedia y melodrama es que en la tragedia ambos lados tienen la razón, mientras que en el melodrama, sólo uno de los lados posee la razón. Hay una persona buena y una persona mala").

El padre Benito sospecha la verdad y la causa de la muerte de la muchacha, pero al no tener ya ningún poder, su protesta se limita a abandonar la Iglesia sin decir palabra. El silencio de Benito es anticipado por el silencio (por causas corporales) de Getsemaní. Es altamente significativo que las dos únicas personas que conocen la verdad no puedan hablar: así queda claro que nadie puede impedir el ascenso de Amaro dentro de la Iglesia; esto parece asegurado como lo indica también la última escena, que lo muestra en el centro de la iglesia y de la atención. Los respectivos destinos del padre Natalio, que lucha por su feligresía, por lo cual es excomulgado, y del padre Benito, que se arrepiente de sus errores y pierde toda su influencia, deben indicar que en la Iglesia actual se imponen sólo los curas sin conciencia como Amaro, y esto pone de manifiesto el carácter anticlerical del film.

Es preciso relacionar estas ideas con el discurso anticlerical mexicano nacional en general. En este contexto hay que remarcar que el film fue producido en una época en la que las relaciones entre la Iglesia y el Estado cambiaron profundamente. Con el concordato de 1992 algunos artículos anticlericales fueron borrados de la Constitución. En los años siguientes, la influencia de la Iglesia se volvió cada vez más visible, con la presencia de obispos en instituciones estatales y, sobre todo, en los medios de comunicación. Con la llegada al poder del PAN, que es visto frecuentemente como un partido confesional, la influencia de la religión sobre la política pareció reforzarse aún. Estos cambios pueden ser interpretados como el punto que marca el fin de la fuerte laicidad de las instituciones públicas. Ésta sería la razón por la cual diversas reacciones anticlericales se han ido manifestando más y más en los últimos tiempos (Savarino/Mutolo 2008: 6-7; Mercado 2008: 472).

El crimen del padre Amaro fue producido poco tiempo después de la elección de Vicente Fox como presidente. A pesar de que la idea de tal proyecto había existido ya desde mucho tiempo atrás, los acontecimientos anteriormente descritos pueden haber reforzado la intención de los productores de la realización del film en este momento. De todos modos, Savarino y Mutolo, que han llevado a cabo una reciente y minuciosa investigación sobre el anticlericalismo en México —tema que no había sido examinado a fondo antes[14]— ven una clara relación entre el éxito del film y su contemporáneo contexto histórico. Ellos escriben:

> No es casualidad que la película anticlerical *El crimen del padre Amaro* (2002) haya tenido una buena acogida del público en México, pues refleja sensaciones y aprensiones muy difundidos [sic] entre largos sectores de la población (2008: 7).

[14] Los dos científicos subrayan la falta de detalladas investigaciones sobre el tema: "[D]estaca la ausencia de un verdadero debate enfocado en el anticlericalismo" (Savarino/Mutulo 2008: 5).

Muchos comentadores veían en el hecho de que *El crimen del padre Amaro* pueda ser exhibido sin cortes de edición un signo positivo para la democracia en México; escribieron, por ejemplo, periodistas de *Newsweek* un año después del estreno: "The defeat of the PRI in 2000 seemed to usher in a new era of democracy and freedom of expression, and the release of 'Padre Amaro' bolstered those hopes" (Contreras/Johnson 2003: 50). Por falta de espacio no se pueden desarrollar aquí más estas implicaciones políticas. En lugar de eso, este artículo se enfoca en las técnicas fílmicas, dejando el aspecto político para otras contribuciones, que serán necesarias como complemento. En cuanto a la acogida pública, sólo se tiene que añadir que *El crimen del padre Amaro* ganó nueve premios Ariel en el año 2003, entre ellos el de mejor película. Cabe preguntarse si este éxito remarcable con la obtención del premio de cine más prestigiado de México no revela también una intención política, lo cual mostraría lo fuerte que era entonces el anticlericalismo en el país.

La calidad de la película no parece justificar tantos premios, y eso nos lleva a analizar los recursos estéticos con los que el mensaje anticlerical ha sido dirigido. Estos son de alto interés porque revelan cambios en comparación con la novela de Queiroz, los cuales son aún más importantes que la integración de aspectos de la realidad mexicana contemporánea y sirven para intensificar el mensaje anticlerical. El contraste entre la novela y la película revela que, sobre todo, una sola decisión causa los cambios y tiene consecuencias graves: la adaptación se acerca al melodrama, lo que subraya el propio guionista llamándola "este melodrama" (Leñero 2003c: 120).

Es sumamente interesante que los productores, al hacer un melodrama, inviertan de cierta manera los cambios que Queiroz realizó en la versión definitiva de su novela. Las diferencias entre las versiones de 1875, 1876 y 1880 son considerables e ilustran la evolución de Queiroz: "la comparaison de ces trois états d'une même œuvre offre le plus haut intérêt: on assiste à la naissance d'Eça de Queiroz romancier, on prend conscience de ses exigences d'artiste" (Girodon 1985: 8). Con los cambios introducidos en la versión definitiva, Queiroz vuelve a su novela más realista: se ha dicho con razón que "la versión de 1880, aunque más detallada, se vuelve menos melodramática" (Martins 2008: 492). La adaptación de Carrera y Leñero sigue exactamente el camino contrario al tomado por Queiroz y se aproxima a la versión de 1876. Así, los productores de la cinta revisan la evolución que el novelista dio a su obra. Una evolución que define también su estilo en general como subraya la opinión citada de Jean Girodon[15].

[15] Se puede añadir que en el año 2005 se estrenó en Portugal otra adaptación fílmica de la novela de Queiroz con el título *O Crime do Padre Amaro*. Esta versión, que probablemente también fue realizada gracias al éxito de la película de Carrera, no suscitó mucho interés en el mundo. Sin embargo, es un complemento interesante para nuestras observaciones,

La referencia del film a las versiones anteriores a la de la novela definitiva se puede constatar en algunos aspectos de la trama: en las versiones de 1875 y 1876 el propio Amaro mata a su hijo recién nacido, mientras que en la versión de 1880 lo deja en manos de una "tejedora de ángeles" y, al final, decide que ya no quiere que su hijo muera; sin embargo, esta decisión llega demasiado tarde. En la película es otra vez Amaro quien es el responsable directo de la muerte del niño al organizar lo necesario para el aborto. Además, la adaptación mexicana se acerca a la versión de 1876 con la integración de la misa final que ya no existe en la versión de 1880.

Pero aún más importante que estos cambios argumentales son otros aspectos que integran Leñero y Carrera, y que ponen de manifiesto el carácter melodramático de su película. Antes de comentar estos cambios es preciso recalcar que el melodrama se entiende en este artículo según el modelo que elaboró Peter Brooks. Su modelo de melodrama es especialmente adecuado para analizar la adaptación de la novela de Queiroz hecha por Carrera. Existen dos razones principales para esto: primero, como se sabe, Brooks basa su estudio en la literatura del siglo XIX. Segundo, el científico americano remarca, en el prólogo a la nueva edición de su estudio, la utilidad de su modelo para el análisis de películas (Brooks 1995: vii-xii), lo que lo convierte en un perfecto punto de partida para nuestras observaciones y, al mismo tiempo, puede ayudar a poner al descubierto similitudes entre melodramas narrativos y cinematográficos.

Ya la utilización general del melodrama por parte de los autores decimonónicos, que se sirvieron de este *imaginative mode*, hace pensar en la película de Carrera:

> Within an apparent context of "realism" and the ordinary, they seemed in fact to be staging a heightened and hyperbolic drama, making reference to pure and polar concepts of darkness and light, salvation and damnation. They seemed to place their characters at the intersection of primal ethical forces and to confer on the characters' enactments a charge of meaning referred to the clash of these forces (Brooks 1995: xiii).

El realismo evocado en la cita es reforzado en la película por la integración de diversos aspectos de la realidad mexicana contemporánea. Luego comentaremos la presencia de los conceptos polarizados del bien y del mal. Para ello sólo queremos anticipar que la combinación de ambos aspectos sirve para aumentar el sentido del mensaje anticlerical.

---

porque esta versión se parece mucho a la de Carrera e intensifica aún más el carácter melodramático. Para un breve análisis de esta película portuguesa, véase Martins (2008: 495-496).

Además creemos que Carrera y Leñero se sirven también del melodrama, ya que éste es un género típico del cine mexicano y facilita por eso el traslado de un texto, cuyo argumento tiene lugar en un país lejano al propio cosmos cultural. Se puede añadir, asimismo, que la película se acerca mucho al género de la telenovela, aunque sea sin final feliz. Hace falta espacio para desarrollar con mayor amplitud este aspecto[16], y por ello el análisis se centrará en los elementos del melodrama. Es sin embargo notable que los productores hayan utilizado formas clásicas del cine y de la televisión nacional mexicana para su adaptación.

Con la decisión de convertir la novela realista en un melodrama, los productores no sólo se alejaron de la versión de 1880, sino que también eliminaron dos aspectos decisivos del modelo. Primero, desaparece la ironía que era un componente integral de la obra de Eça de Queiroz y de la cual no se encuentra huella alguna en la adaptación, porque no sería así compatible con la forma del melodrama[17]. En la novela, la ironía ya es propuesta desde el subtítulo *Escenas de la vida devota*, con el que comienza en seguida una complicidad entre el autor y sus lectores (Mercado 2008: 465). Otro guiño irónico (entre muchos otros) es el hecho de que el canónigo que corrompe a Amaro y que es a su vez la persona más inmoral en la novela, enseña justamente moral en el seminario. Asimismo, en la caracterización de ciertos personajes y en numerosos diálogos se recurre al humor. Así, la acción novelesca, aunque tenga un final horrible, está presentada de una manera altamente satírica que logra sacar una sonrisa al lector. Esa fuerte dosis de sátira e ironía lleva a una distancia soberana de la novela hacia el blanco de su crítica, la cual se pierde completamente en la adaptación, que no deja sitio para el humor[18]. Esto no sólo distingue la película de Carrera de la novela de Queiroz. Este mismo aspecto hace diferir la cinta de Carrera de las películas anticlericales de Buñuel, como por ejemplo *Nazarín* o *Viridiana*. Buñuel siempre utiliza mucha ironía en sus cintas al incluir mensajes dirigidos contra la Iglesia. La crítica de Buñuel parece mucho más eficaz, y aunque sea poco justo comparar a Carlos Carrera con Buñuel, es interesante el hecho de

[16] Para la relación entre la película de Carrera y las estructuras de la telenovela, véase sobre todo Michael 2010. Él describe en un reciente estudio de manera exhaustiva los elementos más importantes de la telenovela mexicana. A su vez, compara la película de Carrera con la telenovela *Tentaciones* (1998), la cual fue censurada a causa de protestas por parte de la Iglesia; Michael señala ciertos paralelismos de gran relevancia entre esa telenovela y la cinta de Carrera (2010: 225-226).

[17] Véase Brooks, quien muestra que la ironía es uno de los recursos cruciales con los que autores como Flaubert se distinguen del "melodramatic mode" (1995: 198).

[18] Esto supone también una diferencia al comparar la cinta de Carrera con películas como *Infierno*, la cual trata también problemas mexicanos actuales pero de una manera mucho más satírica.

que Carrera no recurra a la sátira en su crítica del clero, hecho aún más significativo, porque constituye así un rasgo central de la novela de Queiroz.

La ironía del novelista se muestra de manera particular en la célebre escena final que narra una conversación entre el padre Amaro, el canónigo y el conde, quien es el protector de Amaro. El conde alaba elocuentemente la grandeza de Portugal, pero al mismo tiempo el narrador describe toda una serie de personajes miserables que pasean cerca de los tres. Se trata de un contraste altamente irónico, pues revela que las palabras del conde no tienen nada que ver con la realidad. Llega la técnica de la ironía a su cumbre cuando el conde afirma que Portugal siempre andará bien mientras haya curas honrados como sus dos interlocutores —y el lector sabe muy bien que ellos son todo menos honrados—. Así se insinúa claramente que el porvenir de Portugal sería un desastre mientras la responsabilidad política se encuentre en manos de gente como el conde, quien no sabe discernir la realidad.

La escena final nos permite también destacar otro elemento importante de la novela, el cual fue cambiado por Leñero y Carrera para adaptar la película aún más a su mensaje anticlerical. Queiroz ciertamente fustiga fuertemente a los sacerdotes, pero su crítica es mucho más global: al contrario de la película, que casi exclusivamente ataca al clero, Queiroz agrede también a los periodistas, a las devotas, a los señores feudales, a los liberales y a los que sueñan con una revolución de izquierdas. Traza la imagen de una sociedad completamente pervertida, y es preciso señalar que la obra de 1880 pertenece a su ciclo de novelas titulado "Escenas de la vida portuguesa", que manifiesta una áspera crítica contra la entera sociedad de su país.

Esta crítica de una sociedad completamente degradada se ve reflejada en el hecho de que Queiroz muestra en su gran mayoría personajes malos. La escena final de la novela puede ser interpretada como la apología de la presentación de estas figuras negativas. Sin embargo, los personajes principales, aunque todos negativos, son provistos de una psicología elaborada, lo que hace comprensible sus actos. Éste es otro aspecto que se pierde en la adaptación: el film muestra personajes positivos y negativos, pero ni los unos ni los otros tienen mucha profundidad psicológica. Una representación en blanco y negro sustituye la caracterización mucho más refinada de Queiroz. Aquí se ve claramente el esquema esencial del melodrama y su "logic of the excluded middle" (Brooks 1995: 18).

Otra vez este cambio sirve para reforzar el anticlericalismo en la película, lo que se puede comprobar en la caracterización de Amaro, Amelia y de su novio Rubén, lo cual examinaremos ahora más en detalle. La novela de Queiroz recurre a una estructura elaborada al presentarnos al protagonista Amaro. En el primer capítulo otros hablan sobre él. En el segundo, vemos su llegada a Leiria. Y en el tercero, se narran en una analepsis su juventud y su tiempo de estadía en el seminario. Así, el lector recibe una impresión exacta del joven sacerdote y descubre que es un personaje francamente problemático desde su niñez. Al narrar su pasado se muestra que Amaro tiene muchos lados negativos y que decide entrar al seminario a pesar de no tener una vocación verdadera. Él está caracterizado como un personaje afeminado, sin iniciativa propia, amante del lujo y la comodidad. Estos rasgos del personaje se mantienen durante su estancia en Leiria y se manifiestan, entre otras cosas, al querer oprimir totalmente a Amelia. De este modo goza de la relación al ver a la joven sometida sin reservas a sus órdenes. Constantemente se muestra el carácter débil de Amaro, siendo éste recreado a través del dominio sobre una muchacha sin experiencia y con falta de confianza en sí misma. Por lo tanto, queda claro que el crimen de Amaro no sólo es causado por la influencia de la Iglesia, sino que también tiene sus causas en su propio carácter.

La película mexicana por el contrario, es narrada de una manera totalmente lineal, sin analepsis alguna, lo que simplifica la estructura de la novela y reduce su complejidad; eso reduce al mismo tiempo la complejidad del carácter de Amaro que, en la película, tiene una evolución absolutamente lineal: se muestra la corrupción de una persona originalmente buena por parte del clero[19]. Por eso, no se sabe nada sobre la historia personal de Amaro, quien aparece de golpe en la primera secuencia de la película como una persona muy generosa que ayuda a un viejo, el cual ha perdido todo en un asalto a un autobús. Es importante destacar que este asalto, con el que comienza la película, no es una crítica general a la violencia en México, sino que sólo sirve para mostrar a Amaro como una buena persona al inicio.

Aquí se puede señalar otro aspecto más: el film comienza, antes del asalto, con una escena muy corta de unos niños jugando juntos. Estos representan la inocencia, aquella que Amaro pierde rápidamente a causa de la influencia de los otros curas. Durante el curso de la cinta se describe esa corrupción en escenas poco sutiles, las cuales no tienen otro objetivo más que el de ilustrar la evolución negativa del personaje: Amaro despide al sacristán Martín porque éste reveló su relación secreta con Amelia al padre Benito. Así castiga a un ser débil, que además tiene que ocuparse de una hija discapacitada. Directamente después golpea a Amelia, cuando ella le manifiesta que no quiere renunciar a su hijo. Se debe decir que esta erupción de brutalidad contra la muchacha carece de credibilidad —allí se ve otra vez la falta de profundidad psicológica, rasgo que daña a la película—. Es significativo que Amaro cometa estos actos de brutalidad justamente después de que Benito haya sido llevado fuera de Los

[19] El mismo guionista destaca este hecho y muestra que Carrera y él sí se habían dado cuenta de la estructura mucho más refinada de la novela, pero querían mostrar otra cosa, a saber "la caída moral del personaje" (Mercado 2008: 470).

Reyes por razones médicas. Es decir: en el momento en el que Amaro puede tomar decisiones por sí mismo, se excede, pues ya no teme las consecuencias negativas por parte de sus superiores.

Finalmente, la escena antes de la muerte de Amelia completa la imagen de la degradación del protagonista. No sólo lleva Amelia a una clínica para realizar el aborto, lo que demuestra que el dogma católico ya no tiene importancia para él, sino que además encuentra delante de la clínica al hombre al que ayudó al inicio de la película. Esta doble aparición del viejo obliga al espectador a comparar al Amaro del comienzo con el del final, y darse cuenta del proceso de corrupción que ha sufrido, corrupción causada por los otros curas y sobre todo, por el obispo. Evidentemente, la doble aparición del viejo no es un recurso muy sutil, y en general, la comparación de la película de Carlos Carrera con la novela de Queiroz muestra la falta de sutileza de la cinta. Un detalle también importante es que el aborto tenga lugar un día viernes. Así, Amelia se convierte en el sacrificio inmolado por las aspiraciones del joven cura, como él mismo subraya diciendo que no vino a la clínica para aliviar a Amelia, sino "vine acá a que me alivien a mí" (1:41:30, véase también Martins 2008: 494). La declaración de Amaro remarca que la joven muchacha es una víctima de su egoísmo.

Esa joven, Amelia, también tiene en la película una personalidad diferente a la de la novela. En la obra de Queiroz, la muchacha comparte ciertas características relevantes con el sacerdote: los dos son personas débiles que necesitan de otros que les dirijan. Por eso cada uno tiene a un guía respectivo: Amaro tiene al canónigo, mientras Amelia tiene a su madre, cuyo rol es sustituido más adelante por Amaro. Además de ser una persona abúlica, la Amelia de la novela tiene otros lados negativos. Estos son revelados cuando el narrador cuenta su juventud, lo que explica su comportamiento. En la adaptación, por el contrario, tenemos el mismo caso que el de Amaro: no se sabe nada sobre la historia personal de Amelia antes de la acción de la película. Ella aparece como un personaje muy positivo desde la primera escena, lo cual se hace visible en un diálogo con su novio Rubén, en el que se muestra su inocencia y sus valores morales. Amelia representa así a la típica heroína del melodrama, un género que "typically opens with a presentation of virtue and innocence, or perhaps more accurately, virtue *as* innocence" (Brooks 1995: 28).

Amelia guarda esa inocencia durante todo el film. Eso la distingue claramente de Amaro y demuestra su superioridad moral sobre el sacerdote, lo que la película remarca también a través de medios cinematográficos, y de manera más obvia, en una de las primeras escenas en las que los dos están juntos: cuando visitan las construcciones del hospital, Amelia está más arriba que el padre, lo cual refleja su superioridad moral (16:55), como también lo comenta Susan Baker Sotelo: "Her image, above the priest, emphasized by a soft light [...] enhances her stature morally and physically" (2009: 258). Se puede añadir, que una distribución espacial análoga se puede ver en la ya mencionada conversación de Amaro con Natalio, en la cual el sacerdote excomulgado también se encuentra en un sitio más arriba que Amaro. Otra vez la superioridad moral se ve ilustrada por las diferentes altitudes. Es decir, otra vez con un medio poco sutil. Volviendo a la escena con Amelia en las construcciones, ésta dice aquí que sólo ama a Jesús, lo que es fidedigno, mientras que se ve más y más que Amaro sólo se ama a sí mismo y no siente un amor verdadero por Dios.

Así queda claro para el espectador que una chica honrada, con un amor sin reservas por Dios, echa su vida a perder justamente por el hombre que representa a Dios, porque éste no tiene vocación y sólo utiliza su posición para reforzar su carrera eclesial. Confrontando la virtud con una persona mala, la película adopta entonces la estructura típica del melodrama, que culmina aquí con la muerte de la heroína. La escena de su muerte subraya el carácter melodramático de la película con vehemencia: Amaro tiene a Amelia entre sus brazos. Lágrimas y desolación dominan toda la escena, que se caracteriza por un extremo "acting out" y la importancia de "a language of mutenesse", dos aspectos tan típicos del melodrama (Brooks 1995: viii y 61-62). Más crucial parece que justo en el momento de la muerte de Amelia, el sol se levanta y parece iluminar su rostro, lo que remarca su pureza e inocencia. Aunque no se dé la victoria de la virtud, se muestra en consecuencia claramente su reconocimiento, lo que es aún más importante para el melodrama, como comenta Brooks: "The *reward* of virtue [...] is only a secondary manifestation of the *recognition* of virtue" (1995: 27).

Que la virtud no triunfe se explica por la meta de la adaptación, la cual pone en relieve el impacto fatal que tiene el poder del clero. Aquí se puede registrar un interesante cambio en cuanto a la estructura típica del melodrama: la misa con la que se acaba la cinta representa una perversión del final clásico del melodrama que frecuentemente termina con una escena de tribunal, en donde se revela quién es el personaje malo y se restaura el orden moral: "the tribunal scene [...] represents a final public reading and judgement of signs that brings immanent justice" (Brooks 1995: 45). En la película de Carrera al contrario, se ve que Amaro logra ser absuelto de su crimen por toda la parroquia.

En resumen, se puede decir que la caracterización de los dos protagonistas en la película entera, y sobre todo en las últimas escenas —en especial aquella que presenta la muerte glorificada de Amelia y la misa casi blasfema de Amaro— muestra el maniqueísmo tan típico del melodrama:

> What we must retain from any consideration about melodramatic structures is the sense of fundamental bipolar contrast and clash. The world according to melodrama is built on an irreducible manichaeism (Brooks 1995: 36).

Ese maniqueísmo y el ya comentado "logic of the excluded middle" se aprecian también en el personaje del novio de Amelia, quien es también significativamente cambiado en la película. En la novela de Queiroz es el amante el escribiente João. Él es más bien una persona ridícula, con muchas debilidades personales y, además, en algunos aspectos se parece a Amaro (otra ironía del narrador que acerca a estos personajes antagónicos, sobre todo en el capítulo en el que los dos intentan escribir cartas y se muestran igualmente incapaces de algún acto creativo). El Rubén de la película, en cambio, es mostrado casi únicamente por su lado positivo. Sobre todo hay que destacar un aspecto de Rubén: en una conversación con Amelia, él dice que cree en Dios, pero no de la manera como los curas creen. Aquí se confirma que el film no es anticatólico, sino anticlerical. Uno de sus personajes positivos es un cristiano, pero uno que ve a la política del clero como mala.

Esto remarca otra vez la intención anticlerical de la cinta y nos lleva a resumir los resultados del presente análisis[20]. En primer lugar hay que resaltar que *El crimen del padre Amaro* debe su lugar dentro de la historia del cine mexicano más bien al escándalo causado que a su calidad estética, pues ésta no alcanza la de las obras maestras de los años anteriores, como *Amores perros* e *Y tu mamá también*. Comenta un crítico de manera acertada: "Yet, for all the trouble it caused and all the pesos it brought in, *Padre Amaro* is a surprisingly lacking film" (Asaravala 2002). Su éxito se debe sobre todo a la polémica que causó y también al marketing realizado. Esto es una diferencia clave con respecto a otros filmes anticlericales mexicanos anteriores. *El crimen del padre Amaro* no es la primera película anticlerical mexicana, pues antes hubo filmes como *La viuda negra* o las ya mencionadas de Buñuel (*Nazarín* y, sobre todo, *Viridiana*). Ciertamente estos filmes no fueron menos anticlericales, pero no se beneficiaron de las mismas estrategias de marketing ni de una campaña mediática comparable.

Así, el éxito de la película confirma otra vez que cualquier tipo de publicidad es buena publicidad. Además, se verifica que los intentos de censura suelen causar el resultado contrario al esperado. La reacción de la Iglesia no fue nada más que un intento de censura y ha sido la peor posible, pues parece dar la razón a los que ven en el clero un organismo que no tiene nada que ver con la realidad ilustrada del siglo XXI. Con su reacción, la Iglesia y las organizaciones

---

[20] La comparación entre la novela de Queiroz y la película de Carrera, la cual hemos esbozado en algunos de sus elementos importantes, también tiene su interés en el hecho de que *El crimen del padre Amaro* es sólo una de varias adaptaciones cinematográficas de novelas clásicas realizadas en los últimos años en México. Éstas se ocupan frecuentemente de grandes temas nacionales (como en este caso del anticlericalismo o, por ejemplo, del pasado militar en *El coronel no tiene quien le escriba* de Arturo Ripstein en 1999).

ultraderechistas sólo fortalecen el discurso anticlerical, el cual hace posible filmes como éste.

El segundo aspecto es aún más importante, y es que la película de Carlos Carrera remarca el hecho de que el melodrama sigue siendo un género importante del cine mexicano. *El crimen del padre Amaro* puede ser visto como un tipo especial de este género y puede ser a su vez considerado como un melodrama anticlerical, pues Carrera y Leñero utilizan esta forma para transportar tal mensaje. Muestran a un joven sacerdote, quien al principio del film es una buena persona y luego es corrompido por el clero de tal manera que termina destruyendo la vida de una joven muchacha honrada, teniendo como consecuencia la muerte de la misma y el aborto de su hijo. La forma del melodrama refuerza aún más el mensaje anticlerical que ya de por sí es más intenso que en la novela de Queiroz a causa de la integración de aspectos de la realidad mexicana contemporánea. Pero al hacer un melodrama se pierde también la ironía del modelo literario y su presentación más equilibrada de una sociedad completamente podrida. Así, la película refuerza su mensaje, pero no logra alcanzar la calidad de la novela.

Para terminar, es interesante la observación de que el cine mexicano no deja de ocuparse de los temas difíciles de la Iglesia católica, pues en el año 2011 fue estrenado *Agnus Dei, Cordero de Dios*, que aborda el tema de la pederastia en México. Aún más interesante: las técnicas son parecidas, porque como la película de Carlos Carrera también este documental de Alejandra Sánchez se acerca al melodrama. Así lo comenta Patricia Torres San Martín, quien escribe que *Agnus Dei* es un "'documental de ficción', porque la propuesta argumental se nutre del melodrama" (Torres San Martín 2001). Así, se puede constatar que el cine mexicano contemporáneo aborda temas difíciles de su sociedad, como por ejemplo el de la Iglesia. Haciendo esto prefiere servirse del género principal de la Época de Oro, el melodrama[21].

[21] Para la revaloración del melodrama en el cine mexicano actual, véase también el artículo de Patricia Torres San Martín en el presente volumen.

Bibliografía

Obras primarias

EÇA DE QUEIROZ, José Maria (2000): *O Crime do Padre Amaro*. Lisboa: Imprensa Nacional/Casa da Moeda.

LEÑERO, Vicente (2003b): *El padre Amaro*. México: Plaza y Janés.

FUENTES, Carlos (2010): *La muerte de Artemio Cruz*. México: Santillana.

Fuentes secundarias

ASARAVALA, Amit (2002): "El Crimen del Padre Amaro". En: filmcritic.com, <http://www.filmcritic.com/reviews/2002/el-crimen-del-padre-amaro/> (18/03/2013).

BARLOEWEN, Constantin von (2003): "Kreolische Odyssee. Das Drama Lateinamerikas und die Mythologie der Zukunft. Ein Interview mit Carlos Fuentes". En: Dröscher, Barbara (ed.): *Carlos Fuentes' Welten: kritische Relektüren*. Berlin: edition tranvía, pp. 253-284.

BAKER SOTELO, Susan (2009): "Father Amaro's Crime: from the Portuguese Novel to the Mexican Film". En: Hall, Ken (ed.): *Studies in honor of Lanin A. Gyurko*. Newark: Juan de la Cuesta, pp. 247-261.

BROOKS, Peter (1995): *The Melodramatic Imagination. Balzac, Henry James, Melodrama, and the Mode of Excess*. London: Yale University Press.

CONTRERAS, Joseph/JOHNSON, Scott (2003): "Mexico's new wave". En: *Newsweek International* 24.11, p. 50.

EBERT, Roger (2002): "The Crime of Father Amaro". En: *roger.ebert.com* (15/11/2002), <http://rogerebert.suntimes.com/apps/pbcs.dll/article?AID=/20021115/REVIEWS/211150301/1023> (20/04/2013).

FISCHER, Thomas (2003): "Der Zölibatär als Verbrecher". En: *NZZ Online* 18/07/2002, <http://www.nzz.ch/2003/07/18/fi/article8YABX.html> (20/04/2013).

GONZÁLEZ LARA, Gerardo Salvador (2007): "*El crimen del padre Amaro*: De la obra literaria del siglo XIX al lenguaje cinematográfico del siglo XXI". En: Mariscal, Beatriz (ed.): *Actas del XV congreso de la Asociación Internacional de Hispanistas*, vol. 3. México: Fondo de Cultura Económica, pp. 641-649.

GIRODON, Jean (1985): "Présentation". En: Eça de Queiroz, José María: *Le Crime du Padre Amaro*. Paris: Editions de la Différence, pp. 7-16.

HENRÍQUEZ, Elio/MONTAÑO, Ericka (2002): "*El crimen del padre Amaro* desprestigia a la Iglesia católica: Felipe Arizmendi". En: *La Jornada* 11.08, <http://www.jornada.unam.mx/2002/08/11/06an1esp.php?origen=espectaculos.html> (18/04/2013).

LEÑERO, Vicente (2003a): "Prólogo". En: Leñero, Vicente, *El Padre Amaro*. México: Plaza y Janés, pp. 7-14.

— (2003c): "Apéndice". En: Leñero, Vicente: *El Padre Amaro*. México: Plaza y Janés, pp. 115-125.

LULEY, Wolfgang (2003): "Sex, Lügen, Religion". En: *GlaubeAktuell* 15.03.

MARTINS, Valdemar (2008): "La muerte de Amelia en *Los crímenes del padre Amaro*: del libro al DVD (tres siglos de cambios)". En: Romera Castillo José (ed.): *Teatro, novela y cine en los inicios del siglo XXI*. Madrid: Visor, pp. 491-499.

MERCADO MÉNDEZ, María Guadalupe (2008): "De la novela de Eça de Queiroz a *El padre Amaro*". En: Romera Castillo José (ed.): *Teatro, novela y cine en los inicios del siglo XXI*. Madrid: Visor, pp. 463-477.

MICHAEL, Joachim (2010): *Telenovelas und kulturelle Zäsur. Intermediale Gattungspassagen in Lateinamerika*. Bielefeld: transcript.

RABADÁN, Eliseo (2002): "El crimen del padre Amaro". En: *El Catoblepas. Revista Crítica del Presente* 10 (diciembre), <http://www.nodulo.org/ec/2002/n010p19.htm> (19/04/2013).

SAVARINO, Franco/MUTOLO, Andrea (eds.) (2008): *El anticlericalismo en México*. México: Miguel Ángel Porrúa.

TORRES SAN MARTÍN, Patricia (2011): "OMISSUS / OMINÒSUS: Agnus Dei, Cordero de Dios". En: *El Ojo que Piensa. Revista de Cine Iberoamericano* 3 (julio-diciembre), <http://www.elojoquepiensa.net/elojoquepiensa/index.php/pantalla/agnus-dei-cordero-de-dios> (21/04/2013).

VÉRTIZ, Columba (2002): "La protesta, la condena, el anatema...". En: *Revista Proceso*, nº. 1346 (18/08/2002), <http://www.sectas.org/SeccionesEspeciales/padreamaro/la_protesta.asp> (21/04/2013).

Filmografía

CARRERA, Carlos (2003): *El crimen del padre Amaro*. Sony Pictures Home Entertainment.

Presencias remanentes de la Revolución y del melodrama revolucionario en la producción cinematográfica contemporánea y transnacional de México

Dolores Tierney
(University of Sussex)

Si comparamos dos personajes, uno de un filme clásico mexicano —Rogelio (Emilio Fernández) de *Flor Silvestre* (Fernández, 1943)— y el otro de un filme mexicano contemporáneo y transnacional —Santiago (Gael García Bernal) de *Babel* (Alejandro González Iñárritu, 2006)— de inmediato se hacen evidentes las cualidades y características visuales que tienen en común. Rogelio y Santiago son personajes violentos e impredecibles que, además, se caracterizan visualmente por tener bigotes grandes[1]. Los dos se ajustan al tipo de 'bandido' mexicano que se estableció en Hollywood durante la época del cine mudo, pero que se incorporó en el lenguaje cinematográfico mexicano en la década de los años 40 (Berg 200: 68-69). Acercar estos dos personajes de dos épocas muy diferentes de la producción cinematográfica mexicana es un acto menos arbitrario de lo que parece inicialmente. Las similitudes entre Rogelio y Santiago no son coincidencia, sino que, por el contrario, son el producto de la explotación cohibida de una época previa de la cultura cinematográfica mexicana. La presencia remanente de la cultura revolucionaria mexicana, tal como la de Santiago en *Babel*, se presenta no para concretar las ideologías asociadas con el pasado revolucionario de México, sino para cuestionar y desafiar algunas de sus certidumbres.

[1] En *Flor Silvestre*, Rogelio es el líder de un grupo de bandidos que saquean la hacienda y asesinan al padre del protagonista, José Luis (Pedro Armendáriz), mientras él está lejos luchando en la Revolución. Cuando José Luis regresa y cuelga al hermano de Rogelio como represalia, Rogelio toma de rehén a su esposa Esperanza (Dolores del Río) y a su bebé hasta que José Luis se entrega. Posteriormente ejecuta a José Luis en frente de Esperanza. En *Babel*, Santiago es el sobrino de Amelia (Adriana Barraza), la niñera mexicana de dos niños estadounidenses. Santiago conduce desde San Diego hasta México para llevar a Amelia y los niños a la boda de un familiar. Cuando están de regreso a Estados Unidos, Santiago acelera impulsivamente, se aleja del puesto de control fronterizo y abandona en el desierto a Amelia y los niños a su cargo.

Como señala Zuzana Pick, el cine ha sido una de las formas más influyentes de construir imágenes de la Revolución Mexicana y de formar y diseminar tales imágenes desde los años 30, tanto en México como a nivel internacional (Pick 2010: 1). A filmes tales como *¡Vámonos con Pancho Villa!* (Fernando de Fuentes, 1933), *La escondida* (Roberto Gavaldón, 1956) y *Enamorada* (Emilio Fernández, 1946) se les atribuye la creación de una imaginería y un conjunto de estereotipos culturales que han resonado y siguen resonando en toda la cultura mexicana y a nivel internacional (Pick 2010: 2). El melodrama ha desempeñado un papel clave en esta reconstrucción de la imagen de la Revolución en el cine. Directores como Emilio Fernández reprodujeron la Revolución alrededor de una serie de temáticas comunes del melodrama: lealtad familiar (*Flor Silvestre*), derechos de los indígenas (*María Candelaria*, 1943) y luchas de género (*Enamorada*). Este capítulo reflexionará acerca del enlace de imágenes entre los filmes revolucionarios clásicos y del período contemporáneo en la historia del cine mexicano, particularmente en el cine transnacional de Alejandro González Iñárritu y Alfonso Cuarón, donde la utilización de aspectos de dichas temáticas comunes sugiere la presencia remanente del melodrama revolucionario en la formación de narrativas acerca de un México posrevolucionario y pos-Partido Revolucionario Institucional (PRI).

Recientemente el cine mexicano se ha visto inundado de filmes que marcan el centésimo aniversario del comienzo de la Revolución. *Arráncame la vida* (Roberto Sneider, México/España, 2008), basado en la novela de Ángeles Mastretta y que detalla el período posrevolucionario comprendido entre los años 30 y 40, batió el récord de taquilla en México. Dos años después, el 20 de noviembre de 2010, *Revolución*, un filme compuesto por diez cortometrajes que presentan diferentes perspectivas de las consecuencias actuales de la Revolución por parte de la generación posterior a Cuarón e Iñárritu (Fernando Eimbcke, Gael García Bernal, Diego Luna, Carlos Reygadas, Rodrigo Plá, Amat Escalante, Mariana Chenillo, Gerardo Naranjo, Rodrigo García y Patricia Riggen), se estrenó simultáneamente en televisión de pago por consumo (en México) y en YouTube[2]. También se presentó en el circuito de festivales, incluyendo los de Berlín, Londres y Los Ángeles. A pesar de sus grandes diferencias en cuanto a género y formato —una, un melodrama épico con matices de cine femenino y la otra, un filme de tipo ómnibus que va desde el documental a la comedia—, *Arráncame la vida* y *Revolución* comparten una perspectiva crítica de la historia y los legados de la Revolución Mexicana. *Arráncame la vida* presenta su crítica a través de la movilización irónica y exagerada de personajes tipo e iconografías

[2] "Gael García y Diego Luna encabezan la 'Revolución' de directores mexicanos", *Informador* (3/2/2010), <http://www.informador.com.mx/entretenimiento/2010/176009/gael-garcia-y-diego-luna-encabezan-la-revolucion-de-directores-mexicanos.htm> (12/08/2011).

de la Época de Oro del cine mexicano (1935-58)[3]; el cine que, con la planeación y patrocinio del gobierno, ayudó a congelar e institucionalizar una imagen ideológica del país y su Revolución (Tierney 2007: 7). El antagonista de *Arráncame la vida*, el político corrupto del gobierno posrevolucionario general Andrés Ascencio (Daniel Giménez Cacho), con su bigote y pistola tipo Zapata, reproduce el macho viril mexicano presente no sólo en los filmes de temática revolucionaria de la Época de Oro mexicana (*Flor Silvestre*, *La cucaracha*, Ismael Rodríguez, 1958 y *La escondida*), sino también en la Revolución misma (O'Malley 1986: 3). Su protagonista, Catalina Guzmán (Ana Claudia Talacón), casada con Ascencio y desde cuya perspectiva se narra el filme, se vuelve tanto la hembra apasionada que no se deja intimidar del macho revolucionario (evocación de María Félix en *Enamorada*) como el lente crítico a través del cual vemos la hipocresía y falsedad de la Revolución institucionalizada y sus políticos. En su intento de actuar como mediadora entre el comportamiento cada vez más similar al de un gánster de su esposo y la gran cantidad de personas que piden su intercesión en su nombre, Catalina (y el público del filme) llega a equiparar la Revolución, no con un proyecto positivo de cambio económico, político y social, sino con una permisión violenta de los intereses privados.

Los diversos cortometrajes que componen *Revolución* apelan de forma similar a la iconografía de la Revolución, no sólo como crítica de sus fracasos, sino también como memorial del conflicto y (algunas) de sus nobles intenciones. Por ejemplo, en "Lindo y querido" de Patricia Riggen, una hija repatría el cuerpo de su padre recién muerto desde los Estados Unidos hasta su pueblo en México. Trae consigo la caja de fotografías de su padre que incluye sus fotos como soldado zapatista. En el pueblo le hacen un entierro de héroe y su arma, regalo de Emiliano Zapata, es recibida por los habitantes del pueblo como "todo lo que nos queda de la Revolución". La frase enfatiza el hecho de que la Revolución no ha tenido otros beneficios materiales y que el pueblo permanece encerrado en un ciclo de pobreza y subdesarrollo (por el cual su padre huyó a los Estados Unidos). Otros cortometrajes, tal como "Tienda de raya" de Mariana Chenillo, dan testimonio de una falta de cambio similar. Se enfoca en la persistencia de la práctica posrevolucionaria de pagar a los empleados con

---

[3] Diferentes académicos del cine mexicano difieren en las fechas del período de mayor éxito comercial y artístico del cine mexicano. Yo ubico el comienzo de este período en 1935, el año de la producción de *Allá en el Rancho Grande* (Fernando de Puentes), filme que, gracias a su éxito, dio origen a la época de la industria cinematográfica de México y a uno de sus más exitosos géneros y estrategias (la comedia ranchera y su uso de la música popular para dar forma y dirección a la narrativa). Ubico el fin de la Época de Oro en 1958 cuando, debido a la pérdida de público y mercados, los estudios cinematográficos mexicanos comenzaron a cerrar y las cifras de producción entraron en un declive permanente.

vales que deben utilizar en la tienda de empleados. La tienda del Estado de la actualidad, la pistola en "Lindo y querido", el bigote de Ascencio en *Arráncame la vida* funcionan como "rastros" tanto de la Revolución misma como de los asuntos (sin resolver) que la motivaron (reforma social y agraria) y, en algunos casos, de la cultura revolucionaria patrocinada por el Estado (incluyendo murales y filmes) que promulgaron sus mitos e ideales (las plantas de maguey[4] en los cortometrajes "Lindo y querido" y "Lucio" [García Bernal] de *Revolución* son ejemplos notables de esto). Estos elementos funcionan como significantes que apuntan hacia las cualidades de la Revolución: el bigote como un símbolo del nacionalismo viril, la pistola como un resto heroico de una noble lucha; pero en sus contextos actuales, también funcionan como acusaciones del mismo proyecto revolucionario fallido.

Arráncame la vida y *Revolución* son más que simplemente el producto del centésimo aniversario de la Revolución. Su tono político también las marca a nivel político como el resultado de la época pos-PRI en la que se filmaron. El gobierno anterior, Partido de Acción Nacional (PAN), que subió al poder en 2000 en reemplazo del PRI, pudo financiar[5] y promocionar estos filmes (*Arráncame la vida* fue la nominación oficial de México a los premios Oscar), mientras que al mismo tiempo se desligó de la corrupción, represión y violencia del orden político criticado en tales filmes[6].

La Revolución Mexicana es obviamente el foco explícito de estos dos filmes, aunque los cortometrajes de *Revolución* abordan el tema de forma elíptica (tal como en "El cura Nicolás colgado" de Escalante o "Pacífico" de Luna). Otros filmes mexicanos contemporáneos se interesan menos directamente en

---

[4] Las plantas de maguey son un elemento iconográfico común de la cultura visual revolucionaria que se encuentran en fotografía (*Maguey Cactus* de Edward Weston, 1926), filmes (*¡Qué viva México!* [1931], obra maestra inconclusa de Sergei Eisenstein), en algunos de los filmes de Emilio Fernández (*Enamorada*, *Río Escondido*), murales (*Maguey* de José Clemente Orozco, 1921) y grabados (*Maguey* de Leopoldo Méndez, [fecha desconocida]).

[5] La agencia gubernamental Fondo de Inversión y Estímulos al Cine (FIDECINE) proporcionó sólo un poco menos de la mitad de los fondos para *Revolución*. Véase "Gael García y Diego Luna encabezan la 'Revolución' de directores mexicanos".

[6] Mientras que *Arráncame la vida* y *Revolución* pueden criticar abiertamente al PRI y a la estructura política hegemónica que posibilitó, al igual que a la mitología revolucionaria que creó, *La ley de Herodes* (Luis Estrada, 1999), producida mientras el PRI todavía estaba en el poder, encontró resistencia a nivel oficial. Aunque no fue censurada oficialmente, hubo varios esfuerzos gubernamentales para 'enterrar' el filme, incluyendo una copia inicial de baja calidad y un lanzamiento pequeño sin publicidad (para limitar el número de espectadores y evitar publicidad indeseada para el partido gobernante en el período previo a las elecciones). Su director tuvo que luchar para conseguir el lanzamiento oficial del filme. Véase MacLaird (en prensa).

la Revolución, pero poseen narrativas e imaginería desarrolladas conscientemente a partir de las formas e ideas del nacionalismo revolucionario. El capítulo a continuación se refiere a la relación entre los filmes que por lo general se consideran representantes de estas formas e ideas —los conservadores melodramas revolucionarios de Emilio Fernández, 'constructores de nación'— y los filmes progresistas e innovadores de Iñárritu y Cuarón del período inmediatamente anterior y posterior a las elecciones de 2000. Se sugerirá que, mientras representan un nuevo México, filmes como *Amores perros* (2000) e *Y tu mamá también* (2001) evidencian sin embargo presencias remanentes de las estrategias y personajes tipo (sexo) de la Revolución y del melodrama revolucionario. Al mismo tiempo, el capítulo explorará también cómo estos melodramas revolucionarios y la variante particular de estos realizada por Fernández refutan en realidad algunas de las certidumbres del discurso revolucionario y conectan este empuje contestatario a algunas de las ramas de producción cinematográfica transnacional de Cuarón e Iñárritu. El capítulo comienza con una breve introducción del papel que desempeñó la Revolución (tanto en su fase armada como en la subsiguiente fase política e institucional) en el establecimiento de una industria cinematográfica mexicana y, a su vez, el papel que la industria cinematográfica tuvo en el proyecto cultural y político del gobierno. Continúa con la exploración de cómo las contradicciones textuales de los filmes de Fernández se pueden interpretar como una debilitación de las certidumbres ideológicas de este proyecto. El capítulo concluye con la comparación de las contradicciones textuales de Fernández y los proyectos contestatarios de *Amores perros* e *Y tu mamá también*, argumentando que dicha comparación amplía nuestra comprensión de las épocas clásica y contemporánea de la producción cinematográfica mexicana.

El melodrama revolucionario

La Revolución Mexicana apareció en la pantalla casi al mismo tiempo que se desarrollaron sus eventos. Sus batallas, levantamientos y mítines suministraron no sólo material maravilloso para la continuación de un estilo nacional tipo documental ya establecido, sino también los primeros filmes definidos por demanda del público (Tierney 2007: 19). El éxito de *Insurrección de México* (1911) de los hermanos Alva, por ejemplo, "demonstrate[d] that audiences [were] avid for news of revolution" (López 2002: 66). La Revolución Mexicana fue no sólo el primer conflicto de importancia captado en filme, sino también un elemento significativo en el posterior establecimiento de los géneros cinematográficos nacionales. La Revolución también se volvió rápidamente un punto clave de luchas por la imagen nacional y el imaginario nacional; en particular con relación al género (sexo). Tal como Ilene O'Malley apunta, la representación del hombre mexicano como macho viril se hizo real y se institucionalizó en los héroes de la Revolución, Emiliano Zapata y Pancho Villa (O'Malley 1986: 3).

La Revolución también desempeñó un papel fundamental en la etapa experimental previa al desarrollo de la industria cinematográfica mexicana. La trilogía revolucionaria de Fernando Fuentes *¡Vámonos con Pancho Villa!*, *El prisionero trece* (1933) y *El compadre Mendoza* (1933), respaldada por el gobierno, ofreció una exploración crítica de la Revolución, mientras que al mismo tiempo establecía algunas de las normas iconográficas que posteriormente definirían el género, al igual que los estudios (CLASA), donde muchos de estos filmes se realizarían. No obstante, la Revolución está ausente casi por completo del género más popular del cine mexicano de los años 30. La comedia ranchera, establecida gracias al extraordinario éxito de *Allá en el Rancho Grande* (Fernando de Fuentes, 1935) en el continente, a menudo suprime la Revolución casi por completo, al igual que el asunto contemporáneo de la reforma agraria, mientras muestra peones felices que trabajan cantando para sus amos en dicha feudal. Los conflictos son por lo general de tipo romántico, y basados en la clase, más que en lo social, y se solucionan con intermedios cantados (Tierney 2007: 23).

En realidad sólo con la consolidación de la industria misma al principio de los años 40 —como resultado del éxito del género de la comedia ranchera y la inversión del gobierno— el melodrama revolucionario emerge como género. Como parte de su inversión en la creación y promoción de la cultura nacional, el gobierno de Ávila Camacho (1940-1946) estableció el Banco Cinematográfico, una agencia de créditos creada para consolidar el desarrollo de la industria. Su objetivo era ayudar en la fundación de una industria cinematográfica que promoviera una imagen positiva y unificada de México. Y en gran parte, los melodramas revolucionarios de los años 40 se perciben como promotores de esta imagen positiva de una nación posrevolucionaria. Los melodramas revolucionarios también se consideran un "master text" de la modernización de México, que narra y sirve de intermediario al país en su "painful transformation from a largely rural society into an urban, capitalist, consumer society" (De la Mora 2006: 149).

Enfoques convencionales del cine mexicano clásico ubican los melodramas revolucionarios de Fernández de los años 40, *María Candelaria*, *Flor Silvestre*, *Las abandonadas* (1944), *Enamorada* y otros como textos primarios en este discurso de modernización y construcción de nación en desarrollo y en la institucionalización de la Revolución como sinónimo del partido gobernante y del gobierno. En estos análisis, sus filmes o representaron la Revolución o ensayaron los diferentes asuntos que constituyen el fundamento de su mitología desde una posición cultural conservadora alineada con la ideología gubernamental. Al mismo tiempo desarrollaron una economía visual que consistía en mujeres abnegadas, machos viriles e indígenas nobles. Por lo tanto, en *Flor Silvestre* la Revolución se dramatiza a través de una lucha familiar. En *Enamorada* la lucha de la Revolución se desarrolla en el terreno de clase y género. Mientras que *María Candelaria*, ambientada antes de la Revolución, anticipa ésta al resaltar la problemática de los derechos e integración indígenas. *Salón México* (Fernández, 1949) se desarrolla en la Ciudad de México de los años 40 y trata la ideología de convenciones familiares y unidad nacional. A nivel colectivo, como parte de la industria cinematográfica nacional con aprobación y financiación institucional, estos filmes promovieron la Revolución en desarrollo al proporcionar "the ideological vision of society and culture [...] offered/accepted by the state" (Monsiváis 1976: 305).

O por lo menos ésta es la interpretación convencional o el mito del papel del cine mexicano de los años 40 y particularmente de la obra de Fernández dentro de este cine. Sin embargo, es posible argumentar que la relación entre el proyecto cultural y político del gobierno y los filmes de Fernández es en realidad mucho más compleja de lo que el mito estándar comprende y que el melodrama ofrece en ciertos puntos la mayor posibilidad de crítica de la visión ideológica institucionalizada de la Revolución. Este capítulo adopta un enfoque que busca analizar en detalle algunas de las certidumbres ideológicas y conservatismo implícito del cine de la Época de Oro mexicana y de los filmes de Fernández, argumentando que estos filmes son contradictorios con respecto a la representación posrevolucionaria. Estas contradicciones, argumenta este capítulo, son evidentes a nivel textual de los filmes que revelan excesos, inestabilidades e incoherencias y que, a su vez, cuestionan los proyectos totalizadores del discurso revolucionario institucionalizado.

Una de estas características textuales clave en los melodramas revolucionarios de Fernández son los marcos narrativos que encierran muchos de sus filmes. *María Candelaria*, *Flor Silvestre* y *Río Escondido* (Emilio Fernández, 1947) tienen todos historias marco que supuestamente proporcionan un desenlace a los conflictos profundos desarrollados en el cuerpo de la narrativa. Sin embargo, el poco tiempo dedicado en pantalla a estas historias que enmarcan el filme las convierten en narrativas "desarticuladas" (Podalsky 1993). En *Flor Silvestre* un marco narrativo aparece al principio y al final de la tragedia amorosa de Esperanza, hija de un peón de clase baja, y José Luis, hijo de clase alta del dueño de la hacienda. Al final del filme, Esperanza explica a su hijo que su padre (de él) murió para "that the revolution could bring triumph and bring about a fairer Mexico" (Podalsky 1993: 63). Sin embargo, como señala Podalsky, los momentos finales del filme, cuando Esperanza justifica el sacrificio de José Luis (él básicamente se entrega a Rogelio, un bandido local, con el fin de salvar a su esposa e hijo), no concuerdan con la narrativa de venganza que domina la mayor parte del filme. Esta narrativa proyecta la Revolución misma como una mezcla de bandolerismo y ajuste de cuentas, dejando de lado la reforma agraria y la justicia social, aunque la narrativa marco sugiere que estos últimas son los asuntos centrales del filme. En *Flor Silvestre* la historia se extiende más allá del final.

En *Río Escondido* una narrativa marco también encierra la historia de Rosaura, una maestra rural. El filme comienza con una visita al Palacio Nacional, donde un presidente parecido a Alemán[7] (Manuel Bernal) la envía a llevar progreso y modernidad al pueblo provincial de Río Escondido. Termina con la muerte de Rosaura de un ataque al corazón causado por su lucha en contra del brutal cacique del pueblo, don Regino (Carlos López Moctezuma), y con las palabras de elogio del presidente en una carta que dice que él ya puede dar "las órdenes para iniciar inmediatamente la obra de rehabilitación de Río Escondido". En lugar de incorporar la lucha fatal de Rosaura por educar y llevar modernidad a Río Escondido al sistema ideológico del discurso gubernamental, la carta presidencial enmarca y resalta el aparente abandono de responsabilidad del gobierno y de las instituciones gubernamentales. Sin ayuda de la policía, ejército o corte, Rosaura tuvo que matar a un político corrupto con el fin de preparar a Río Escondido para su 'rehabilitación'. En vez de afirmar a Río Escondido como una narrativa revolucionaria en la cual el progreso y la modernidad triunfan por medio de la ayuda del gobierno, el desenlace fallido del filme en realidad contradice el discurso explícito de la Revolución.

Además, el subdesarrollo y la despoblación del pueblo con sus indígenas en chales, casas de adobe destruidas y árboles muertos contrastan con una Ciudad de México de los años 40 en visible proceso de modernización con sus coches y sus mujeres trabajadoras vestidas con faldas tubo. *Río Escondido* como *Los olvidados* (Luis Buñuel, 1950), un filme que con más frecuencia se lee como una acusación del subdesarrollo, 'dramatiza' el fracaso del gobierno "to improve the conditions of Indians and Indian rural communities" (Acevedo-Muñoz 2003: 69).

Otra de las características textuales claves en Fernández que desafía los proyectos totalizadores del discurso revolucionario institucionalizado es la manipulación de géneros y sexos. Por ejemplo, *Enamorada*, ambientada durante la Revolución histórica, ha sido interpretada por los críticos como la 'domesticación' de una joven antirrevolucionaria de clase media, Beatriz, por un general revolucionario zapatista de clase más baja (Franco 1989: 147). Prueba de esto yace en las tomas finales del filme, que la muestran caminando tras de él, agarrada de su

[7] De hecho, tal es el parecido entre el actor Bernal y Alemán que Seth Fein, y otros académicos, han interpretado erróneamente que es el mismo Alemán quien aparece en esta escena en una actuación especial. Véase Fein (1999: 124), Hershfield (1996: 61) y Mora (1992: 78).

caballo, subordinada como el resto de las soldaderas dentro del patriarcado y la Revolución. Sin embargo, a través de un enfoque en las manipulaciones de género en *Enamorada* y sus consecuentes asociaciones de sexo, es posible interpretar la posición del filme con respecto a la Revolución y a su discurso de género (sexo) en una forma completamente contraria. El discurso explícito de género de la Revolución (y del nacionalismo cultural), en el cual una masculinidad viril y proletaria (o en palabras de Octavio Paz, "el chingón"; 1997) domestica la hembra 'viril', es de hecho cuestionado en *Enamorada* cuando, después de veinte minutos, a través de un acercamiento con un enfoque suave en la cara del general y un incremento en la música de la banda sonora, el filme cambia del género acción-aventura al melodrama. Si podemos suponer, como lo hace Christine Gledhill, que el melodrama, como género para mujeres es en algunas formas un género más 'femenino' que el filme de acción 'masculino', entonces el creciente cambio al melodrama que se presenta una vez Roberts pregunta al general si ha estado enamorado, apunta a una cierta feminización tanto del texto como de José Juan, una feminización que se duplica cuando ve a Beatriz y se enamora de ella (Gledhill 1987: 10).

Enamorada también juega con sexo y género en la manera en que recurre a la comedia tipo *screwball* de Hollywood. Tal como en este género, gran parte del enamoramiento de José Juan y Beatriz se expresa y desarrolla a través de conflicto físico y verbal cómico, siendo la mujer quien generalmente inflige el abuso físico y verbal sobre el hombre en filmes como *Bringing Up Baby* (Howard Hawks, 1938) o *The Lady Eve* (Preston Sturges, 1941). En *Enamorada*, cuando Beatriz conoce a José Juan por primera vez, él le lanza algunos silbidos. Ella, en respuesta, corre hacia él y lo abofetea en las dos mejillas. La violencia y el lenguaje aumentan de intensidad y alcanza el clímax cuando ella lo tumba de su caballo usando un petardo gigante. Considerando que es un género que muestra cohibición con respecto a roles de género, el uso de este tipo de comedia parece evidenciar aún más la forma en que *Enamorada* parece estar cuestionando la masculinidad como un constructo dentro de la retórica de la Revolución.

Adicionalmente, otra inversión de los roles de género tradicionales incluye el del paradigma del placer visual del cine clásico, tal como lo describe Laura Mulvey (1999). En la famosa secuencia de la serenata de Malagueña, Beatriz es quien desempeña el papel masculino 'activo' como la poseedora de la mirada y José Juan desempeña el papel femenino pasivo como "to-be looked-at-ness" (Mulvey 1990: 38). Aunque la fotografía de Figueroa hace que esta escena sea acerca de la belleza de los ojos de Beatriz (y la primera línea de la serenata es "Que bonitos ojos tienes"), estos son los ojos que miran desafiantes hacia la cámara al final de la secuencia. El énfasis también radica en su acto de mirar el cuerpo masculino. Es importante notar que ella puede ver a José Juan, pero él no la puede ver a ella, pues ella se esconde tras las persianas. Con relación a asuntos de género (sexo), también es de notar que, aunque el filme se titula *Enamorada*, de igual manera podría haberse llamado *Enamorado*, porque en realidad se trata de la domesticación de la masculinidad viril (asociada con violencia y machismo) al final del filme cuando José Juan piensa que Beatriz se va a casar con Roberts, él se aleja del pueblo en lugar de luchar contra las fuerzas federales.

En relación con algunas de las inconsistencias y contradicciones textuales y genéricas de los filmes de Fernández, con respecto al enmarque y manipulaciones de sexo y género, una colección de filmes que se ha asociado normalmente con el cine conservador y nacionalista revela en realidad una perspectiva que es 'más inquisitiva' y menos dominante con relación a la Revolución institucionalizada. Este breve análisis textual de *Río Escondido* y *Enamorada* reconoce los elementos heterodoxos en los filmes de Fernández y las características más discursivas y experimentales de su estética que, junto con el potencial subversivo de sus excesos melodramáticos, he explorado a profundidad en otro escrito[8]. Primordialmente, estos elementos discordantes en los filmes de Fernández (que doblegan sexo y género, al igual que sus marcos melodramáticos desarticulados) se enlazan con los filmes comerciales innovadores y a la vez artísticos del más reciente renacimiento de la taquilla y crítica del cine mexicano.

Presencias remanentes de la Revolución y del melodrama revolucionario en la producción cinematográfica transnacional

La llamada resurgencia de la producción crítica y cinematográfica del cine mexicano en la primera parte de los años 2000 coincidió con el fin de la era revolucionaria prolongada de México y el consiguiente surgimiento de un 'nuevo' México. *Amores perros* se estrenó en México en junio de 2000, justo antes de que el derechista Partido Acción Nacional de Vicente Fox pusiera fin a 71 años de gobierno del Partido Revolucionario Institucional. *Y tu mamá también* se estrenó un año después, pero conmemoró el fin de la era revolucionaria con su escena final. Durante una toma estática y larga de un cruce con mucho tráfico en Ciudad de México, vemos pasar coches y a la policía montada. Dos figuras, que por un momento no reconocemos, como Julio (García Bernal) y Tenoch (Luna), los protagonistas del filme, cruzan la misma intersección desde lados opuestos

[8] Tierney (2007: 121-143). Con base en las reevaluaciones del melodrama de Hollywood y reevaluaciones similares de la función ideológica del baile y la canción en musicales, exploro cómo el exceso de melodrama en las cabareteras, híbridos entre melodrama y musical, ofrece un espacio para un placer subversivo dentro de un contexto que, por lo contrario, es restrictivo a nivel moral.

y se encuentran por casualidad. Durante la escena, el narrador no diegético del filme (Daniel Giménez Cacho) nos informa de lo siguiente:

> Al regresar de Europa Ana y Cecilia terminaron sus relaciones con Tenoch y Julio. Dos meses después, Tenoch comenzó un noviazgo con su vecina. A Julio le tomó nueve meses comenzar a salir con una compañera de su clase de francés. Julio y Tenoch dejaron de frecuentarse. Al verano siguiente el partido oficial perdió las elecciones presidenciales por primera vez en 71 años. Julio se encontró a Tenoch de camino al dentista; sentarse a tomar un café resultó menos incómodo que las excusas para evitarlo.

Esta voz superpuesta simboliza lo que ha sido la estrategia narrativa a lo largo de *Y tu mamá también*: la mezcla de lo personal con lo político. En esta escena, la terminación simultánea de la amistad de los dos jóvenes y sus relaciones con sus novias se presenta junto con el final del régimen prolongado del PRI. *Amores perros* e *Y tu mamá también* representan una ruptura del pasado cultural y político de México en dos aspectos: en primer lugar, en términos del período pos-PRI que (en el caso de *Amores perros*) anticipan o (en el caso de *Y tu mamá también*) se produjeron y estrenaron durante éste, y en segundo lugar, en términos de financiación y estrategia de producción.

El enfoque en problemas sociales de *Amores perros* también refleja, según sugieren algunos académicos, el momento de cambio político en la sociedad mexicana, particularmente en la forma que el filme explora 'nuevas problemáticas' (embarazo de adolescentes, falta de acceso a educación acerca de anticoncepción y aborto, padres ausentes, alcoholismo y desempleo) (Smith 2003)[9]. En el caso de *Y tu mamá también*, el enfoque en la desintegración del sistema político y social, incluyendo los comportamientos de género y las estructuras sociales que conlleva, refleja de igual forma este momento de cambio (Smith 2003). *Amores perros* e *Y tu mamá también* son igualmente un producto del cambio en la forma de financiación y producción de filmes. El desmantelamiento de la infraestructura estatal y de apoyo de la industria cinematográfica en México a principios de los años 90 dio paso a lo que Juan Carlos Vargas ha clasificado como un cine "post-industrial" (Vargas 2005: 16). A este cine posindustrial con su modelo de financiación privada, simultáneamente innovador y artístico y su independencia del patrocinio estatal, se le atribuye la producción de los

[9] Vale la pena mencionar cómo al principio de los años 90, años antes de *Amores perros* e *Y tu mamá también*, una serie de filmes dirigidas por mujeres, *Danzón* (María Novaro, 1991), *Lola* (Novaro, 1989), *Ángel de fuego* (Dana Rotberg, 1992) y *Novia que te vea* (Guita Schyfter, 1994) abrieron paso con su enfoque en problemas sociales e identificación con los otros de la sociedad, incluyendo madres solteras, prostitutas y travestis. Véase Tierney (1997: 364) y Haddu (2007: iv).

filmes taquilleros del principio de los años 2000, tales como *Amores perros*, *Y tu mamá también*, *Sexo, pudor y lágrimas* (Antonio Serrano, 1999) y *El crimen del padre Amaro* (Carlos Carrera, 2002) (De la Mora 2003: 9). Como filmes que apuntan a un momento de transición en la sociedad mexicana del prolongado régimen corrupto del PRI a un nuevo orden democrático (sin indicar necesariamente que éste podría ser mejor), *Amores perros* e *Y tu mamá también* están vinculados también al 'viejo' orden del cual estos filmes parten. En consecuencia, no sorprende que tales películas compartan algunas continuidades de importancia con la Época de Oro del cine mexicano, responsable por el establecimiento de algunos de sus estereotipos culturales y constantes. El repensar la conexión generacional entre Fernández y los directores transnacionales nos permite medir qué tan conscientes son los últimos de la historia política y cinematográfica de la cual provienen y, de igual forma, evaluar qué hay de innovador y subversivo en su práctica. Fernández, aunque comúnmente visto como un nacionalista cultural, también fue hasta cierto punto un director de cine (y actor) transnacional que ocasionalmente también recibió apoyo, como Iñárritu y Cuarón, para desarrollar proyectos en la industria cinematográfica estadounidense (Tierney 2011: 81)[10]. Esta trayectoria creativa con doble localización proporciona un paralelo interesante con los desplazamientos irónicos de los neoliberales años 90, como consecuencia del Tratado de Libre Comercio de América del Norte (TLCAN) entre México, Estados Unidos y Canadá.

Doblegando género y sexo en *Y tu mamá también*

Un elemento clave de la contestación de paradigmas nacionalistas y revolucionarios en Fernández proviene de la manipulación en sus filmes de los géneros de Hollywood. En *Salón México* y *Enamorada*, por ejemplo, hay una manipulación de las convenciones de los 'filmes de mujeres' y los de la comedia tipo *screwball* respectivamente, al igual que una adaptación de estos a asuntos locales nacionalistas. En *Y tu mamá también* hay un proceso similar de manipulación y adaptación de géneros de Hollywood. Cuarón se apropia de las convenciones del filme de adolescentes y el filme de carretera (*road movie*) para narrar la historia de dos amigos (Julio y Tenoch) y su viaje en coche a la costa durante el cual esperan impresionar y seducir a Luisa (Maribel Verdú). El filme se apropia de la gramática básica del filme de carretera en el uso de sus convenciones estilísticas (planos generales, tomas de grúa amplias, secuencias

[10] A mediados de 1940, Fernández realizó versiones en dos idiomas (tanto en inglés como en español) de *La perla/The Pearl* (1946) y también trabajó como director de segunda unidad, buscador de locaciones e inspiración estilística para *The Fugitive* de John Ford (1948).

de personajes conduciendo), diseñadas para privilegiar el terreno por el cual los jóvenes y Luisa viajan y, al mismo tiempo, enfatizar la sensación de los jóvenes de dominio despreocupado de la tierra. Simultáneamente, sin embargo, se evocan estas convenciones con el fin de cuestionar y debilitar sus asociaciones raciales y de género (dominio del macho blanco sobre la tierra) (Roberts 1997: 45). Hay una evocación similar del antecedente clave del filme de carretera, el *western*, y sus asociaciones raciales y de género en *Río Escondido* cuando Rosaura viaja al pueblo aislado de Río Escondido. No obstante, en lugar de enfatizar el dominio del hombre blanco, un vacío entre convenciones y representación enfatiza en realidad la lucha femenina: ella se tropieza con la tierra, en lugar de dominarla. También hay un sentido en el cual el viaje de Julio, Tenoch y Luisa, desde una Ciudad de México modernizada a nivel visual (aunque allí los trabajadores que migran del campo mueren en accidentes de tránsito) a través de un interior subdesarrollado del país, equivale al largo viaje de Rosaura desde Ciudad de México hasta el pueblo subdesarrollado de Río Escondido. Los indígenas y campesinos de la provincia a quienes las autoridades tratan injustamente en *Y tu mamá también* (los paran al lado de la carretera y les apuntan con sus armas, mientras que Julio, Tenoch y Luisa pueden seguir su camino) hacen pensar en los indígenas de Río Escondido, oprimidos por el malvado cacique don Regino. Estos paralelos entre las figuras subalternas en *Y tu mamá también* y *Río Escondido* estimulan una conclusión crítica con respecto a la persistencia de abusos sociales a pesar de la ideología populista de los años 40 y de la ideología neoliberal del PRI posrevolucionario en los 90.

Y tu mamá también nacionaliza las asociaciones típicamente masculinas del filme de carretera (y del *western*) a través de su referencia implícita a los machos del discurso revolucionario institucionalizado de México; el apellido de Julio (Zapata) es significativo por ser igual al del héroe revolucionario, una figura que materializa la representación del macho mexicano como macho viril (O'Malley 1986). Pero la evocación de Cuarón de estas asociaciones de sexo y género, simultáneamente nacionales y transnacionales, al igual que sus relaciones revolucionarias, se establece sólo para ser sesgada por la narrativa. Primero, Julio no tiene interés alguno en el movimiento derivado de la figura (Emiliano Zapata) con quien comparte apellido, aunque su hermana sí (como sugiere la voz superpuesta) y ella partirá en el coche al regreso de los jóvenes para llevar suministros (suponemos) a los zapatistas en Chiapas. Por medio del gesto de la voz superpuesta hacia el Ejército Zapatista de Liberación Nacional (EZLN)[11], el filme tematiza tanto la revolución como la noción de autodeterminación indígena. Aunque ubicado

[11] Los zapatistas, o el EZLN, son un grupo revolucionario de izquierda que, en 1994, desafió la legitimidad del gobierno y sus prácticas capitalistas neoliberales con un levantamiento después de la firma del TLCAN.

como un *revenant* que regresa sólo al margen del texto, la noción de Zapata de "Tierra y libertad" resuena a lo largo del viaje por las carreteras de las provincias olvidadas de México en *Y tu mamá también*, a pesar de y debido al apoliticismo de sus personajes metropolitanos. En forma relacionada, el filme socava las asociaciones nacionalistas de virilidad y masculinidad por medio de los comentarios de Luisa (que más que acostarse con sus novias lo que los dos jóvenes quieren en realidad es acostarse juntos), lo cual se confirma aparentemente en el desenlace cuando Julio y Tenoch duermen juntos, por tanto "exposing the homoeroticism underlying Mexican machismo" (Smith 2002).

La voz superpuesta godardiana de *Y tu mamá también* y las clases de información que ésta proporciona al público rompen tanto la burbuja de la narrativa clásica del filme como la fachada de ideología neoliberal del PRI posrevolucionario en los años 90 (justicia social, igualdad de derechos). Por lo tanto, comparte un punto de continuidad con los marcos 'desarticulados' de los filmes nacionalistas de Fernández que también rompen las narrativas revolucionarias clásicas que encierran, al igual que las ideologías conservadoras del gobierno de Alemán (también del PRI)[12]. A veces, la intervención de la voz superpuesta en *Y tu mamá también* sirve para revelar lo que los personajes están pensando (Tenoch piensa en su niñera cuando ve una señal para Tepelmene, el pueblo que ella dejó a los catorce años para trabajar para su familia [de él]) o para hablar de eventos que todavía no han pasado (el futuro desplazamiento de Chuy y su familia de la reserva natural para darle paso a un complejo hotelero de lujo). La voz superpuesta hace visible y critica las realidades del injusto sistema político y social de México, incluyendo las desigualdades del capitalismo global (la destrucción de las playas que han sido la fuente de pesca para Chuy y generaciones de su familia), la emigración peligrosa de los menos favorecidos económicamente (la pequeña Luisa que muere cruzando la frontera hacia Estados Unidos o el pedrero de Michoacán Marcelino Escutía quien muere cruzando una calle muy transitada en Ciudad de México) y la explotación de las clases bajas (sus niñas trabajando como niñeras para los ricos), lo cual Tenoch y Julio parecen ignorar despreocupadamente (Luisa parece menos ignorante de lo que ocurre a su alrededor). La cámara enfatiza esta marcada división entre las perspectivas de los personajes metropolitanos y la de la narración de la voz superpuesta al alejarse de ellos frecuentemente para enfocarse en el 'otro' México, que es pobre, mestizo, indígena y, a diferencia de ellos, desprotegido de los privilegios de clase y raza. Y a través de este continuo cambio entre la narrativa de filme de carretera y de adolescentes y su voz superpuesta política y que politiza, *Y tu mamá también*, como las narrativas desarticuladas de Fernández, se extiende

[12] Véase Lawrenson (2002), donde Cuarón habla del uso de la voz superpuesta inspirado por *Band à part* y *Masculin féminin* (Godard 1966).

más allá del final. En los últimos momentos del filme, la última voz superpuesta predice un futuro en el que Tenoch y Julio nunca más serán amigos o nunca se volverán a encontrar:

> Luisa pasó sus últimos cuatro días en el centro de salud de Santa María Colotepec. A petición suya, ni Chuy ni Mabel mencionaron jamás la aventura con Tenoch y Julio. Antes de morir le regaló a la pequeña Lucero la figurita de la ratona que llevaba su nombre. Tenoch se disculpó; su novia lo esperaba para ir al cine. Julio insistió en pagar la cuenta. Nunca volverán a verse.

Padres ausentes: la familia revolucionaria rota

"Fathers are absent throughout *Amores perros* and women obliged to take their place" (Smith 2003b: 49). Paul Julian Smith sugiere que los patriarcas ausentes o en proceso de abandono y las mujeres que dejan atrás representan una desviación del melodrama clásico canónico *Cuando los hijos se van* (Juan Bustillo Oro, 1941) y del sistema político y cultural institucionalizado que representaba: la familia revolucionaria con el patriarcado como centro (Smith 2003b: 49). De hecho, los padres ausentes abundan en *Amores perros*. Está Daniel, el editor de revista que deja a su esposa e hijas para formar un hogar con Valeria, una modelo; el padre ausente y nunca mencionado de Ramiro y Octavio, y el mismo Ramiro, que muere y, por tanto, estará ausente de las vidas de sus hijos. El padre 'ausente' más significativo de *Amores perros* es El Chivo, el ex profesor universitario, ex guerrillero y actual asesino a sueldo. Como una figura 'compuesta' que representa una variedad de figuras revolucionarias históricas de toda Latinoamérica (incluyendo a Lucio Cabañas, el profesor mexicano que se convirtió en líder guerrillero) (Solomianski 2006: 32), El Chivo es tanto un padre ausente como un *revenant* revolucionario. Su rehabilitación durante el curso de la narrativa lo muestra regresando con incomodidad no sólo a la familia (melodrama) o a su hija, sino también a la sociedad donde aparece como una clase de fantasma y, tal vez, de conciencia revolucionaria.

Es importante encuadrar a El Chivo y a los otros padres ausentes de *Amores perros* dentro de una perspectiva que reconoce que el cine clásico mexicano, en especial las cabareteras melodramáticas de Fernández (*Víctimas del pecado*, 1950; *Las abandonadas*, *Salón México*) y de otros directores (*Distinto amanecer*, Julio Bracho, 1944 y *Aventurera*, Alberto Gout, 1950), también tiene una cantidad bien considerable de padres ausentes, en proceso de abandono o incluso sólo patriarcas incapaces que dejan a las mujeres (en forma de madres solteras o representaciones codificadas de madres solteras) para "ocupar su lugar" (Tierney 1997: 361). Algunos de estos filmes todavía pueden mantener la familia revolucionaria como un ideal (*Salón México*, por ejemplo, presenta la ascendencia de la familia revolucionaria como la meta más alta a través del futuro matrimonio de Beatriz, la hermana menor de Mercedes, con un héroe de la Segunda Guerra Mundial), pero son incluso pragmáticos con respecto a lo que se necesita hacer con el fin de asegurar la supervivencia económica de los hijos (prostitución, robo, delincuencia). En *Amores perros* la participación de Octavio en peleas de perros ilegales e incluso la aventura amorosa e ilícita de Vanessa con el hermano de su esposo representan en algunas formas una respuesta similar a las necesidades económicas de la vida cotidiana.

Antes del reciente renacimiento del cine mexicano —el nuevo cine de los años 60 y 70— filmes como *El castillo de la pureza* (Arturo Ripstein, 1973) ya habían desafiado las certidumbres ideológicas y los códigos representacionales del cine revolucionario clásico. Aun el cine de estudio institucional de esa misma época evidenciaba la descomposición del sistema ideológico de representación revolucionaria; tomemos, por ejemplo, la nueva versión de *Cuando los hijos se van* (Julián Soler, 1969) que fracasó en su intento de reforzar la debilitada estructura ideológica de la Revolución y su concepto de familia revolucionaria. Emilio Fernández, el director 'nacionalista', es presentado a menudo como el 'hombre de paja' conservador en contra de quien se definen estos nuevos cines de los años 60 y 70 (Berg 1992: 63) o incluso las contracorrientes del cine clásico de directores como Luis Buñuel (Acevedo-Muñoz 2003: 126-150) y Matilde Landeta (Dever 2003: 25-33). También es frecuente el caso en que *Amores perros* e *Y tu mamá también* aparecen compartiendo un legado político con estas diferentes contracorrientes cinematográficas (Smith 2002). Lo que este capítulo ha intentado, sin embargo, a través de la lectura comparativa de los filmes transnacionales de Iñárritu y Cuarón y de algunos de los clásicos de Fernández pertenecientes a la Época de Oro, es una interpretación alternativa de Fernández y la historia cinematográfica de México. Más que confirmar cómo los filmes de Fernández apoyan los procesos de nacionalismo cultural conservador —tendencia de la mayoría de académicos—, lo que esta comparación ha arrojado es una perspectiva que recalca una continuidad entre una tradición de representación revolucionaria ideológicamente menos conservadora y los directores de cine contemporáneos. Al mismo tiempo, ha extraído otras áreas de significado que se desarrollan en los filmes de Fernández, y que a menudo son ignoradas, tales como género, raza y nacionalidad. En última instancia, los objetivos de este análisis comparativo de la producción cinematográfica contemporánea y clásica han sido dobles: recalcar las continuidades dentro de los códigos representacionales cinematográficos mexicanos y ampliar nuestro entendimiento de las etapas clásica y contemporánea del cine mexicano.

Traducción: Sandra Gaviria-Buck

Bibliografía

ANON (2010): "Gael García y Diego Luna encabezan la 'Revolución' de directores mexicanos". En: *Informador*, 3 de febrero, <http://www.informador.com.mx/entretenimiento/2010/176009/6/gael-garcia-y-diego-luna-encabezan-la-revolucion-de-directores-mexicanos.htm> (12/08/2011).

ACEVEDO-MUÑOZ, Ernesto (2003): *Buñuel and Mexico: The Crisis of National Cinema*. Los Angeles: University of California Press.

DE LA MORA, Sergio (2003): "A Star is Born: Neo-liberal Mexican Cinema Rising". En: *San Diego Catalogue: 10th San Diego Latino Film Festival* (13-23 March 2003), pp. 9-10.

— (2006): *Cinemachismo: Masculinities in Mexican Film*. Austin: University of Texas Press.

DEVER, Susan (2003): *Celluloid Nationalism and Other Melodramas: From Post-Revolutionary Mexico to fin de siglo Mexamérica*. Albany: State University of New York Press.

FEIN, Seth (1999): "From Collaboration to Containment: Hollywood and the International Political Economy of Mexican Cinema after the Second World War". En: Hershfield, Joanne/Maciel, David (eds.): *Mexico's Cinema*. Wilmington: Scholarly Resource, pp. 123-163.

FRANCO, Jean (1989): *Plotting Women: Gender and Representation in Mexico*. New York: Columbia University Press.

GLEDHILL, Christine (1987): "The Melodramatic Field: An Investigation". En: íd. (ed.): *Home Is Where the Heart Is: Studies in Melodrama and the Women's Film*. London: British Film Institute, pp. 5-39.

HADDU, Miriam (2007): *Contemporary Mexican Cinema, 1989-1999: History, Space and Identity*. Lewiston: Mellen Press.

HERSHFIELD, Joanne (1996): *Mexican Cinema, Mexican Woman 1940-1950*. Austin: University of Texas Press.

LAWRENSON, Edward (2002): "Interview with Alfonso Cuarón". En: *Sight & Sound*, vol. 12, nº. 4, <http://www.bfi.org.uk/sightandsound/feature/367> (11/08/2011).

LÓPEZ, Ana M. (2002): "Early Cinema and Modernity in Latin America", *Cinema Journal*, vol. 40, nº. 1, pp. 48-78.

MACLAIRD, Misha (en prensa): *Aesthetics and Politics in the Mexican Film Industry*. New York: Palgrave Macmillan.

MONSIVÁIS, Carlos (1976): "Notas sobre la cultura mexicana en el siglo XX". En: Cosio Villegas, Daniel (ed.): *Historia general de México*. México: El Colegio de México, IV. 305-476.

MORA, Carl J. (1992): *Mexican Cinema: Reflections of a Society, 1896-1988*. Berkeley: University of California Press.

MULVEY, Laura (1990): "Visual Pleasure and Narrative Cinema". En: Erens, Patricia (ed.): *Issues in Feminist Film Criticism*. Bloomington: Indiana University Press, pp. 28-40.

O'MALLEY, Ilene V. (1986): *The Myth of the Revolution: Hero Cults and the Institutionalization of the Mexican State, 1920-1940*. New York: Greenwood Press.

PAZ, Octavio (1997): *El laberinto de la soledad*. México: Fondo de Cultura Económica.

PICK, Zuzana (2010): *Constructing the Image of the Mexican Revolution: Cinema and the Archive*. Austin: University of Texas Press.

PODALSKY, Laura (1993): "Disjointed Frames: Melodrama, Nationalism, and Representation in 1940s Mexico". En: *Studies in Popular Latin American Cinema*, Vol. 12, pp. 57-73.

RAMÍREZ BERG, Charles (1992): *Cinema of Solitude: A Critical Study of Mexican Film 1967-1985* Austin: University of Texas Press.

— (2002): *Latino Images in Film*. Austin: University of Texas.

ROBERTS, Shari (1997): "Western Meets Eastwood: Subtext, Genre and Gender on the Road". En: Cohan, Steven/Rae Hark, Ina (eds.): *The Road Movie Book*. London: Routledge, pp. 45-69.

SMITH, Paul Julian (2002): "Heaven's Mouth". En: *Sight* & *Sound*, vol. 12, n°. 4, <http://www.bfi.org.uk/sightandsound/feature/49> (13/08/2011).

— (2003a): *Amores perros*. London: BFI Classics.

— (2003b): "Transatlantic Traffic in Recent Mexican Films". En: *Journal of Latin American Cultural Studies*, Vol. 12, n°. 3, pp. 389-400.

SOLOMIANSKI, Alejandro (2006): "Significado estructural, historia y tercer mundo en *Amores perros*". En: *Contracorriente*, vol. 3, n°. 3, p. 32, <www.ncsu.edu/project/acontracorriente> (4/12/2012).

TIERNEY, Dolores (1997): "Silver Sling Backs and Mexican Melodrama: *Salón México* and *Danzón*". En: *Screen*, vol. 38, n°. 4, pp. 360-371.

— (2007): *Emilio Fernández: Pictures in the Margins*. Manchester: Manchester University Press.

— (2011): "Emilio Fernández 'in Hollywood': Mexico's postwar Inter-American Cinema, *La perla*/*The Pearl* (1946) and *The Fugitive* (1948)". En: *Studies in Hispanic Cinemas*, vol. 7, n°. 2, pp. 81-100.

VARGAS, Juan Carlos (2005): "Agonia Post Industrial: 1990-2005". En: *Proceso* 17, pp.16-17.

Batalla en el cielo de Carlos Reygadas o la radicalidad de los márgenes

Karim Benmiloud
(Université Paul Valéry Montpellier III, Institut Universitaire de France)

La primera película del mexicano Carlos Reygadas (nacido el 10 de octubre de 1971), *Japón*, de 2002, se estrena primero en febrero en el Festival de Róterdam, y, aunque no es inédita, es presentada luego en mayo en el prestigioso 55 Festival Internacional de Cine de Cannes, por el interés que suscitó en los programadores del festival francés. En Cannes, *Japón* recibe una acogida entusiasta de la crítica, y el director mexicano se lleva la mención honorífica de la Cámara de Oro en su primera participación, a los 30 años, en la Quincena de los Realizadores.

Tres años después, en 2005, para el 58 Festival Internacional de Cine de Cannes, y a los 33 años, Carlos Reygadas presenta su segunda película, *Batalla en el cielo*[1], que compite en la prestigiosa Sección Oficial por la Palma de Oro[2]. Una película urbana, a la vez más tradicional, en cuanto a su ambientación en la Ciudad de México, y sobre todo más provocadora —aun sin quererlo— por abrirse y cerrarse con una escena de sexo explícito, más precisamente una escena de sexo oral, poco común en el cine (tanto mexicano como internacional), y que le granjeará sin duda alguna a la película uno de los seis premios. Este año de gracia de 2005, Carlos Reygadas y Amat Escalante, que presentaba en Cannes su primer largometraje, *Sangre* (además de aparecer en los créditos de *Batalla en el cielo* como "asistente de dirección"), se quedan ambos fuera del palmarés[3], mientras que otro mexicano, Guillermo Arriaga, se lleva el Premio al Mejor Guión para la película *Los tres entierros de Melquíades Estrada*[4]. Como lo recalca Julie Amiot:

---

[1] Dirección y guión: Carlos Reygadas. Coproducción: México, Bélgica, Francia y Alemania, 2005. 98 minutos. Estreno en México: 7 de octubre de 2005.

[2] Sobre la recepción crítica de Carlos Reygadas, véase Amiot (2006).

[3] Reygadas se va sin premio del festival de un país que lo admira y recibe la misma semana el título de "caballero de la Orden de las Artes y las Letras" de la República Francesa.

[4] El mismo año, el jurado premia con la Palma de Oro la cinta *L'enfant* (*El niño*), de los belgas Jean-Pierre y Luc Dardenne, por cierto otro filme sobre un niño, no secuestrado, sino vendido por sus propios padres, en una economía monstruosa que no deja de recordar el objeto del filme de Carlos Reygadas.

> La bella unanimidad que se había manifestado en torno a la aparición de *Japón* en las pantallas, como cualquier luna de miel demasiado idílica, fue poco duradera. Si la comparamos con la manera como fue recibido el segundo largometraje de Reygadas, *Batalla en el cielo* en el momento de su estreno en Francia en 2005, después de una presentación menos estruendosa en Cannes el mismo año, constatamos que el tono del que se valen los críticos es radicalmente distinto del que adoptaron tres años antes (Amiot 2006: 160).

Como se sabe, a partir de 2007, la historia de amor entre Carlos Reygadas y el Festival de Cannes se reanuda, y su tercer filme, *Luz silenciosa*, le merece al director mexicano el Premio del Jurado, también en la selección oficial. En 2012, en su tercera participación en la selección oficial, para el 65 Festival Internacional de Cine de Cannes, su cuarta película, *Post Tenebras Lux*, le merece a su vez a Carlos Reygadas otro premio relevante, el de Mejor Director, demostrando por tanto el reconocimiento reiterado que le testimonia el prestigioso festival francés.

En *Batalla en el cielo*, la crudeza de Ciudad de México se nos presenta sin tapujos a través de las vidas de unos personajes desesperados y condenados por el destino. La anécdota es la siguiente: Marcos es el chofer de la hija de un general, Ana, una hermosa chica de 20 años, libre y rebelde, que se prostituye por gusto o por aburrimiento (nunca se llega a saber) en un prostíbulo denominado eufemísticamente "La boutique". En todo caso, ella no se prostituye por afán de lucro, ya que es blanca, hermosa y pertenece claramente a la clase alta de la sociedad de México.

En la acción previa al inicio de la película, Marcos y su esposa secuestran a un bebé para extorsionar a los padres. Cuando empieza la película, Marcos recibe la llamada de su esposa que le anuncia que se ha muerto el bebé al que han raptado. Marcos sucumbe luego al remordimiento y le cuenta lo sucedido a Ana (Anapola Mushkadiz), la hija de su patrón, un general del ejército. Ana se prostituye en un burdel chic de la ciudad y Marcos es el único que conoce su secreto. Tal vez conmovida por ese secreto, o por gusto a la transgresión (moral y sexual), Ana acaba por hacerse la amante de Marcos. Una escena rompe con la temática urbana, al salir Marcos, su esposa y sus vecinos para el campo. Pero el remordimiento conduce a Ana a recomendarle a Marcos que se entregue a la policía, y a Marcos a matarla salvajemente por sentirse traicionado y abandonado por ella.

Después del crimen, Marcos huye y se sume entre la multitud de la peregrinación que se dirige hacia el santuario de la Basílica de la Virgen de Guadalupe, terminando el recorrido de rodillas, con el torso desnudo y encapuchado. Allí lo alcanzan su mujer y la policía, que lo ha identificado inmediatamente como el asesino de Ana.

Como en la tragedia, la película tiene una triple unidad: unidad de lugar (la Ciudad de México y sus alrededores), unidad de tiempo (toda la acción se concentra en un fin de semana, en diciembre de 2004), y unidad de acción (el secuestro fallido del bebé, su muerte, y sus consecuencias en el destino de Marcos). De hecho, como en la tragedia clásica, el primer crimen (aunque sea involuntario), la muerte del bebé secuestrado, queda fuera de campo y no se verá nunca en la pantalla. Escrito, según confiesa el director, en apenas tres días, en septiembre de 2002, el filme contó con el apoyo del productor francés Philippe Bober (conocido por sus colaboraciones con Lars von Trier, la austriaca Jessica Hausner o el islandés Dagur Kari) y un presupuesto de 1,6 millones de euros, presupuesto más que respetable para una película mexicana independiente.

Un documental sobre la Ciudad de México

Antes de ser una visión de –y una reflexión sobre– la nación mexicana, *Batalla en el cielo* nos ofrece un retrato *en movimiento* de la Ciudad de México. Como lo ha señalado la crítica, "la presencia de la cámara tiene un tono testimonial que documenta la ciudad" (Szurmuk 2006). Especialmente sugerentes son, al respecto, los recorridos por la ciudad hechos por Marcos cuando lleva a Ana en su coche. La filmación da una sensación de gran libertad e inmensa naturalidad, propia para dar cuenta de la realidad defeña sin máscara, ni filtro alguno. Como lo dice el propio Reygadas, "es cierto que [la película] tiene un aspecto documental fuerte, yo no construyo sets ni uso actores y cuando la cámara rueda es México lo que está detrás" (Estefanía 2005).

Por ejemplo, en la emblemática escena del izamiento de la bandera (que volveré a comentar), Reygadas filma la realidad, varias madrugas seguidas, después de haber obtenido todos los permisos necesarios. El director comenta:

> A veces, todo era horriblemente lento, como las secuencias militares: el izamiento de la bandera se hace exactamente a las 4.45 de la madrugada, nosotros llegábamos a las 3.35, y sólo tenía derecho a un plano al día, no más. Nos tardamos dos semanas para filmar algunos minutos (De Baecque 2005)[5].

[5] "Le tournage, neuf semaines de l'automne 2003 à février 2004, s'avère lent et difficile à cause d'une spécificité très mexicaine: dans un pays bureaucratique, il faut des autorisations pour tout. Sinon, la police intervient. '*Batalla* détient le record mondial des permis de tournage!' Pour les séquences de la place du Zócalo et le lever du drapeau, Reygadas doit réunir seize permis successifs et complémentaires. 'Parfois, tout était horriblement lent, comme les séquences militaires: le lever du drapeau a lieu précisément à 4 h 45 du matin, on était sur place à 3 h 35, et j'avais droit à un plan par jour, pas plus. Il a fallu deux semaines pour quelques minutes'" (la traducción es mía).

A este nivel, es de recordar que los personajes principales llevan el mismo nombre que los que los interpretan: *Marcos* Hernández interpreta a *Marcos*; *Anapola* Mushkadiz a *Ana*; y Diego Martínez Vignatti, nada menos que el director de fotografía de la película, a un futbolista llamado Vignatti. Por otra parte, es importante señalar que los actores no eran al principio profesionales (aunque Marcos Hernández ya había hecho una aparición en *Japón*), y que Reygadas los ha seleccionado precisamente por su juego no estereotipado previamente por el cine.

Para volver al retrato de México, en el momento de su presentación, la crítica ha enfatizado mucho en el aspecto crudo de la realidad representada, y también en la mirada, fría y clínica, con la que aparece la Ciudad de México en la película. Como lo explica Carlos Reygadas en la entrevista con Rafael Estefanía (2005):

> [...] no quería esta luz cálida como de *Vacaciones en Acapulco*, de México lindo y querido y sus cactus. Quería una luz blanca y el grano es el propio de la película sin ningún filtro para dulcificarlo. Esta dureza me gusta porque va con la ciudad. Hay un cuadro de Tintoretto que se llama *El lavatorio* en El Prado que me encanta porque tiene los colores blanco, azul, verde y negro y tiene una capacidad de abstracción muy fuerte. Se lo enseñé a mi fotógrafo y decidimos utilizar estos colores para que la película resultara abstracta y no folclórica.

Muchos de los lugares filmados en la película son lugares públicos y del pueblo, reconocibles o no: el Zócalo de México, calles y carreteras de la ciudad, pasillos del metro (se lee en un cartel "Cuatro caminos"), un vagón del metro, el interior de un coche, un prostíbulo, una gasolinera de noche, el departamento de Marcos y de su esposa (o sea, una familia de la clase baja), la Basílica de Nuestra Señora de Guadalupe, la parte alta de un campanario, etc.

Uno de los aspectos más importantes de la película, a mi parecer, fuera de la dimensión sexual, es la crudeza con que se muestran las relaciones de clase y de raza. Si la película postula —casi utópicamente— una relación sexual posible entre Ana y Marcos, su chofer, muestra simultáneamente a claras luces que todo se les opone: ella es veinteañera, blanca, rubia, delgada, hermosa, rica y libre; mientras que él es cuarentón, mestizo, moreno, gordo, con una fisonomía banal, pobre y enajenado en todos los aspectos de su vida. El caso de su esposa es también ejemplar: menos blanca aún que su esposo, ella tiene unos rasgos indígenas muy marcados, y su cabeza, imponente, masiva, cuadrada, parece la de las famosas cabezas olmecas de la estatuaria prehispánica.

Llama especialmente la atención el hecho de que, durante la primera parte de la película, Marcos obedece sin decir palabra, sin resistencia alguna, todas las órdenes que le dan tanto Ana como su padre el general (que aparece sólo una vez en la película). La cosa se pone interesante cuando nos enteramos de que el verdadero Marcos es en realidad un hombre al servicio del padre de Carlos Reygadas, un funcionario del Ministerio de Cultura[6], y que el papel que desempeña en la cinta es más o menos el que tiene al servicio del padre del director mexicano: chofer, asistente, secretario y criado a un tiempo. (De hecho, tal vez sea para el director una forma de redimir su culpa de clase, en tanto que niño privilegiado.)

En la película, Marcos espera a Ana en el aeropuerto, camina detrás de ella como un perro, carga su equipaje, la conduce a donde ella quiere, la asiste en sus planes transgresivos (cuando ella tiene que mentir a su padre). Sobre todo, Marcos es testigo de todas las conversaciones privadas de la chica, incluso las más osadas, porque ella actúa y se comporta como si él fuera invisible, o, de hecho, simplemente no existiera. En el mundo de ella, él es un fantasma, que ni se ve en el paisaje: es transparente o invisible. Para evidenciar esta dimensión ancilar y enajenante, el coche de Marcos es detenido en un momento por *otros* criados de una rica casa privada, que detienen brevemente todo el tráfico en la carretera para facilitarle el paso al coche de sus propios patrones.

En otra escena, tal vez más cruel aún, se ve a una banda de jóvenes parrandistas regresar en la madrugada a casa de la familia de Ana, tomados, fumados y gritando groserías. Al detenerse el coche, del que uno de ellos sale medio vomitando, dos de los chicos se mean en la cajuela, sólo para burlarse de la criada vieja (que tal vez fue en otros tiempos su nana) que viene a recoger las maletas en ella. (Sólo una imagen fugaz, que nos muestra un rico anciano en silla de ruedas con su enfermera particular, nos deja intuir que la vida no será siempre para ellos un camino de rosas, y que la vejez y la enfermedad acabará por afectarlos también a ellos, los niños ricos.)

La deconstrucción de la nación y de sus símbolos

Son por lo menos tres los símbolos de la nación mexicana directamente cuestionados por la película, sea de forma recurrente e insistente, sea de forma más rápida. Son, por orden de aparición en la película: la bandera mexicana, el fútbol y la Virgen de Guadalupe.

1) Si bien la estructura circular del filme es subrayada por la escena de la felación, que abre y cierra la película, la composición de la misma también le

---

[6] De Baecque (2005). "Lo conozco desde siempre, él trabajaba para mi padre, que era funcionario del Ministerio de Cultura. Marcos era el chofer de mi padre y también algo así como el hombre para todo. Algo muy similar a su papel en la película" (la traducción es mía).

debe mucho a una escena recurrente en toda la película (aunque más discreta), en que se muestra el izamiento de la bandera mexicana por el ejército, en el mismo Zócalo de México, frente a Palacio Nacional y a la catedral metropolitana. La escena se repite cuatro veces en el filme de 98 minutos: en el minuto 3.46 s, 41.24 s, 68.30 s, y por fin 87.56 s, sin contar una referencia más, en un diálogo entre Marcos y su esposa, en la escena del campo (62'). Las primeras tres veces, la escena se desarrolla en la madrugada, cuando los soldados salen a izar la bandera; y la última vez, la escena transcurre por la tarde, al ponerse el sol, cuando los soldados arrían la bandera, o sea, pocos minutos antes de concluirse la cinta, como a modo de clausura o de conclusión.

No cabe duda de que la pauta nos la da la primera ocurrencia del motivo de la bandera, en el minuto 3, cuando al sonido de la banda militar (trompetas y tambores) se superpone la música trivial y chirriante del móvil de Marcos, que anuncia la llamada de su esposa, y la noticia de la muerte del bebé secuestrado. En este momento, como lo sugiere el diálogo ("¡no chingues!"), el espectador se entera de que algo está podrido en México, ya que un individuo tan banal y aparentemente tan inofensivo como Marcos –tal y como se nos apareció en el primer plano de la película, con esta insistencia de la cámara en la banalidad de su rostro y de su cuerpo–, puede ser el cómplice o incluso el motor de un secuestro infantil que conduce a la muerte de un niño.

Es más: el hecho de que el mismo individuo se preste a la comedia (diaria) del izamiento de la bandera, símbolo de la unidad de la nación, cuando sus actos precisamente la están destrozando y haciendo añicos, muestra el alto grado de descomposición del cuerpo social y la desintegración de la misma idea de "comunidad" mexicana, sea real o imaginada. En este momento, queda claro que la ceremonia de la bandera se ha vuelto un rito inútil, carente de significado, y que sólo se reproduce en forma automática, sin que pueda impactar en el cimiento y en la cohesión de la nación. Al respecto, dice Carlos Reygadas:

> Oí en televisión a algunos criminales diciendo: "Tenía que matar a la víctima del secuestro porque no tenía espacio para ella y porque se negaban a pagar el rescate, su familia me evitaría trabajar". Se habían quejado del hecho de que su derecho a trabajar había sido desdeñado. Así que empecé a pensar sobre lo que realmente sucede cuando la culpa (como la de Raskolnikov en *Crimen y castigo* de Dostoievski) no existe, cuando vives en un lugar donde los estándares morales han colapsado ese nivel (Lemercier 2005).

2) De forma mucho más divertida esta vez, el fútbol, otra religión estructurante de la nación mexicana, y también uno de sus fundamentos sociales y culturales, también es puesto en tela de juicio por la película: el sábado por la tarde, justo antes de que la familia salga para el campo, Marcos se queda viendo la

final del campeonato de fútbol mexicano. Se nos muestra los últimos minutos del partido en cámara lenta, con fondo musical sacado de una "marcha procesional de Córdoba", como si fuera una corrida de toros, o mejor dicho, como un verdadero rito sacrificial, un partido que el filme pronto va a ridiculizar.

La cámara de televisión nos muestra en efecto la alegría de los jugadores, especialmente la de un jugador argentino, con el torso desnudo, identificado como Diego Martínez Vignatti (que no es otro que el nombre real del director de fotografía de la película), que celebran la victoria en la final de su equipo, Pumas, el equipo mítico de la UNAM[7]. Sobre todo, esta final ganada por los Pumas permite fechar claramente el día en el sábado 11 de diciembre de 2004.

La primera ironía —me parece— viene de que Carlos Reygadas pone en boca del jugador argentino, que habla de sí mismo en tercera persona, un comentario que recuerda, aunque sea para desmentirlo, el desfase abismal que existe entre la afición delirante creada por el campeonato de fútbol mexicano y su pésima calidad intrínseca a nivel futbolístico (si se le compara por ejemplo con el campeonato argentino o brasileño): "decían que el campeonato mexicano es el cementerio de los elefantes, pero no es verdad". O sea, que el fútbol nacional, por más entusiasmo que cree en la afición, no es más que un engaño, que no merece para nada la atención que se le concede en los medios.

En especial, unos segundos antes, se escucha también el comentario chovinista y abiertamente xenófobo del periodista, lo cual nos revela los contenidos latentes de un deporte nacional que funge también como soporte de discursos ideológicos más que cuestionables.

El segundo efecto irónico es aún más demoledor, al mostrarnos (de espaldas) a Marcos masturbándose ante la victoria de su equipo preferido. Reygadas subraya así irónicamente la fuerte carga sexual del deporte nacional, y sobre todo el homoerotismo reprimido que puede esconder la afición al mismo de los "machos mexicanos". El comentario de Marcos, que repite atontado el comentario narcisista del propio futbolista ("sí qué lindo... para Vignatti") remata por cierto el efecto destructor de la escena en cuanto a las "mitologías" heterosexuales nacionales.

3) *Last, but not least*, el tercer símbolo de la nación mexicana escenificado por el filme es, por supuesto, la Virgen de Guadalupe, que suscita entre la población una admiración devota y ferviente, y que es como el equivalente religioso de la laica bandera mexicana que ocupa tanto espacio en *Batalla en el cielo*. Después de la final del campeonato mexicano, es el segundo elemento identificable que permite fechar las últimas escenas de la película en el domingo 12 de diciembre, fecha de la peregrinación anual a la Basílica de Nuestra Señora de Guadalupe,

---

[7] En este caso, Diego Martínez Vignatti puede aparecer como la transposición cinemática de un auténtico jugador-goleador argentino de los Pumas de 2004, Bruno Marini.

patrona de México y de todo el continente. (El canto de una procesión, en la película, reza, de hecho: "Viva la reina de los mexicanos".)

Aunque el filme no ridiculice directamente a los peregrinos ni a los feligreses (ni mucho menos), la ironía procede tal vez del fervor que sigue suscitando en la pareja de criminales la Virgen de Guadalupe, incluso después de su crimen atroz. La ironía opera (por lo menos) en tres momentos:

— En una escena del principio de la película, cuando Marcos le dice a su esposa que ha confesado su crimen a Ana, y que su esposa, segundos después, como si se olvidara de su crimen, le dice a su marido con tono infantil, entre inocente y alegre: "¿Vamos a la peregrinación el domingo?" (No para pedir perdón, sino como costumbre, tal y como lo hubiera hecho de no haber matado al bebé.)

— Cuando, en una de las últimas escenas, se ve a un peregrino arrastrándose dificultosamente de rodillas para llegar a la Basílica, y que un predicador le anima diciendo "¡Dios te ama! ¡Dios te protege! ¡No más alcohol! ¡No más mujeres! ¡No más tetas!".

— Y por fin cuando Marcos cumple la expiación de su crimen de la forma más violenta, cual verdadera Pasión de Cristo, en una escena de interminable vía crucis que nos recuerda tanto ciertas procesiones de penitentes en Semana Santa en España… como la visión de los detenidos y torturados de las mafias en México. O sea, una imagen, o un *cromo* que, por su misma violencia, acaba por revelarnos menos una imagen de camino de redención que una imagen de crueldad y salvajismo (recordándonos que la iconografía cristiana y católica, especialmente mexicana, peca mucho por su carácter sangriento y morboso). De hecho, una escena anterior nos había mostrado la sangre abundante que corría del costado de Cristo en un cuadro colgado de la pared del departamento de Marcos y su esposa, a modo de anunciación. Como lo señala el crítico francés Jacques Mandelbaum, del periódico *Le Monde*: "La película que celebra el festival no es la de los sombreros o la de la bahía de Acapulco. Es el México inmemorial de la crueldad y de la sangre, de la celebración del sexo y del sacrificio de la carne humana, de la colusión carnavalesca entre la vida y la muerte" (Mandelbaum 2005).

De ahí que, como lo recuerda Julie Amiot, como sucedió con *Los olvidados* (1950) de Luis Buñuel, *Batalla en el cielo* provocó un abierto rechazo en México, por los mismos motivos por los que *Los olvidados* había sido rechazado, o sea, por la visión que se proyectaba de México en el extranjero. Julie Amiot analiza acertadamente: "Sin duda que, en sus películas en las que lo estético es tan importante, Reygadas no deja de producir un discurso sobre la realidad mexicana, mucho más polémico de lo que la crítica deja traslucirse, con pocas excepciones" (2006).

De la culpa a la búsqueda de trascendencia

Sin duda alguna, la película trata sobre la culpa, en la mejor tradición mexicana y, si se piensa en la tradición novelística, rulfiana –piénsese en la famosa peregrinación que escenifica el cuento "Talpa", en *El llano en llamas* (1953), en que unos amantes malditos se aprovechan de una peregrinación para deshacerse del esposo de la mujer. A pesar de la inexpresividad del rostro del culpable, la película nos muestra por lo tanto la trayectoria que recorre la culpa en la mente del criminal, sus vacilaciones y su progresión hasta apoderarse por completo del sujeto y llevarlo a cometer otro crimen (al matar a Ana).

Es evidente que el filme no juzga a sus personajes (especialmente al protagonista masculino): sólo se contenta con observar y radiografiar su comportamiento, su voluntad de entregarse a la policía, y su desvarío final cuando se siente abandonado por Ana.

Es también evidente que Marcos no es peor que los otros criminales o cómplices, al contrario. En su caso, la banalidad del crimen se convierte pronto en algo horrible e insoportable, y frente a la sangre fría de su esposa (que le presiona para que se quede silencioso), él reacciona por un desmoronamiento interior. Es por lo tanto la historia del despertar de una conciencia y de una culpa devastadora en una sociedad de no culpables, ajenos a cualquier sentimiento de culpa. Analiza Reygadas:

> La película trata de un conflicto interior. Marcos literalmente se está comiendo por dentro. El exterior de este hombre es fruto de todas las súper-estructuras que hemos construido (sociedades, Historia, el Estado, la ley, el entretenimiento como el fútbol, la religión...) que nos rodea y se supone que nos ayuda en nuestras vidas. Pero en realidad, son inútiles con los conflictos internos reales (Lemercier 2005)[8].

En este sentido, el título del filme es también irónico, por ser *Batalla en el cielo* ante todo una batalla en la mera boca del infierno. Mientras que el conflicto sólo era metafísico e interno en *Japón*, en *Batalla en el cielo* es sobre todo social, en un contexto urbano. Y, de hecho, la reflexión metafísica del personaje principal abre fisuras y brechas en el retrato seudodocumental que se hace de la Ciudad de México.

---

[8] En la misma entrevista, el director añade: "La música representa el exterior de Marcos. Por tanto tiene un poder fuerte, un enorme poder emocional sobre él. Pero este mecanismo de escape no resuelve nada. También hay un tipo de silencio tal que se oyen varios ruidos en las calles, sonidos aislados. Algunos sonidos tienen mucho poder porque Marcos se distancia lentamente hacia la locura, en una separación del mundo del que está muy lejos y de repente muy cerca, algo casi agresivo".

Amén de las escenas como captadas en directo en la ciudad bulliciosa, es relevante subrayar que la película ofrece planos y secuencias de un lirismo arrasador, como esta visión aérea que se da de la ciudad al principio de la película, o también después de la unión carnal entre Marcos y Ana, cuando el director nos ofrece una prodigiosa panorámica de 360 grados alrededor de la habitación de los amantes, que viene a abarcar la ciudad entera, desde los hombres que instalan antenas de televisión en lo alto de los edificios, hasta el final del plano que nos muestra muros blancos, agrietados, como si de un lienzo abstracto se tratara.

Lo mismo, huelga decirlo, podría decirse de la secuencia que transcurre en el campo (59'), en los alrededores de la Ciudad de México, verdadera respiración en el ambiente a veces muy pesado del filme (y que hace pensar en algunas cintas de Takeshi Kitano, *Hana-bi* por ejemplo). Una primera secuencia, con diálogos y personajes múltiples, concluye con otra secuencia que raya en lo onírico y en la abstracción formal: una secuencia en la que el protagonista es rodeado por la niebla (63.30, y luego 64.40) y que concluye con la llegada a una cumbre, con vista panorámica despejada (en realidad la cima del volcán Ajusco, a más de 4.000 metros de altitud) (66.10). Dice Reygadas al respecto: "El plano en la niebla por ejemplo es casi místico. Marcos está muy cerca de la explosión, entonces una fuerza lo arroja a lo alto de la montaña" (Lemercier 2005). Evidentemente, se nota en estas dos escenas a la vez un gran lirismo natural y una búsqueda de trascendencia sugerida por la ascensión de la montaña.

Colofón: una apuesta radical

Otro juego intertextual del título de la película nos remitiría tal vez, no a la batalla entendida como conflicto, sino a Batalla como Georges Bataille, el escritor y ensayista francés, autor famoso de *Les larmes d'Eros* y de *Le bleu du ciel*, libros en que la transgresión sexual ocupa un lugar privilegiado y central. Allí es donde la propuesta de Carlos Reygadas se hace totalmente radical, al estructurar la película con dos muy transgresivas escenas de felación, que, sin duda alguna, nublaron mucho la recepción crítica de la obra[9]. Aunque debo confesar que no estoy del todo convencido de la eficacia de las dos escenas, revela en todo caso la fuerza de la apuesta de Reygadas, tanto ética como estética[10]:

---

[9] Dice Reygadas: "De alguna manera estoy fuera de los códigos preconcebidos pero no trato de hacerlo premeditadamente sino de acuerdo a mi huella digital".

[10] En su artículo, Antoine de Baecque le dedica un largo comentario a esta escena: "Deux scènes de fellation, au début et à la fin du film, vont évidemment beaucoup faire parler d'elles sur la Croisette. 'C'est social et sexuel, dit Reygadas, pas pornographique.

> Me sorprende oír que es LA película felación. No lo hago para chocar porque sabía que sería visto como un agitador, pero es el precio que se paga al ser sincero en mi visión de la película. En cierto momento pensé cortar las escenas desde el principio hasta el final, pero no puedo engañarme, practicar auto-censura. La gente no está acostumbrada a ver escenas de amor como la que hay entre Marcos y su mujer (Lemercier 2005).

Otra vez, y paradójicamente, la fuerte carga de denuncia social irradia en esta (doble) escena de sexo explícito ya que, como lo reveló el propio cineasta a la revista satírica semanal francesa *Charlie Hebdo*, con fecha de 26 de octubre de 2005, "para los mexicanos, el escándalo de las dos escenas de felación estriba menos en el hecho de enseñar sexo en la pantalla que en el acoplamiento entre dos personas de distintas clases sociales" (citado por Amiot 2006). Una apuesta ética que, según el propio Carlos Reygadas, más allá de los conflictos sociales y raciales, y más allá también de la ilusoria redención religiosa propuesta al final de la película, postula la posibilidad de una plenitud sexual, la existencia de un amor profano que llegue a confundirse con el amor sagrado, al mostrarnos en la última escena la cara otrora inexpresiva de Marcos iluminada y extática, así como en la escena central de *Madame Edwarda* (1941), de Georges Bataille, el narrador contempla los harapos de una prostituta y ve a Dios. Así es el México de Reygadas, tan lejos del cielo y tan cerca de Bataille.

Bibliografía

Amiot, Julie (2006): "Carlos Reygadas, el cine mexicano y la crítica: ¿una bonita historia?". En: *Cinémas d'Amérique Latine*, n°. 14, pp. 154-165.

De Baecque, Antoine (2005): "Reygadas, une beauté monstre". En: *Next*, suplemento de *Libération*, 11 de mayo, <http://next.liberation.fr/cinema/0101528736-reygadas-une-beaute-monstre>.

Estefanía, Rafael (2005): "La batalla en el cine de Reygadas". En: <http://www.cinelatinoamericano.cult.cu/texto.aspx?cod=491>; tomado de *BBC Mundo*.

Tout est filmé comme un acte d'amour, ou comme quelque chose de religieux: elle le suce et elle pleure. Est-ce la tristesse, est-ce la jouissance? De toute façon, la communication est impossible entre eux'. Placer ces deux scènes en exergue, c'est prendre le risque d'oublier le film sous la provocation, 'mais je pense, réplique Reygadas, que le spectateur est plus intelligent que ça. Il peut comprendre le sens profond et mystérieux de ces scènes. Et je n'ai pas voulu me censurer: j'ai fait *Batalla* exactement comme je l'ai senti, en servant le destin du film. C'est une question d'éthique'. Tout finit avec ce dialogue: 'Je t'aime Ana Je t'aime Marcos', tandis que la fille sourit à la queue de son amant".

LEMERCIER, Fabien (2005): "Todos seres humanos: entrevista con Carlos Reygadas". En: *Cineuropa*, 14 de octubre, <http://cineuropa.org/it.aspx?t=interview&l=es&did=55612>.

MANDELBAUM, Jacques (2005): "México de sangre, sexo, sacrificio humano". En: *Le Monde*, 17 de mayo.

SZURMUK, Mónica (2006): "*Batalla en el cielo*". En: *Nuevo Mundo Mundos Nuevos*, <http://nuevomundo.revues.org/1400>.

Sleep Dealer y el México futuro: ¿borrón y cuenta nueva?

Pablo Brescia
(University of South Florida)

El futuro llegó hace rato

En 1997 alguien lee un artículo en la popular revista estadounidense *Wired* sobre el *telecommuting* y el eventual beneficio que significaría para la humanidad trabajar desde la casa. Piensa en el programa de importación de mano de obra de México a los Estados Unidos, iniciado en 1942 y denominado "bracero". Y filma un cortometraje titulado *Why cybraceros?*, o sea, como dice uno de los personajes de la película que termina realizando once años después, concreta un futuro donde se puede tener "todo el trabajo sin los trabajadores".

El marco distópico de *Sleep Dealer* (2008, dir. Alex Rivera) reflexiona sobre los efectos de la tecnología contemporánea en las redes sociales, culturales y económicas. Si bien este tópico es frecuente en las películas de ciencia ficción, el hecho de que *Sleep Dealer* haya optado por la inmigración mexicana a los Estados Unidos como variante temática pone de relieve no sólo ese asunto, sino también otros temas como el agua en tanto recurso indispensable y la lucha por su control; las "conexiones" (con mundos alternativos, con la economía global, con el otro); el ser humano con/versus la máquina y las modificaciones de los cuerpos; la rebelión frente a un sistema dominante y los entretejidos de las relaciones de poder. En este marco nos interesa, por un lado, analizar cómo la película problematiza su inclusión en la ciencia ficción, basculando entre marcos de referencias nacionales y transnacionales, y, por otro, examinar tres geografías básicas, identificables en el *film* de manera dicotómica: las relaciones laborales-migratorias-económicas entre México y Estados Unidos (los trabajadores vs. las empresas y el aparato militar), la identidad (lo autóctono/local vs. lo foráneo/global), y las conexiones (el paradigma del comercio vs. los vínculos afectivos). Un recorrido por este mapa posible de *Sleep Dealer* revelará lo que en otros trabajos hemos llamado la "ansiedad de la tecnología y el progreso", presente en muchas manifestaciones culturales latinoamericanas desde la segunda mitad del siglo XX, y que, en el caso de la cultura mexicana, se combina con una ansiedad sobre el supuesto y problemático borrado de fronteras.

La rearticulación del sabor propio

El guión de *Sleep Dealer* no se aleja demasiado de las convenciones de las películas de aventuras: Memo es hijo del dueño de una milpa que, a causa de la construcción de una represa en el pueblito mexicano donde vive, Santa Ana del Río, está en franco deterioro. *Hacker* aficionado, curioso de lo tecnológico, el muchacho quiere huir de su hábitat natural y ver mundo. Como corresponde a los mecanismos narrativos clásicos, un infortunio que él mismo causa —las multinacionales que controlan el dique confunden a su padre con un "acuaterrorista" y envían un avión-robot en una misión que acaba pulverizándolo— desencadena su viaje de Oaxaca a Tijuana en pos de un empleo para mantener a la familia que ha dejado atrás, incluida una madre sufrida y un hermano menor desafiante. En Tijuana busca trabajar en los *sleep dealers*, maquiladoras futuristas cuyos dueños trafican, literal y figurativamente hablando, en sueños (se puede trabajar hasta colapsar de cansancio; de allí el título de la película). Previa instalación de nodos en sus cuerpos, los trabajadores se colocan una máscara sobre el mentón y los oídos y lentes de contacto especiales y se "enchufan" para poder hacer todo tipo de trabajo a distancia en los Estados Unidos manejando máquinas y herramientas.

De camino a Tijuana, Memo encuentra a Luz (las simbologías son un tanto obvias), una "escritora" que almacena sus memorias en una computadora que no le permite falsear sus experiencias; la compañía se llama TRUNODE —Rivera, en una entrevista, se refiere a esta situación como "un tipo de *Youtube* futurista". Su intención es venderlas al mejor postor. Ambos inician un romance que sufre una decepción cuando Memo se entera de que Luz está vendiendo la memoria compartida entre ambos a un misterioso comprador. Es Rudy Ramírez, un piloto militar que reside al otro lado de la frontera, en San Diego, Estados Unidos. Hispano, aunque no habla mucho español, él era quien había recibido la orden de eliminar al padre de Memo y quien ayudará al inmigrante a vengar la injusta muerte y a traer agua nuevamente a su pueblo. La dinámica entre estos personajes se hunde por momentos en baches predecibles: la relación padre-hijo, cargada de culpa y redención; el vínculo Memo-Luz, con el triángulo de amor-ruptura-reconciliación; y el nexo Memo-Rudy, dos caras de la misma moneda, tanto así que en el final quien se interna en México es Rudy y quien se queda en Tijuana es Memo.

Para aquellos que creen que la ciencia ficción mexicana es cuento, digamos que la muestra itinerante *El Futuro + Acá* dio sobradas pruebas de la existencia del cine de ciencia ficción en México desde la década de los 40. Naief Yeyha describe el particular cariz de estos filmes:

> [T]enemos un dominio ultrademocrático en el que conviven en condiciones de igualdad boxeadores, científicos, cosmonautas, robots, políticos, sabios, luchadores, electricistas y rancheros. En la lectura de este tipo de artefactos culturales debemos reconocer la búsqueda de una utopía, un espacio de tolerancia y humor en el que aceptamos los dogmas del progreso como algo inevitable pero rechazamos su poder totalitario y absoluto...

Quizás este rasgo chacotero y humorístico explique que Cantinflas protagonice *El supersabio* (1948) y que haya películas con el título de *Blue Demon vs. las invasoras* (1968), pero lo que señala sobre todo es la insistencia del cine mexicano por unir un género que podría considerarse "foráneo" con elementos de la cultura popular como la lucha libre, el melodrama o la comedia, dando como resultado películas interesantes como artefactos culturales, pero débiles como productos estéticos.

Sleep Dealer se aparta de ese paradigma. A pesar de la modesta calidad de algunos efectos especiales, demuestra que se puede realizar buen cine de ideas con ingenuidad y una visión entusiasta. Rivera está interesado en hacer, como él mismo dice, ciencia ficción de "los de abajo", o sea, del Sur hacia el Norte. Para ello fagocita y trastoca los patrones recibidos del género. Por un lado, homenajea los clásicos no mexicanos del género; por otro, se distancia de los ambientes alejados en el tiempo y en el espacio y plantea lo que Margaret Atwood llamaría una ficción especulativa, es decir, una historia futurista que reflexiona sobre el mundo presente partiendo de sus mismas premisas. Así, en elementos cinematográficos como el color logra en su fotografía el tinte adecuado para presentar a Tijuana como una ciudad de neón y de misterio, peligrosa y atrapante y, cuando recurre a la música, el montaje y los planos de la cámara (del hombre a la máquina) anuncian un sentido de maravilla, temor y esperanza. En otras escenas aparecen múltiples homenajes a la filmografía y a la literatura de ciencia ficción: desde los opacos verdes y azules de *Blade Runner*, pasando por el "Nodo-Bar" de Tijuana donde los parroquianos van a "conectarse", lugar de especímenes raros como la cantina donde pelean Han Solo, Chewbacca, Obi Wan-Kanobi y Luke Skywalker, personajes de la saga de *Star Wars*, hasta el dominio de las máquinas sobre los humanos en la trilogía de *The Matrix* (con referencias específicas a las agujas que se conectan en los nodos para desplazarse a otra dimensión y también a la frase que se hace eco de la premisa de esta trilogía: "es una conexión doble vía, a veces tú controlas las máquinas y a veces ellas te controlan a ti"). La visión oscura de Philip K. Dick sobre los efectos corrosivos que el sistema tiene en el individuo también se deja sentir.

Lo que interesa destacar es que la narración de *Sleep Dealer* nos sitúa en el plano de una realidad futurista, pero cuya problemática social no habría cambiado mucho y esto da a los espectadores una sensación de un futuro pasado:

se apela constantemente a la tecnología (los *reality-shows* de la televisión son omnipresentes y se regodean en espectáculos más vívidos que la realidad de los televidentes; el vocabulario y el contexto proyecta un futuro de nodos, de *coyoteks*, de memorias que se compran y venden), pero las carencias y las explotaciones son reconocibles hoy. Por eso, se ha hablado de "ciencia ficción neorrealista" para referirse al film. Este trabajo, con múltiples tiempos desde un ángulo filosófico y no narrativo, es uno de sus aspectos más interesantes. Así, la visión de Rivera otorga a las convenciones aceptadas en la ciencia ficción una pátina social, infrecuente en el género, ligada a cierta mexicanidad (en el habla, en la vestimenta, en los temas-problemas) y, al mismo tiempo, dota a un tópico tan saturado como el de la inmigración de una perspectiva audaz a través del género.

Geografía 1: trabajo

No es accidente que Rivera haya elegido a Tijuana —borde, límite, pero también poro, puente— como la ciudad donde se hacen y deshacen los sueños del futuro. Tijuana es un punto neurálgico para el paso de los inmigrantes que desean trabajar en los Estados Unidos. En el caso de *Sleep Dealer*, la motivación de la búsqueda del personaje principal no es la típica historia del Sueño Americano. La urgencia es económica, pero también es vital y son precisamente esas ansias de abandonar el terruño y ver mundo uno de los *leitmotivs* más clásicos de la literatura y del cine, lo que causa la destrucción material de su tradición, encarnada en el padre, y acelera el inevitable despegue de lo local y de lo que puede considerarse como "pasado". Pero lo significativo es que la migración en busca de trabajo ya no se hace de México a los Estados Unidos. A partir del NAFTA, puede hacerse desde, digamos, lo microrregional (Santa Ana del Río) a lo macrorregional (Tijuana). En la película hay tres trabajadores principales: Memo, el trabajador de fábrica remoto; Rudy, el soldado remoto, y Luz, una especie de *blogger* que "sube" sus memorias a una red. En los dos primeros casos, los cuerpos manipulan controles que a su vez manipulan máquinas, ya sean robots hidráulicos o aviones militares. En el caso del personaje femenino, hay un caso de *interface* con una red. Los cruces de fronteras (entre territorios, entre diversos sistemas) son constantes pero aun así la película está basada en una dinámica asimétrica del trabajo donde se elimina el cuerpo como materialidad y la teleología de la máquina domina las relaciones, apareciendo como la máscara, diría Marx, detrás de la cual está el poder económico (en el caso de Memo), militar (en el caso de Rudy) e informático (en el caso de Luz) desterritorializado. Jacques Derrida, comentando el trabajo de Jeremy Rifkin, *The End of Work. The Decline of the Global Labor Force and the Dawn of the Post-Modern Era*, se muestra de acuerdo con el diagnóstico de Rifkin sobre una tercera revolución industrial que a partir de la mutación tecno-científica del trabajo parece llevar a la humanidad hacia la ausencia del trabajo tal y como ha sido concebido históricamente. Sin dudas, hay una nueva experiencia comunicacional, de velocidad y de fronteras. Sin embargo, sostiene el filósofo francés, estos índices no dejan de ocultar las zonas mundiales donde las ideas de "globalización" y "el fin del trabajo" se enfrentan a la realidad de las víctimas que no tienen el trabajo que necesitan o tienen demasiado trabajo y no son remunerados adecuadamente (2011: 125-127). *Sleep Dealer* usa el socorrido tópico en la ciencia ficción del enfrentamiento entre el individuo y el sistema para plantear dilemas éticos en los personajes donde se contrapone cumplir con el trabajo vs. apelar a la conciencia (hay un sustrato moral sobre una idea de *humanidad* que recorre toda la película). El trabajo aparece con un aura de inevitabilidad en el caso de Rudy, quien debe cumplir con su misión, pero también en el caso de Memo, quien debe seguir trabajando para sostener a su familia y hasta en el caso de Luz, quien está "controlada" por la red que distribuye sus memorias. Las posibles consecuencias de la mutación tecno-científica del trabajo aparecen en las colinas de Tijuana, donde los deshechos humanos de las infomaquiladoras, viejos ciegos de tanto trabajar, se juntan frente a un fuego a contar historias.

Geografía 2: identidad

En Tijuana un individuo puede perderse o encontrarse. Una de las geografías que articula *Sleep Dealer* es la que enfoca en la identidad, no sólo individual de Memo, sino también la colectiva. ¿Cómo indagar en esta identidad desde un mundo en apariencia globalizado? Eduardo Gruner, en su introducción a ensayos de Fredric Jameson y Slavoj Žižek, habla de un "capitalismo semiotizado" que ha logrado una totalización superficial a través de tres sectores sin base material: el financiero, el informático y el comunicacional. Y continúa: "su soporte material son los *signos abstractos*: el dinero [...] reproduciéndose a sí mismo en forma electrónica, las redes informáticas atravesando los límites territoriales y temporales a velocidad 'inmediata' [...] la Industria Cultural como nueva (falsa) 'totalidad' disimulada en el iluso particularismo de unas culturas "locales" que se parecen entre sí sospechosamente" (2003: 57). Teniendo en cuenta esta semiotización, es significativo lo que hace esta película con la dicotomía local/global. Por un lado, utiliza el sintagma paralelo para alternar imágenes que ahonden en las dicotomías: lo rural vs. lo urbano (como vimos, paradójicamente representado por Tijuana); la alta tecnología del avión asesino vs. la tecnología rudimentaria de la antena que construye Memo en su pueblo. Pero, por otro lado, en otras tomas, el film apela al sintagma descriptivo que muestra no sólo objetos en sucesión, sino yuxtapuestos. Volvamos a la escena del bar. Como dijimos, encontramos un homenaje a *Star Wars*. Pero también existe la referencia sociocultural a las ficheras de los bares mexicanos y tal vez, insospechadamente, a un rubro que es parte del cine nacional mexicano a partir de los años 70. La tecnología puede ser foránea, pero es apropiada por el contexto: la conexión sirve para echarse un *teki-la*, o para tocar una tecnocumbia en una especie de grupo musical de un hombre. Esto crea un efecto de collage, como advierte el mismo Rivera, que trabaja para diluir las asimetrías que en otros sectores de la narrativa aparecen como polos mucho más asimétricos. De esta forma, *Sleep Dealer* pone en imagen lo que sostiene Arjun Appadurai:

> The globalization of culture is not the same as its homogenization (armaments, advertising techniques, language hegemonies, and clothing styles) that are absorbed into local politics and cultural economies, only to be repatriated as heterogenous dialogues of national sovereignty, free enterprise and fundamentalism (2011: 35).

Es decir, la elección de Oaxaca sirve para que la película pueda trabajar la condición simultáneamente premoderna, moderna y posmoderna de algunos espacios latinoamericanos. La identidad fronteriza e híbrida, sí, en Oaxaca y en Tijuana, pero sin ánimo celebratorio. Por eso, el final de *Sleep Dealer* es significativo con respecto a esta geografía: luego de devolverle al pueblo su agua, Memo decide quedarse en Tijuana, "Ciudad del Futuro", como dice el cartel, con Luz, y plantar una milpa. Ni naves espaciales, ni computadoras: el agua y el maíz como símbolos del futuro, volviendo al rescate de una parte de la tradición, condensada en la pregunta del padre de Memo: "¿Crees que nuestro futuro pertenece al pasado?". La felicidad, mínima, es por supuesto, solamente presente, porque como dice el hermano de Memo: "Nadie sabe qué va a pasar, o qué…".

Geografía 3: conexiones

Esa última escena de la milpa es significativa también porque Memo intuye su futuro a partir de una condicional; las últimas palabras de la película son: "Si me conecto… y lucho". Las conexiones que plantea la película están permeadas por la tecnología y cómo ésta moldea la experiencia humana en el siglo XXI. Memo apuesta al futuro de la conexión humana (con Luz) y del *cyborg* en el que se ha convertido. Es típico de muchas películas de ciencia ficción plantear una oposición entre la representación de la ciencia/tecnología/racionalidad y lo "humano". Pero en *Sleep Dealer* esta oposición parece superada y la lucha a la que parece referirse Memo es por el control de la tecnología. Mark Poster indica, sobre la condición de nuestros tiempos:

> The question concerning technology, then, is no mere exercise about the destruction of nature by the irresponsible deployment of machines, or the loss of human reality into machines, o even the cultural "misshaping" of the human by its descent into the instrumental... Instead, the question of technology is now one of the nature of the cyborg, of the new order of humachines (2002: 16).

Joanna Zylinska, en cambio, arguye que no debemos necesariamente aceptar un modelo donde el organismo poshumano cibernético sea la próxima etapa en la evolución de la humanidad; tanto la naturaleza como la tecnología tienen como impulso central abrirse al exterior y eso obliga "a rethinking of the ethical relationship between the self and its others" (2002: 216-217). La dicotomía planteada por *Sleep Dealer* en torno a esta geografía de las conexiones opone no tanto la tecnología a lo humano sino el *comercio* a lo humano. Rudy, guerrero *cyborg* renegado, sigue la tradición familiar y usa la tecnología para perpetuarla; sin embargo, su complejo de culpa y el cuestionamiento a la autoridad hacen que renegocie su lugar en el mundo y se desplace de Estados Unidos a México; Memo gana dinero para aplacar la culpa también y los billetes que envía a Santa Ana del Río sirven sólo momentáneamente para restituir los lazos familiares que han quedado dañados por su ausencia y también cambia de lugar; y Luz, la itinerante, se conecta para contar/vender historias y memorias, pero tal vez su momento de máxima conexión es en la escena de sexo "nodal" con Memo, donde cada uno conecta sus terminales a los nodos del otro. "Quiero que me veas por dentro", le dice a él. La tecnología, así, sirve como puente para las relaciones afectivas y para el establecimiento de la solidaridad y la condolencia.

Una piedra lanzada al futuro

La ansiedad antes los efectos de la tecnología y el progreso es palpable en *Sleep Dealer*, una película que no propone una metanarrativa que apele a la religión, el gobierno o lo nacional como paradigma totalizante, sino que se apoya en el tránsito de fronteras: entre territorios, entre ser humano y *cyborg*, entre el individuo y los sistemas abstractos que condicionan su existencia (trabajo, fábulas de identidad, comercio). En la resolución de la película hay una escena que dramatiza una visión tal vez neorromántica, que admite la compresión del tiempo y el espacio de la que habla David Harvey como condición posmoderna, pero reclama para sí una especie de fusión de saberes. La combinación del saber técnico-militar de Rudy y el saber técnico-regional de Memo (es él quien recuerda la ruta que tomaba su padre para llegar a la presa) resulta en la derrota momentánea de la corporación y Rivera transforma la piedra que lanzaba el padre de Memo contra la presa en la munición del avión de Rudy. El pasado enmienda el presente y abre el futuro (y aquí cabe la referencia literaria a la gran tradición pétrea de la literatura mexicana: la piedra de *Sleep Dealer* parece recogida por el desmoronamiento de Pedro Páramo, que a su vez toma la piedra lanzada por Demetrio Macías en *Los de abajo*). Con ese lanzamiento, *Sleep Dealer* parece preguntar: ¿cómo será ese ciudadano del futuro?, ¿estaremos todos conectados y globalizados en el Gran Sistema o habrá todavía la posibilidad de tirar una piedra?

Bibliografía

APPADURAI, Arjun (2011): "Disjuncture and Difference". En: Connell, Liam/Marsh, Nicky: *Literature and Globalization. A Reader*. London/New York: Routledge, pp. 28-36.

DERRIDA, Jacques (2011): "Globalization, Peace and Cosmopolitanism". En: Connell, Liam/Marsh, Nicky: *Literature and Globalization. A Reader*. London/New York: Routledge, pp. 121-131.

GRUNER, Eduardo (2003): "Una introducción alegórica a Jameson y Žižek". En: Jameson, Fredric/Žižek, Slavoj: *Estudios culturales. Reflexiones sobre el multiculturalismo*. Buenos Aires: Paidós, pp. 11-64.

HARVEY, David (2011): "Time-Space Compression and the Postmodern Condition". En: Connell, Liam/Marsh, Nicky: *Literature and Globalization. A Reader*. London/New York: Routledge, pp. 5-17.

POSTER, Mark (2002): "High-Tech Frankestein, or Heidegger Meets Sterlac". En: Zylinska, Joanna: *The Cyborg Experiments. The Extensions of the Body in the Media Age*. London: Continuum, pp.15-32.

RIFKIN, Jeff (2000): *The End of Work. The Decline of the Global Labor Force and the Dawn of the Post-Modern Era*. London: Penguin.

YEYHA, Naief (2005): "Cine mexicano de ciencia ficción". En: *Letras Libres*, abril, <http://www.letraslibres.com/revista/artes-y-medios/cine-mexicano-de-ciencia-ficcion> (15/04/2013).

ZYLINSKA, Joanna (2002): "The Future... Is Monstruous: Prosthetics as Ethics". En: Zylinska, Joanna: *The Cyborg Experiments. The Extensions of the Body in the Media Age*. London: Continuum, pp. 214-236.

Sobre los autores

Isabel Arredondo

Después de completar su licenciatura en Filología Española en la Universidad Complutense de Madrid (1984), se graduó con un doctorado en Literaturas Hispánicas de University of Berkeley, California (1992). Posteriormente, estudió cine en Concordia University, Montreal, en la que se graduó con un máster en Crítica de Cine en 2009. En la actualidad, es profesora de Cine Latinoamericano en la State University of New Cork en Plattsburgh. Su interés principal han sido las directoras de cine del pasado y el presente en Latinoamérica, lo que incluye las mujeres que hicieron cine mudo, como Adela Sequeyro, Juliet Rublee y Marie Seton, y las mujeres cubanas y mexicanas de las últimas décadas del siglo XX. Entre sus publicaciones destaca el libro *"Palabra de Mujer": historia oral de las directoras de cine mexicanas (1988-1994)* (2001) y *Motherhood in Mexican Cinema 1941-1991* (2013).

Karim Benmiloud

Es profesor de Literatura Latinoamericana en Université Paul Valéry-Montpellier 3 desde 2008 y miembro del Institut Universitaire de France (IUF) desde 2011. Egresado de la Escuela Normal Superior de Fontenay/Saint-Cloud, se doctoró en Université Paris III-Sorbonne Nouvelle con una tesis titulada *Vertiges du roman mexicain contemporain: Salvador Elizondo, Juan García Ponce, Sergio Pitol* (2000). Especialista de la literatura mexicana de la segunda mitad del siglo XX, publicó más de cuarenta artículos, tanto sobre novelistas consagrados (Juan Rulfo, Rosario Castellanos, Carlos Fuentes), como sobre los de la Generación de Medio Siglo (Sergio Pitol, José Emilio Pacheco, Jorge Ibargüengoitia) o las nuevas tendencias de la literatura mexicana (Carmen Boullosa, Sergio González Rodríguez, Martín Solares, Yuri Herrera, etc.). También tiene ensayos sobre Manuel González Prada, Jorge Luis Borges, Gabriel García Márquez, Ernesto Cardenal, Guillermo Rosales y Edmundo Paz Soldán. Con Raphaël Estève editó *Les astres noirs de Roberto Bolaño* (2007) y *El planeta Pitol* (2012), y con Alba Lara-Alengrin, Laurent Aubague, Jean Franco y Paola Domingo (coord.), *Le Mexique de l'Indépendance à la Révolution: 1810-1910.* (2011). Acaba de publicar *Sergio Pitol ou le carnaval des vanités* (2012).

Pablo Brescia

Reside desde 1986 en Estados Unidos, donde es profesor de Literatura. Es licenciado en Literatura y Filosofía y doctor en Lenguas y Literaturas Hispánicas por University of California, Santa Bárbara (2000). Fue profesor en University of Texas at Austin, y actualmente lo es en University of South Florida. Fue investigador asociado al Centro de Documentación Borges de Pittsburgh University y es miembro del Consortium UC-Mexicanistas del sistema de la University of California. Como crítico literario, es autor de la monografía *Modelos y prácticas en el cuento hispanoamericano: Arreola, Borges, Cortázar* (2011) y coeditor y contribuyente de varios libros, entre ellos *El ojo en el caleidoscopio: las colecciones de textos integrados en la literatura latinoamericana* (2006), *Borges múltiple: cuentos y ensayos de cuentistas* (1999), *El cuento mexicano. Homenaje a Luis Leal* (1996) y *Sor Juana y Vieira, 300 años después* (1998). Ha publicado más de sesenta artículos, capítulos, ensayos, notas y reseñas sobre literatura, filosofía y cine en libros, revistas especializadas, suplementos culturales y páginas digitales de Alemania, Argentina, Canadá, Dinamarca, España, Estados Unidos, Francia, Italia, México, Noruega, Puerto Rico y Uruguay.

Sergio de la Mora

Es profesor asociado en el Departamento de Estudios Chicanos en University of California–Davis, donde imparte cursos sobre cine, estudios culturales y teoría *queer.* Obtuvo su doctorado en Cine y Literatura Latinoamericana en University of California, Santa Cruz. Es autor de *Cinemachismo: Masculinities and Sexuality in Mexican Film* (2006). Ha publicado en diversas revistas especializadas incluyendo *Archivos de la Filmoteca*, *Cinéma d'Amérique latine*, *El ojo que piensa*, *Film Quarterly* y *Journal of Film and Video*. También ha contribuido con capítulos a antologías como "'Tus pinches leyes yo me las paso por los huevos': Isela Vega and Mexican Dirty Movies"; "A Heart of Bright Lights: The Mission Theatres"; "The Lessons of Chicana Lesbian Fictions and Theories" y "Masculinidad y mexicanidad: panorama teórico-bibliográfico". Actualmente está terminando el libro *La Tequilera: Lucha Reyes, Ranchera Music and Modernity in Mexico.*

Aurelio de los Reyes García-Rojas

Estudios de licenciatura en Historia del Arte en la UNAM, doctorado en Historia en El Colegio de México y doctorado en Letras en la UNAM. Investigador de tiempo completo del Instituto de Investigaciones Estéticas y miembro de número de la Academia Mexicana de la Historia y del Seminario de Cultura Mexicana. Investigador Nacional nivel III. Investigador emérito de la UNAM. En 1962 recibió la Diosa de Plata de PeCiMe por el cortometraje experimental

¿Una ciudad conocida?, y en 1992 el Ariel de la Academia de Ciencias y Artes Cinematográficas por el cortometraje *Y el cine llegó*. Becario de El Colegio de México, de la Guggenheim Foundation y de la Rockefeller Foundation. Ha impartido clases en la UNAM, El Colegio de México, la Universidad Veracruzana, universidades estatales y del extranjero. Coordinador del posgrado de Historia del Arte de la Facultad de Filosofía y Letras de la UNAM de 1988 a 2000 y de 2002 a 2004. Entre sus libros más importantes se encuentran *Los orígenes del cine en México. 1896-1900*; *Vivir de sueños*; *Bajo el cielo de México*; *Con Villa en México, testimonios de los camarógrafos norteamericanos con Villa*; *Medio siglo de cine mexicano, Manuel Gamio y el cine*; *Bibliografía del cine mudo mexicano. 1896-1932* (3 vols.); *El nacimiento de ¡Que viva México!, Programas de espectáculos ilustrados por José Guadalupe Posada*. Se encuentra en proceso de impresión *Sucedió en Jalisco (Los cristeros)*.

Kurt Hahn

Cursó la carrera de Filología Románica y Germánica en Ludwig-Maximilians-Universität y, como becario del DAAD, en Lyon. En 2003 obtuvo el grado de magíster. En 2007 se doctoró en Múnich con una tesis sobre las implicaciones éticas en la poesía de René Char, Paul Celan y Octavio Paz: *Ethopoetik des Elementaren. Schreiben als Lebensform in der Lyrik von René Char, Paul Celan und Octavio Paz* (2008). Después de docencias en las universidades de Múnich y Heidelberg trabaja actualmente como profesor ayudante en la cátedra de Letras Románicas II de Katholische Universität Eichstätt-Ingolstadt (2006-2013). En 2013 presentó su tesis de habilitación que se dedica a procesos de transculturación en la narrativa hispanoamericana del siglo XIX. A partir de octubre de 2013 ocupa la Cátedra de Letras Románicas II en Katholische Universität Eichstätt-Ingolstadt. Sus investigaciones se centran en la poesía (pos)moderna, en narrativas de identidad de Latinoamérica, en la literatura francesa del *fin de siècle* y en formas históricas de la teatralidad. Es autor de varios artículos científicos y editor de publicaciones colectivas: *Visionen des Urbanen: (Anti)-Utopische Stadtentwürfe in der französischen Wort- und Bildkunst* (con Matthias Hausmann, 2012); *ErzählMacht: Narrative Politiken des Imaginären* (con Matthias Hausmann y Christian Wehr, 2013).

Matthias Hausmann

Profesor asociado de Literatura y Medios Audiovisuales Hispanoamericanos, Españoles y Franceses en Universität Wien. Se doctoró en 2008 en la Friedrich-Alexander-Universität Erlangen-Nürnberg (Alemania) con un estudio sobre las antiutopías francesas del siglo XIX, y está preparando actualmente una tesis de habilitación sobre las relaciones de Adolfo Bioy Casares con el cine. Ha publicado varios artículos sobre la literatura utópica y futurista, sobre los autores del *boom* latinoamericano, sobre las relaciones entre literatura y otros medios (cómic, artes plásticas y cine) y sobre el cine latinoamericano y europeo. Es coeditor de una colección sobre utopías y distopías urbanas: *Visionen des Urbanen: (Anti-)Utopische Stadtentwürfe in der französischen Wort- und Bildkunst* (2012) y de otra colección sobre la interrelación de poder y narración en la literatura de los siglos XIX y XX: *ErzählMacht. Narrative Politiken des Imaginären* (2013). Una colección sobre el diálogo en los siglos XVI-XVIII se publicará en otoño de 2014.

Dieter Ingenschay

Estudios de Filología Románica y Literatura Comparada en Alemania y Francia, doctorado en Filología Románica (Ruhr-Universität Bochum). De 1990 a 1995, profesor titular de Filología Románica de Ludwig-Maximilians-Universität; desde 1995, catedrático de Literatura Española y Latinoamericana de Humboldt Universität de Berlín. Socio del "Georg-Simmel-Zentrum für Metropolenforschung" y del "Zentrum für Transdisziplinäre Geschlechterstudien" de Humboldt Universität. Coproponente del Colegio de Graduados "ZwischenRäumen / EntreEspacios" (Escuela Germano-mexicana de Doctorandos). Profesor visitante en Cornell-University, Universidad de Buenos Aires, Dartmouth College, Universidad Católica de Valparaíso, Universidad Complutense de Madrid. Durante 1998-2003, presidente de la Asociación Alemana de Hispanistas. Coeditor de la revista *Iberoromania* y de las series "Teoría y crítica de la cultura y literatura (TCCL)", "La casa de la riqueza. Estudios de Cultura de España" de Iberoamericana/Vervuert. Campos principales de trabajo: literaturas/culturas hispánicas modernas y posmodernas; creación posdictatorial, metrópolis y literatura; estudios de género (en particular Gay Studies).

Gastón Lillo

Es profesor de Literatura y Cine Latinoamericanos en Université d'Ottawa, Canadá, desde 1995. Es autor de *Género y transgresión. El cine mexicano de Luis Buñuel* (1994), y editor o coeditor de varios volúmenes colectivos y números especiales de revistas especializadas en cine y literatura. Entre ellos se pueden mencionar: *De Independencias y revoluciones. Avatares de la modernidad en América Latina* (2010, coeditado con José Leandro Urbina); *El imaginario transcultural de Luis Buñuel* (2003); *Cinema , History and Society. Argentine and Brazilian Cinema since the 80's* (2007, coeditado con Walter Moser); *Melodrama mexicano. De lágrimas y Revolución*, número especial de la revista *Archivos de la Filmoteca* (Valencia). Ha publicado varios artículos en revistas como *Sociocriticism*, *Revista Canadiense de Estudios Hispánicos*, *Revista de Crítica Literaria Latinoamericana.*

Jochen Mecke

Estudió Romanística, Letras Alemanas, y Filosofía en las universidades de Mannheim y Aix-en-Provence. Se doctoró en Universität Mannheim con una tesis sobre la novela francesa contemporánea. Desde 1996 es catedrático de Filología Románica en Universität Regensburg. Ha sido profesor visitante de las universidades Blaise-Pascal en Clermont-Ferrand, Limoges y la Complutense de Madrid. Es autor o editor de varios libros sobre culturas, literaturas y cine de Francia, España y América Latina, entre ellos los siguientes: *Roman-Zeit. Zeitformung und Dekonstruktion des französischen Romans der Gegenwart* (1990); *La crisis del 98 en España y América Latina, Número especial de Iberoamericana*, nº. 71/72 (1998); *Kino-(Ro-)Mania. Intermedialität zwischen Film und Literatur* (1999); *Cultures of Lying: Theory and Practice of Lying in Society, Media and Culture* (2007); *Discursos del 98. Albores españoles de una modernidad europea* (2012); y *Kulturvermittler zwischen Deutschland und Spanien* (en prensa).

Siboney Obscura Gutiérrez

Cuenta con maestría en Comunicación y doctorado en Sociología (2010) por la Facultad de Ciencias Políticas y Sociales de la Universidad Nacional Autónoma de México. Profesora de asignatura (nivel A) de la Licenciatura en Ciencias de la Comunicación, Facultad de Ciencias Políticas y Sociales, SUAED, UNAM. Su tema principal de investigación es el análisis del cine mexicano desde el cruce transdisciplinario entre sociología, ciencias de la comunicación y estudios de cine. Publicaciones: "Identidad e imagen en los *spots* de la campaña presidencial mexicana del 2006" (2009) y "El imaginario de la pobreza en el cine mexicano" (2011). Actualmente realiza un trabajo de investigación con el tema "Disolución de fronteras entre ficción y documental en el nuevo cine mexicano de lo real, dirigido por mujeres", como parte de una estancia posdoctoral en la Universidad Autónoma Metropolitana-Unidad Xochimilco.

Sven Pötting

Estudió Ciencias de Cine, Teatro y Televisión, Historia y Filología Germánica en Universität Koln. Entre 2007 y 2013 ocupó varios puestos en las universidades de Colonia, Wuppertal y Bochum. Actualmente trabaja como periodista, traductor y organizador de muestras y festivales de cine. Desde 2007 es jefe de redacción de la página web *kinolatino.de*. Es autor de varios artículos sobre literatura, cultura y cine. Entre sus publicaciones figuran "In 80 Tagen um Berlin" (en: Dünne, Jörg/Kirsten Kramer [eds.]: *Weltnetzwerke – Weltspiele. Jules Vernes 'Le tour du monde en quatre-vingts jours'* [2013]). Fue designado por el INCAA (Instituto Nacional de Cine y Artes Audiovisuales, Argentina) como jurado del Festival Internacional de Cine de Mar del Plata 2013.

Friedhelm Schmidt-Welle

Investigador en las áreas de Literatura y Estudios Culturales en el Instituto Ibero-Americano de Berlín. Ha enseñado Literatura Latinoamericana, Comparada y Alemana en universidades de Alemania, Chile y México. Entre 2008 y 2010 ocupó la Cátedra Extraordinaria Guillermo y Alejandro de Humboldt en El Colegio de México y la Universidad Nacional Autónoma de México, y en verano de 2010 ha sido Harris Dinstinguished Visiting Professor en Dartmouth College, EE.UU. Es miembro de los consejos editoriales de las series "Nexos y Diferencias" y "Bibliotheca Ibero-Americana" de la editorial Iberoamericana/ Vervuert y de las revistas *Cuadernos de Literatura*, *Latinoamérica. Revista de Estudios Latinoamericanos* e *iMex México Interdisciplinario.* Es autor o editor de una docena de libros sobre culturas y literaturas latinoamericanas y europeas. Entre los más recientes están: *Trans/citar la urbe. Representaciones simbólicas de las metrópolis* (con Transborde 8) (2010); *Mexiko als Metapher. Inszenierungen des Fremden in Literatur und Massenmedien* (2011); *Multiculturalismo, transculturación, heterogeneidad, poscolonialismo. Hacia una crítica de la interculturalidad* (2011) y *Culturas de la memoria. Teoría, historia y praxis simbólica* (2012).

Dolores Tierney

Senior Lecturer en el departamento de Medios Masivos de Comunicación y Cine en University of Sussex (Reino Unido). Ha publicado sobre el cine latinoamericano y transnacional en diversas antologías y revistas y es autora de *Emilio Fernandez: Pictures in the Margins* (2007) y coeditora de *Latsploitation, Exploitation: Cinemas and Latin America* (2007). Ha publicado artículos sobre cine latinoamericano en las revistas *Screen*, *Quarterly Review of Film*, *Cuadernos Americanos*, *Revista Iberoamericana*, *New Cinemas*, *Journal of Latin American Cultural Studies*. Está escribiendo un libro sobre el cine transnacional latinoamericano.

Patricia Torres San Martín

Investigadora docente de cine mexicano y latinoamericano en el Departamento de Historia de la Universidad de Guadalajara desde 1986 a la fecha. Doctora en Antropología Social, miembro del Sistema Nacional de Investigadores, Nivel 1. Miembro fundador de la Red de Investigadores de Cine (<www.redic.org>). Autora o editora de varios libros, el más reciente: *Cine, género y jóvenes. El cine mexicano contemporáneo y su audiencia tapatía* (2011), y de los capítulos: "Transgressions 'au fémenin' du melodrame révolutionnaire mexican: 'La negra Angustias' (Landeta, 1949)" (2012); "Lost and Invisible: A History of Latin American Women filmmakers" (2013); "La memoria colectiva de la militancia política argentina" (2012); y artículos en revistas internacionales: "Imaginarios fílmicos de la revolución y su discurso en femenino: La Negra Angustias" (2011); "Angels and Devils from the Mexican Cinema" (2012).

Julia Tuñón Pablos

Doctorada en Historia por la Facultad de Filosofía y Letras de la Universidad Nacional Autónoma de México e investigadora de tiempo completo en la Dirección de Estudios Históricos del Instituto Nacional de Antropología e Historia, México. Pertenece al Sistema Nacional de Investigadores y ha recibido la Medalla Emilio García Riera por su trayectoria académica en el campo de la Historia (Universidad de Guadalajara), la Medalla Gabino Barreda (UNAM) al mérito universitario, tanto por los estudios de Doctorado en Historia como de Maestría en Historia de México, y el Premio de Ensayo Literario "Susana San Juan" (INBA). Entre sus libros de autoría se cuentan *Cuerpo y espíritu. Médicos en celuloide*; *Los rostros de un mito. Personajes femeninos en las películas de Emilio Indio Fernández*; *Mexican Women: A Past Unveiled* (versión en lengua inglesa de *Mujeres en México. Recordando una historia*; *Mujeres de luz y sombra en el cine mexicano. La construcción de una imagen [1939-1952]*); *En su propio espejo. Entrevista con Emilio "Indio" Fernández*; *Historia de un sueño: el Hollywood tapatío.* Tiene más de un centenar de ensayos acerca de la historia de las mujeres en México y del cine clásico mexicano, publicados en diversos países y en diversos idiomas, y ha impartido clases en la UNAM, Université de Paris 8, El Colegio de México, la Universidad Autónoma Metropolitana y la Universidad de Guadalajara.

Christian Wehr

Estudió Filología, Musicología y Economía en Ludwig-Maximilians-Universität. Entre 2005 y 2013 fue profesor titular en Katholische Universität Eichstätt-Ingolstadt y director el Instituto Central de Estudios Latinoamericanos de esa misma universidad. Desde 2013 es profesor titular de Julius-Maximilians-Universität Würzburg. Fue profesor invitado de varias universidades en Latinoamérica. Es editor de la serie "Americana Eystettensia" y miembro de diversos consejos editoriales. Sus campos de investigación abarcan la literatura fantástica en Alemania, Francia e Inglaterra, la cultura y literatura del Barroco, la novela hispanoamericana de los siglos XIX y XX, y el cine latinoamericano. Es autor y editor de varios libros y artículos sobre literatura, cultura y cine en Francia, España e Hispanoamérica. Entre sus publicaciones figuran *Imaginierte Wirklichkeiten. Untersuchungen zum 'récit fantastique' von Nodier bis Maupassant* (1997); *Geistliche Meditation und poetische Imagination. Studien zu Ignacio de Loyola und Francisco de Quevedo* (2009); *ErzählMacht. Narrative Politiken des Imaginären* (2013, con Kurt Hahn y Matthias Hausmann).